Thomas Kalkus-Promitzer

Einführung in die Gruppendynamik

Gruppenprozesse verstehen, Vielfalt gestalten,
Entwicklung ermöglichen

Akademie Kalkus, Band 5

Impressum

Bibliografische Information der Deutschen Nationalbibliothek: Die Deutsche Nationalbibliothek verzeichnet diese Publikation in der Deutschen Nationalbibliografie; detaillierte bibliografische Daten sind im Internet über http://dnb.dnb.de abrufbar.

© 2025 Thomas Kalkus-Promitzer - https://www.meintom.at
Covergestaltung: DI Konrad Promitzer - https://kpdesign.at

Verlag: BoD · Books on Demand GmbH, Überseering 33, 22297 Hamburg, bod@bod.de

Druck: Libri Plureos GmbH, Friedensallee 273, 22763 Hamburg

ISBN: 978-3-7693-3852-2

Inhaltsverzeichnis

I

Einleitung

Gruppen begleiten uns durch das gesamte Leben. Von der Familie über die Schulklasse, den Freundeskreis, das Arbeitsteam, das Vereinskomitee bis hin zu digitalen Communities – unser Denken, Fühlen und Handeln entfaltet sich nie im luftleeren Raum, sondern ist eingebettet in soziale Kontexte. Gruppen sind der Ort, an dem Zugehörigkeit entsteht und gleichzeitig infrage steht, an dem Identität sich bildet und entwickelt, an dem Nähe und Distanz, Macht und Ohnmacht, Kooperation und Konkurrenz erlebt werden.

In der heutigen Arbeits- und Lebenswelt, die durch rasche Veränderung, zunehmende Komplexität und einen hohen Grad an Vernetzung geprägt ist, wird das Verständnis gruppendynamischer Prozesse immer wichtiger. Es reicht nicht mehr aus, sich auf Fachwissen oder formale Autorität zu verlassen. Wer in Teams arbeitet, Projekte koordiniert, lehrt, berät, führt oder begleitet, muss wissen, wie Gruppen „ticken". Nur so lassen sich Prozesse steuern, Störungen verstehen und Potenziale entfalten. Gruppendynamik ist keine Spezialdisziplin für Insider, sondern eine grundlegende Kompetenz für alle, die mit Menschen arbeiten.

Dieses Buch bietet einen praxisorientierten Zugang zum Thema Gruppendynamik. Es beschreibt zentrale Modelle, Konzepte und Dynamiken und bringt sie in Verbindung mit konkreten Erfahrungen aus pädagogischen, sozialen, beratenden und organisationalen Kontexten. Dabei geht es nicht um Theorie um der Theorie willen, sondern um ein tieferes Verstehen von Mustern, Prozessen und Rollen in Gruppen, und um die Entwicklung einer professionellen Haltung, die es erlaubt, auch mit schwierigen Situationen wirksam und menschlich umzugehen.

Jedes Kapitel lädt dazu ein, Gruppen nicht nur analytisch zu betrachten, sondern sich selbst als Teil dieser Prozesse zu reflektieren. Gruppen sind keine neutralen Felder, sie fordern uns heraus, spiegeln uns, provozieren uns, und bieten zugleich einen einzigartigen Raum für Wachstum, Verbundenheit und Entwicklung.

Was ist Gruppendynamik?

Wenn sich Menschen in Gruppen zusammenfinden, entsteht mehr als die bloße Summe der Einzelpersonen. Eine Gruppe ist nicht einfach eine Ansammlung von Menschen, sondern ein komplexes soziales Gebilde mit eigenen Gesetzen, inneren Mustern und oft schwer durchschaubaren Prozessen. Die Dynamik, die sich in Gruppen entfaltet, ist lebendig, oft überraschend und kann sowohl produktive als auch destruktive Kräfte freisetzen. Gruppendynamik bezeichnet all jene Prozesse, die innerhalb einer Gruppe oder zwischen Gruppenmitgliedern ablaufen und die das Verhalten, Erleben und die Kommunikation der Beteiligten beeinflussen. Der Begriff selbst wurde in den 1940er-Jahren von Kurt Lewin geprägt, der als Begründer der modernen Gruppendynamik gilt. Lewin formulierte das bis heute prägende Prinzip, dass das Verhalten eines Menschen aus der Wechselwirkung zwischen Person und Umwelt resultiert. In Gruppen bedeutet das: Das individuelle Verhalten lässt sich nur im Kontext der Gruppe verstehen, in der es auftritt.

Eine zentrale Erkenntnis der Gruppendynamik ist, dass Gruppen eine eigene Struktur und Dynamik entwickeln, die unabhängig von den Absichten einzelner Mitglieder wirken kann. Rollen, Normen, informelle Hierarchien, Kommunikationsmuster und unausgesprochene Erwartungen formen sich oft innerhalb kürzester Zeit und beeinflussen nachhaltig, wie sich eine Gruppe entwickelt. Diese Strukturen entstehen nicht durch bewusste Entscheidungen, sondern oft durch unbewusste Prozesse, die aus der Interaktion aller Beteiligten hervorgehen. Gerade in professionellen Kontexten wie Beratungssettings, Trainings oder Supervisionen ist es daher essenziell, Gruppenprozesse nicht nur zu beobachten, sondern auch zu verstehen und gezielt zu gestalten.

Das Feld der Gruppendynamik ist dabei keine homogene Disziplin, sondern speist sich aus verschiedenen wissenschaftlichen Traditionen. Neben der Sozialpsychologie, die sich etwa mit Themen wie Konformität, Gruppenkohäsion oder sozialen Rollen beschäftigt, fließen Erkenntnisse aus der Soziologie, der Systemtheorie, der Kommunikationswissenschaft und der Psychoanalyse ein. So hat Wilfred Bion bereits in den 1950er-

Jahren die Bedeutung unbewusster Gruppenprozesse betont und darauf hingewiesen, dass Gruppen nicht nur auf der sichtbaren Ebene funktionieren, sondern auch durch implizite, emotionale Dynamiken geprägt sind. Diese können in Form von Angst, Abwehr oder Regression auftreten und das Gruppenverhalten massiv beeinflussen.

Ein grundlegendes Konzept der Gruppendynamik ist das Verständnis von Gruppen als lebendige Systeme, die sich kontinuierlich verändern und auf ihre Umwelt reagieren. Innerhalb solcher Systeme bilden sich stabile Muster, sogenannte emergente Phänomene, die nicht aus den Eigenschaften der einzelnen Gruppenmitglieder ableitbar sind. Ein Beispiel dafür ist die spontane Herausbildung von Führungsrollen, ohne dass diese formell vergeben wurden. Oder das Entstehen von „Wir-Gefühlen" in neuen Gruppen, obwohl sich die Mitglieder zuvor nicht kannten. Solche Phänomene lassen sich weder rein rational erklären noch gezielt herbeiführen. Sie entstehen aus dem Zusammenspiel kommunikativer Akte, emotionaler Resonanz und sozialer Zuschreibungen.

Ein zentrales Forschungsfeld der Gruppendynamik befasst sich mit der Entwicklung von Gruppen über die Zeit hinweg. Bruce Tuckman hat in seinem bekannten Modell der Gruppenphasen, bestehend aus Forming, Storming, Norming, Performing und Adjourning, beschrieben, wie Gruppen sich typischerweise entwickeln. Obwohl dieses Modell ursprünglich für psychologische Trainingsgruppen formuliert wurde, hat es sich als äußerst anschlussfähig auch in anderen Kontexten erwiesen. Es zeigt, dass Gruppen nicht statisch sind, sondern sich in einem ständigen Prozess von Aushandlung, Konflikt, Anpassung und Reifung befinden. Diese Prozesse sind nicht immer linear, und Gruppen können jederzeit in frühere Phasen zurückfallen, etwa wenn neue Mitglieder hinzukommen oder äußere Stressfaktoren wirken.

Die Gruppendynamik interessiert sich nicht nur für innere Gruppenprozesse, sondern auch für die Beziehung zwischen Gruppen und ihrer Umgebung. Hierbei spielen Machtverhältnisse, Zugehörigkeit, Grenzziehungen und die Wahrnehmung von Andersartigkeit eine Rolle. Henri Tajfel und John Turner haben mit ihrer Theorie der sozialen Identität gezeigt, wie sehr Menschen sich über Gruppenzugehörigkeit definieren und wie schnell sich Ingroup- und Outgroup-Dynamiken entwickeln. Dies hat nicht nur psychologische Relevanz, sondern auch politische und gesellschaftliche Auswirkungen, etwa im Kontext von Diskriminierung, Vorurteilen oder sozialer Ausgrenzung.

Für Beraterinnen und Trainerinnen ist das Wissen um gruppendynamische Prozesse nicht nur theoretisch interessant, sondern unmittelbar praxisrelevant. Wer Gruppen leitet, begleitet oder beobachtet, sollte die Fähigkeit entwickeln, unter der Oberfläche wahrzunehmen. Das heißt, nicht nur auf das zu achten, was gesagt wird, sondern auch auf das, was unausgesprochen bleibt. Körpersprache, Sitzordnungen, Redeverteilungen, wiederkehrende Kommunikationsmuster, Schweigen oder Ironie sind oft Ausdruck tiefer liegender gruppendynamischer Prozesse. Wer in der Lage ist, diese Zeichen zu lesen, kann gezielter intervenieren und Entwicklungsräume schaffen.

Zugleich erfordert gruppendynamisches Arbeiten ein hohes Maß an Selbstreflexion. Da Gruppenprozesse auch projektiv wirken, das heißt, eigene unbewusste Anteile auf andere oder auf die Gruppe als Ganzes übertragen werden, ist es für professionelle Begleiterinnen wichtig, die eigene Rolle im Gruppengeschehen zu reflektieren. Supervisorische Begleitung, kollegiale Intervision oder Videoanalysen können dabei helfen, blinde Flecken zu erkennen und die eigene Wahrnehmung zu schärfen. Dies ist besonders wichtig, wenn man selbst Teil der Gruppe ist, etwa als Moderatorin oder Trainerin, da die eigene Position stets Einfluss auf die Dynamik hat.

Die Gruppendynamik ist kein Werkzeugkasten mit klaren Lösungen, sondern ein Denkrahmen, der hilft, komplexe soziale Prozesse zu erkennen und einzuordnen. Sie bietet kein Rezept für das perfekte Gruppentraining, aber sie liefert wertvolle Einsichten in die Prinzipien, nach denen sich Gruppen entwickeln, agieren und sich selbst organisieren. Gerade in einer Zeit, in der Teamarbeit, Partizipation und soziale Kompetenzen immer mehr in den Vordergrund rücken, gewinnt dieses Wissen an Bedeutung. Wer Gruppenprozesse verstehen will, muss bereit sein, sich auf

Mehrdeutigkeit, Ambivalenz und auch auf emotionale Prozesse einzulassen. Denn Gruppen folgen nicht nur rationalen Regeln, sondern auch unbewussten Skripten, die es zu erkennen gilt.

Die moderne Gruppendynamik integriert mittlerweile auch digitale Formate. Online-Gruppen, virtuelle Teams und hybride Settings bringen neue Herausforderungen mit sich. Zwar bleiben viele Grundprinzipien erhalten, doch verändert sich die Art der Interaktion durch fehlende nonverbale Hinweise, veränderte Aufmerksamkeitsspannen und neue Formen der Zugehörigkeit. Forschungen zu virtueller Gruppenkohäsion oder zur Medienvermittelten Kommunikation zeigen, dass sich Gruppendynamik auch in digitalen Räumen entfaltet, jedoch oft langsamer und unter anderen Bedingungen. Hier sind Beraterinnen und Trainerinnen besonders gefragt, innovative Methoden zu entwickeln und gleichzeitig auf bewährte Dynamiken zurückzugreifen.

Die Auseinandersetzung mit Gruppendynamik bedeutet letztlich auch eine Auseinandersetzung mit sich selbst. Gruppen sind Spiegel. Sie zeigen uns, wie wir wirken, was wir vermeiden, wo wir Resonanz erzeugen und wo wir anecken. Wer diese Prozesse nicht nur beobachtet, sondern mit ihnen arbeitet, kann tiefgreifende Entwicklungsimpulse setzen – sowohl für die Gruppe als Ganzes als auch für jede einzelne Person.

Reflexionsfragen

- Wie wirken sich deine eigenen Erfahrungen mit Gruppen auf dein professionelles Handeln aus?
- Welche gruppendynamischen Prozesse hast du in deiner beruflichen Praxis bereits beobachtet, aber vielleicht noch nicht bewusst eingeordnet?
- In welchen Momenten hast du gespürt, dass in einer Gruppe „etwas in der Luft lag", ohne dass es ausgesprochen wurde?
- Welche Bedeutung misst du deiner eigenen Rolle im Gruppengeschehen bei?
- Welche impliziten Regeln oder Normen hast du in Gruppen erlebt, die das Verhalten der Mitglieder stark beeinflussten?

- Wie gehst du mit Spannungen oder unausgesprochenen Konflikten in Gruppen um?
- Was kannst du tun, um deine Wahrnehmung für gruppendynamische Prozesse weiter zu schärfen?

Gruppendynamik beschreibt die komplexen, oft unbewussten Prozesse, die sich innerhalb von Gruppen entfalten. Sie beeinflussen Verhalten, Kommunikation und Rollenverteilungen und entstehen durch das Zusammenspiel aller Beteiligten. Für Beraterinnen und Trainerinnen ist ein tiefes Verständnis dieser Prozesse unerlässlich, um Gruppen professionell begleiten und entwickeln zu können.

Warum ist Gruppendynamik so relevant?

Unsere Welt verändert sich schneller denn je. Altbewährte Strukturen geraten ins Wanken, während sich neue Formen des Arbeitens, Zusammenlebens und Kommunizierens entwickeln. Die Digitalisierung vernetzt Menschen global in Echtzeit, die Globalisierung lässt Märkte und Kulturen aufeinandertreffen, gesellschaftliche Entwicklungen hinterfragen traditionelle Normen, und technologische Innovationen stellen alltägliche Routinen infrage. Dieser Wandel bleibt nicht ohne Folgen. Er betrifft nicht nur einzelne Lebensbereiche, sondern durchdringt unser gesamtes soziales Gefüge. Besonders spürbar wird das in Gruppen, denn Gruppen sind der Ort, an dem Menschen sich organisieren, miteinander in Beziehung treten, sich positionieren, voneinander lernen und gemeinsam wachsen.

In Gruppen entstehen Rollen, entstehen Regeln, entstehen auch Spannungen. Gruppen sind nie nur Zweckgemeinschaften, sie sind immer auch emotionale Räume, in denen Erwartungen, Hoffnungen, Bedürfnisse und Unsicherheiten aufeinandertreffen. Gruppendynamik beschreibt das, was dabei geschieht. Sie lenkt den Blick auf das unsichtbare Gewebe zwischen Menschen, auf das, was nicht gesagt, aber gefühlt wird, auf das, was nicht geplant, aber dennoch geschieht. Gruppendynamik ist deshalb weit mehr als ein Fachbegriff aus der Psychologie. Sie ist ein Schlüssel zum Verständnis moderner Arbeits- und Lebensformen, denn wo immer Menschen zusammenkommen, entwickeln sich dynamische Prozesse, die unser Miteinander formen.

Diese Prozesse verlaufen selten linear und folgen kaum je einer klaren Logik. Sie entwickeln sich wellenartig, sind geprägt von emotionalen Schwingungen, unausgesprochenen Erwartungen, impliziten Normen, verdeckten Konflikten und informellen Machtstrukturen. Gruppendynamisches Denken und Handeln hilft, diese Vorgänge wahrzunehmen, zu verstehen und gezielt zu gestalten. Es bietet kein starres Regelwerk, sondern eine Haltung und ein Werkzeugset, das dazu einlädt, den sozialen Raum zwischen Menschen differenzierter zu lesen und bewusster zu beeinflussen.

Die Bedeutung gruppendynamischer Kompetenz zeigt sich nicht nur in der Theorie, sondern auch ganz praktisch. Empirische Studien zur Leistungsfähigkeit von Teams in Unternehmen belegen immer wieder, dass Teamspirit, Vertrauen, Klarheit über Rollen und eine konstruktive Konfliktkultur entscheidender für den Erfolg sind als die reine Ansammlung von Fachwissen. Hochleistungsteams zeichnen sich nicht dadurch aus, dass alle Expert:innen sind, sondern dadurch, dass sie miteinander kooperieren, kommunizieren und Konflikte aushalten können. Untersuchungen wie jene von Katzenbach und Smith oder die Arbeiten von Richard Hackman zeigen, dass psychologische Sicherheit, gelebte Gruppenregeln und gegenseitige Verlässlichkeit zu den wichtigsten Erfolgsfaktoren zählen. Diese entstehen nicht von allein, sondern sind das Ergebnis bewusster Arbeit an gruppendynamischen Themen.

In modernen Arbeitskontexten wird diese Relevanz noch deutlicher. Die zunehmende Verbreitung agiler Methoden verändert nicht nur Strukturen, sondern auch Haltungen. Klassische Führung wird abgelöst durch verteiltere Verantwortungsformen. In selbstorganisierten Teams übernehmen Teammitglieder Führungsaufgaben gemeinsam, treffen Entscheidungen im Konsens oder rotierend. Was zunächst wie ein Abbau von Hierarchien klingt, führt in der Praxis zu neuen Formen von Macht, Einfluss und Verantwortung. Gruppen, die ohne offizielle Leitung arbeiten, bilden dennoch informelle Hierarchien. Diese zeigen sich etwa durch kommunikative Präsenz, emotionale Intelligenz oder die Fähigkeit, andere für Ideen zu gewinnen. Gruppendynamisches Wissen hilft, solche Strukturen zu erkennen, zu reflektieren und aktiv zu gestalten.

Besonders herausfordernd sind diese Dynamiken in virtuellen Teams. Digitale Zusammenarbeit erfordert nicht nur technische Ausstattung, sondern vor allem soziale Feinfühligkeit. Studien zeigen, dass virtuelle Teams häufig mit Schwierigkeiten beim Vertrauensaufbau, bei der Rollenklärung und bei der Entwicklung eines Zugehörigkeitsgefühls kämpfen. Nonverbale Signale sind reduziert oder fallen ganz weg. Kommunikation wird fehleranfälliger, Missverständnisse häufen sich, soziale Distanz entsteht schneller als im persönlichen Kontakt. Gruppendynamik zeigt sich hier auf andere Weise, aber sie ist ebenso wirksam. Wer virtuelle Gruppen begleitet, muss verstehen, wie sich digitale Gruppennormen entwickeln, wie Führung auf Distanz gestaltet werden kann und wie emotionale Nähe trotz räumlicher Trennung entsteht. Digitale Räume benötigen klare Strukturen, bewusste Kommunikationsregeln und gezielte Maßnahmen zur Stärkung des Gemeinschaftsgefühls.

Auch in pädagogischen und sozialen Kontexten spielt Gruppendynamik eine zentrale Rolle. Kinder, Jugendliche und Erwachsene lernen nicht isoliert, sondern im sozialen Kontext. Gruppen beeinflussen Lernprozesse auf vielen Ebenen. Sie bieten Anerkennung oder erzeugen Druck, sie eröffnen Räume für Entfaltung oder engen ein. Wer Gruppen pädagogisch begleitet, gestaltet nicht nur Inhalte, sondern auch Beziehungen. Gruppen können motivieren, spiegeln, herausfordern und stabilisieren. Sie bieten emotionale Resonanz, Vorbilder, Orientierung und auch Reibung. Pädagogische und psychosoziale Fachkräfte, Sozialarbeiter:innen oder Therapeut:innen, die gruppendynamische Prozesse verstehen und gestalten können, schaffen Lernräume, die mehr sind als Wissensvermittlung. Sie fördern soziale Entwicklung, Selbstreflexion und gemeinsames Wachsen.

In der Organisationsentwicklung zeigt sich, dass Veränderungsprozesse nur dann gelingen, wenn auch die Gruppendynamik mitgedacht wird. Veränderungen lösen nicht nur sachliche Fragen aus, sondern auch Unsicherheiten, Ängste und Widerstände. Menschen reagieren emotional, wenn vertraute Routinen infrage gestellt werden. Gruppen neigen in solchen Situationen dazu, sich zu polarisieren, Schuldige zu suchen oder Schutzräume zu etablieren. Führungskräfte und Berater:innen, die diese Dynamiken erkennen und einordnen können, sind in der Lage, Spannungen nicht nur auszuhalten, sondern produktiv zu nutzen. Veränderung braucht nicht nur Planung, sondern emotionale Begleitung.

Auch gesellschaftlich gewinnt das Verständnis für gruppendynamische Prozesse an Relevanz. Polarisierung, Radikalisierung und Verschwörungsnarrative lassen sich ohne gruppendynamische Perspektive kaum erfassen. Menschen definieren ihre Identität häufig über Gruppenzugehörigkeit. Die Theorie der sozialen Identität beschreibt, wie schnell wir dazu neigen, die eigene Gruppe aufzuwerten und andere abzuwerten. Diese Prozesse laufen oft unbewusst ab, doch sie haben enorme Auswirkungen auf unser Denken, Fühlen und Handeln. Wer sie erkennt, kann intervenieren, bevor sich Feindbilder verfestigen. Gerade in bildenden, beratenden und sozialen Berufen braucht es die Fähigkeit, Gruppenprozesse zu deeskalieren, Brücken zu bauen und Dialogräume zu schaffen.

Auch für die persönliche Entwicklung ist Gruppendynamik von großer Bedeutung. Menschen reifen nicht im Alleingang, sondern im Kontakt mit anderen. Gruppen sind wie Spiegel, in denen sich unsere Selbstbilder bestätigen oder verändern. Die psychodynamische Gruppentheorie, etwa nach Wilfred Bion, beschreibt Gruppen als emotionale Erfahrungsräume, in denen Grundbedürfnisse wie Sicherheit, Anerkennung und Zugehörigkeit verhandelt werden. In Gruppen wirken nicht nur bewusste Prozesse, sondern auch unbewusste Mechanismen wie Projektion, Übertragung oder das Entstehen von Feindbildern. Diese Dynamiken zu verstehen, ist eine wichtige Voraussetzung für jede Form der Gruppenbegleitung.

Nicht zuletzt spielt Gruppenzugehörigkeit auch für die psychische Gesundheit eine entscheidende Rolle. Studien zeigen, dass soziale Eingebundenheit ein bedeutender Schutzfaktor ist. Menschen, die sich in Gruppen als Teil eines Ganzen erleben, fühlen sich weniger einsam, erleben sich als wirksam und berichten über mehr Lebenszufriedenheit. Umgekehrt kann sozialer Ausschluss zu tiefgreifenden seelischen Verletzungen führen. Erfahrungen wie Mobbing, Isolation oder das Gefühl, nirgendwo dazuzugehören, zählen zu den stärksten Belastungsfaktoren überhaupt. Gruppendynamik ist deshalb nicht nur ein Thema für die Arbeitswelt, sondern auch für Prävention, Gesundheit und gesellschaftliches Miteinander.

Für Beraterinnen und Trainerinnen ergibt sich daraus eine klare Schlussfolgerung: Wer mit Menschen arbeitet, arbeitet immer auch mit ihren Gruppen. Selbst in der Einzelberatung sind die Gruppenerfahrungen der Klient:innen präsent. Menschen bringen ihre Prägungen mit, aus Familien, aus Teams, aus Schulklassen, aus Freundeskreisen oder aus sozialen Netzwerken. Gruppendynamische Kompetenz bedeutet, diese Kontexte mitzubedenken, sie zu würdigen und in die Arbeit einzubeziehen. Es bedeutet, nicht nur auf das Individuum zu schauen, sondern auf die Beziehungsmuster, in denen es sich bewegt.

Gruppendynamisches Denken eröffnet darüber hinaus neue Wege in der Gestaltung von Lern- und Veränderungsprozessen. Anstatt nur Inhalte zu vermitteln, können Berater:innen und Trainer:innen auch die Prozesse zwischen den Teilnehmenden in den Fokus rücken. Gerade in der Supervision, im Gruppencoaching oder in der Teamentwicklung zeigt sich, dass der Blick auf das, was im Raum geschieht, oft tiefere Wirkung entfaltet als der Blick auf Themen und Methoden. Dieses Arbeiten erfordert ein hohes Maß an Präsenz, an Achtsamkeit und an Vertrauen in die Selbstregulation von Gruppen. Es braucht Mut, Prozesse geschehen zu lassen, ohne sie aus der Hand zu geben. Gruppendynamisches Arbeiten ist lebendig, herausfordernd und zutiefst menschlich. Wer es beherrscht, kann mit Gruppen wachsen und Gruppen zum Wachsen bringen.

Reflexionsimpulse

- In welchen beruflichen Situationen hast du erlebt, dass gruppendynamische Prozesse den Verlauf oder Erfolg maßgeblich beeinflusst haben?
- Wo siehst du in deinem Arbeitskontext blinde Flecken im Umgang mit Gruppenprozessen?
- Welche Kompetenzen brauchst du, um Gruppenprozesse bewusst und professionell zu begleiten?
- Wie veränderst du dein eigenes Verhalten in Gruppen, je nach Rolle, Setting und Gruppenzusammensetzung?
- Welche Aspekte virtueller Gruppendynamik erscheinen dir besonders herausfordernd oder interessant?
- Wo erlebst du aktuell gesellschaftliche Gruppendynamiken, die dich beruflich oder persönlich beschäftigen?
- Welche Rolle spielt gruppendynamisches Wissen in deiner Arbeit mit Einzelpersonen?

Gruppendynamik ist in einer zunehmend komplexen und vernetzten Welt ein zentraler Schlüssel zum Verständnis menschlicher Zusammenarbeit. Ob in Unternehmen, Bildungseinrichtungen, sozialen Feldern oder virtuellen Teams – überall entfalten sich Prozesse, die über individuelles Verhalten hinausgehen. Gruppendynamische Kompetenz ist damit unverzichtbar für alle, die Menschen professionell begleiten, führen oder bilden wollen. Sie ermöglicht es, Dynamiken zu erkennen, konstruktiv zu beeinflussen und Räume für Entwicklung zu schaffen.

Was macht eine Gruppe zur Gruppe?

Nicht jede Ansammlung von Menschen ist automatisch eine Gruppe. Menschen stehen im Stau, warten in der Arztpraxis, sitzen im selben Bus oder wohnen im selben Haus, ohne sich als Gruppe zu empfinden. Die bloße körperliche Nähe oder ein gemeinsames Umfeld macht noch keine soziale Gruppe aus. Erst wenn bestimmte psychologische und soziale Bedingungen erfüllt sind, entsteht aus einer bloßen Ansammlung ein soziales Gebilde, das wir als Gruppe bezeichnen. Die Frage, was eine Gruppe zu einer Gruppe macht, ist deshalb keine rein formale, sondern eine zutiefst inhaltliche. Sie berührt die Qualität der Beziehungen, die gemeinsamen Bezugspunkte, das Maß an Interaktion, die geteilten Ziele und die Dynamik zwischen den Beteiligten.

Eine zentrale Voraussetzung für die Bildung einer Gruppe ist die wechselseitige Wahrnehmung. Menschen müssen sich nicht nur physisch nahe sein, sondern sich auch als zugehörig erleben. Dieses Erleben ist kein Automatismus. Es entsteht durch Kommunikation, durch Interaktion, durch kleine Gesten der Anerkennung, durch Blicke, durch das Teilen von Erfahrungen, Geschichten oder Erwartungen. Eine Gruppe beginnt dort, wo Menschen anfangen, sich aufeinander zu beziehen, aufeinander zu reagieren und aufeinander Einfluss zu nehmen. Diese Bezogenheit bildet den Nährboden für das, was wir als Gruppengefühl oder Gruppenidentität bezeichnen.

Ein weiteres zentrales Merkmal von Gruppen ist das Vorhandensein gemeinsamer Ziele oder Anliegen. Diese müssen nicht immer explizit formuliert sein. Oft reicht eine implizite Übereinstimmung, ein geteiltes Interesse oder ein Gefühl von Zusammengehörigkeit, das aus gemeinsamen Erfahrungen erwächst. Ob es sich um ein Projektteam handelt, eine Schulklasse, eine Selbsthilfegruppe oder ein Sportverein, spielt dabei keine Rolle. Entscheidend ist, dass die Mitglieder ein gemeinsames Ziel verfolgen oder zumindest einen gemeinsamen Sinn in ihrem Zusammensein sehen. Dieses Ziel verbindet und gibt Orientierung. Es schafft die Grundlage für Kooperation, Abstimmung und gemeinsame Verantwortung.

Mit dem Entstehen einer Gruppe bilden sich auch Rollen aus. Rollen strukturieren das Miteinander. Sie geben Orientierung darüber, wer welche Aufgaben übernimmt, wer welche Erwartungen erfüllt und wer welche Verantwortung trägt. Diese Rollen können formell zugewiesen oder informell gewachsen sein. In jeder Gruppe entwickeln sich typische Muster, wer beispielsweise oft die Initiative ergreift, wer Konflikte anspricht, wer vermittelt oder wer sich zurückhält. Diese Rollenzuteilungen sind nicht beliebig, sondern folgen bestimmten Dynamiken und Bedürfnissen innerhalb der Gruppe. Sie sind Teil der sozialen Ordnung, die sich zwischen den Beteiligten herausbildet und ständig verändert.

Mit der Bildung von Rollen entstehen gleichzeitig Normen. Gruppennormen sind die stillschweigenden oder offen ausgesprochenen Regeln, die das Verhalten innerhalb der Gruppe steuern. Sie sagen, was erwünscht ist, was akzeptiert wird und was als unangemessen gilt. Diese Normen müssen nicht in Worte gefasst sein. Oft wirken sie auf einer unbewussten Ebene. Wer sich ihnen widersetzt, riskiert Ausschluss oder Sanktionen. Wer sich ihnen anpasst, wird integriert. Normen stiften Orientierung und Verlässlichkeit, können aber auch einengend oder ausschließend wirken, wenn sie zu rigide sind. Die Aushandlung von Normen ist deshalb ein zentraler Prozess in der Entwicklung jeder Gruppe.

Ein weiterer Aspekt, der eine Gruppe ausmacht, ist das Gefühl von Zugehörigkeit. Dieses Gefühl ist subjektiv, aber keineswegs zufällig. Es entsteht aus dem Erleben von Verbindung, von Vertrautheit, von Gesehenwerden und Gemeinsinn. Zugehörigkeit hat viel mit Resonanz zu tun, mit dem Gefühl, dass das eigene Dasein in der Gruppe einen Unterschied macht. Dieses Gefühl ist nicht nur angenehm, sondern auch essenziell für psychische Stabilität und Entwicklung. Menschen sind soziale Wesen. Sie brauchen Zugehörigkeit wie Luft zum Atmen. Gruppen, die ein starkes Wir-Gefühl erzeugen, geben ihren Mitgliedern Halt, Orientierung und Bedeutung.

Eine Gruppe ist aber nicht nur ein Ort der Zugehörigkeit, sondern auch ein Ort der Abgrenzung. Gruppen definieren sich nicht nur durch das, was sie verbindet, sondern auch durch das, was sie von anderen unterscheidet. Sie entwickeln ein Innen und ein Außen. Diese Unterscheidung kann bewusst gepflegt oder unbewusst mittransportiert werden. Sie zeigt sich in Symbolen, in Sprache, in gemeinsamen Ritualen oder in klaren Regeln der Aufnahme und des Ausschlusses. Durch diese Abgrenzung entsteht Identität. Menschen wissen, wer sie sind, auch dadurch, dass sie wissen, wer sie nicht sind. Gruppenidentität braucht daher sowohl verbindende als auch trennende Elemente.

Ein weiterer Faktor, der Gruppen kennzeichnet, ist die Dauer der Beziehung. Während kurzfristige Kontakte häufig nur flüchtig bleiben, entwickeln sich in stabilen Gruppen tragfähige Beziehungen, Vertrauensstrukturen und emotionale Bindungen. Je länger eine Gruppe besteht, desto stärker sind oft die sozialen Bande, desto tiefer gehen die Prozesse der Rollenbildung, Normenentwicklung und gemeinsamen Identitätsbildung. Das bedeutet allerdings nicht, dass Gruppen immer lange bestehen müssen, um wirksam zu sein. Auch temporäre Gruppen können sehr intensiv sein, wenn sie unter besonderen Bedingungen agieren, etwa in Krisensituationen, bei intensiven Trainings oder bei gemeinsamen Grenzerfahrungen.

Entscheidend ist nicht nur die Dauer, sondern auch die Qualität der Beziehungen. Eine Gruppe lebt davon, dass ihre Mitglieder miteinander kommunizieren, interagieren und sich gegenseitig wahrnehmen. Diese Kommunikation kann offen und unterstützend oder konflikthaft und destruktiv sein. In jedem Fall entsteht durch sie eine gemeinsame Geschichte, eine kollektive Erinnerung, die die Gruppe prägt. Diese Geschichte ist ein weiterer Baustein der Gruppenidentität. Gruppen erzählen sich selbst Geschichten über sich. Sie entwickeln gemeinsame Narrative, die darüber Auskunft geben, wer sie sind, was sie erlebt haben und was sie verbindet. Diese Geschichten stiften Sinn und festigen das Zusammengehörigkeitsgefühl.

Aus all diesen Elementen entsteht das, was wir als Gruppenstruktur bezeichnen. Sie umfasst die Rollenverteilung, die Kommunikationsmuster, die Normen, die Machtverhältnisse und die emotionalen Bindungen innerhalb der Gruppe. Diese Struktur ist nicht statisch, sondern verändert sich mit der Entwicklung der Gruppe. Sie bildet sich aus dem Zusammen-spiel individueller Persönlichkeiten, gemeinsamer Ziele, geteilter Erfah-rungen und kollektiver Dynamiken. Gruppen sind deshalb lebendige Sys-teme, keine starren Gebilde. Sie entwickeln sich, sie wachsen, sie durchlaufen Phasen, sie reagieren auf innere Spannungen und äußere Einflüsse.

Die Gruppendynamikforschung hat verschiedene Modelle entwickelt, um diese Prozesse zu beschreiben. Ein bekanntes Beispiel ist das Phasenmo-dell der Teamentwicklung nach Bruce Tuckman, das von Forming, Stor-ming, Norming und Performing spricht. Dieses Modell beschreibt, wie Gruppen sich finden, Konflikte austragen, Regeln entwickeln und schließ-lich effizient zusammenarbeiten. Andere Modelle wie die Rangdynamik von Raoul Schindler oder die Teamrollen nach Meredith Belbin helfen da-bei, typische Rollenverteilungen und Machtverhältnisse zu erkennen. Auch wenn diese Modelle abstrahieren, bieten sie wertvolle Anhalts-punkte, um Gruppenprozesse besser zu verstehen und gezielt begleiten zu können.

Zusammenfassend lässt sich sagen, dass eine Gruppe nicht einfach vor-handen ist, sondern entsteht. Sie entsteht durch Kommunikation, durch Beziehung, durch gemeinsame Ziele, durch geteilte Erfahrungen, durch emotionale Resonanz, durch Rollen und Regeln. Eine Gruppe ist mehr als die Summe ihrer Mitglieder. Sie ist ein lebendiger Organismus, der sich ständig verändert, herausfordert, schützt und weiterentwickelt. Wer mit Gruppen arbeitet, tut gut daran, sie nicht nur funktional zu betrachten, sondern in ihrer ganzen Komplexität zu begreifen. Denn nur wer versteht, was eine Gruppe zur Gruppe macht, kann Gruppenprozesse wirkungsvoll begleiten.

Reflexionsfragen:

- Wann habe ich selbst erlebt, wie aus einer bloßen Ansammlung von Menschen eine wirkliche Gruppe wurde?
- Welche Rolle spielen unausgesprochene Regeln und Normen in den Gruppen, in denen ich tätig bin?

- Wie erkenne ich, ob sich jemand in einer Gruppe zugehörig fühlt oder nicht?
- Was unterscheidet eine funktionierende Gruppe von einer bloßen Zweckgemeinschaft?
- In welchen Gruppen habe ich das Gefühl, mich wirklich zeigen zu können?
- Wie beeinflussen meine eigenen Gruppenerfahrungen mein berufliches Handeln?
- Welche Anzeichen deuten darauf hin, dass sich eine Gruppe gerade neu formiert oder instabil ist?
- Welche Geschichten erzählt eine Gruppe über sich selbst und welchen Einfluss haben diese auf das Gruppenverhalten?

Eine Gruppe entsteht nicht durch Nähe, sondern durch Beziehung. Erst durch Kommunikation, gemeinsame Ziele, geteilte Normen, Rollen und emotionale Verbundenheit wird aus einem Nebeneinander ein Miteinander. Gruppen sind lebendige Systeme, die sich entwickeln, verändern und strukturieren. Wer versteht, was eine Gruppe zur Gruppe macht, kann Gruppenprozesse bewusst begleiten und soziale Räume gestalten, in denen Entwicklung möglich wird.

Der Unterschied zwischen Gruppen und Teams

Die Begriffe Gruppe und Team werden im alltäglichen Sprachgebrauch häufig synonym verwendet. In der Fachliteratur und im professionellen Kontext lohnt es sich jedoch, genauer hinzusehen. Zwar teilen Gruppen und Teams viele gemeinsame Merkmale, dennoch bestehen bedeutsame Unterschiede in Struktur, Funktion, Zielorientierung und Dynamik. Diese Unterschiede zu verstehen, ist entscheidend für die Arbeit mit Menschen in sozialen, pädagogischen, organisationalen oder therapeutischen Kontexten. Denn wer mit Gruppen arbeitet, muss wissen, worauf er sich einlässt. Wer mit Teams arbeitet, muss erkennen, was sie von anderen Formen des Miteinanders unterscheidet.

Zunächst lässt sich festhalten, dass jedes Team eine Gruppe ist, aber nicht jede Gruppe ein Team. Eine Gruppe entsteht, wenn sich mehrere Menschen regelmäßig begegnen, miteinander interagieren, sich gegenseitig wahrnehmen und ein gewisses Maß an sozialer Kohärenz entwickeln. Gruppen können sehr unterschiedliche Ziele verfolgen oder auch relativ zieloffen sein. Sie können formell organisiert oder informell gewachsen sein, sie können stabil oder flüchtig, homogen oder heterogen sein. Gruppen bilden ein soziales System, das sich durch gemeinsame Normen, Rollen und eine spezifische Gruppenidentität auszeichnet. Innerhalb dieses Systems entwickeln sich Beziehungsstrukturen, Kommunikationsmuster und emotionale Dynamiken.

Ein Team hingegen ist eine besondere Form der Gruppe, die durch eine deutlich stärkere Zielorientierung gekennzeichnet ist. In einem Team arbeiten Menschen nicht nur miteinander, sondern sie verfolgen ein gemeinsames, klar definiertes Ziel, das sie nur durch Kooperation erreichen können. Teams zeichnen sich durch eine enge Abstimmung, eine bewusste Rollenverteilung und eine hohe Interdependenz aus. Das bedeutet, dass der Erfolg des einen eng mit dem Erfolg der anderen verbunden ist. In einem echten Team ist die Leistung des Ganzen mehr als die Summe der Einzelleistungen. Ein Team braucht das Zusammenwirken aller Mitglieder, sonst funktioniert es nicht.

Die Forschung zu Hochleistungsteams zeigt, dass effektive Teams bestimmte Merkmale aufweisen, die über das hinausgehen, was in gewöhnlichen Gruppen zu finden ist. Dazu gehören ein gemeinsames Verständnis der Zielsetzung, klare Verantwortlichkeiten, ein hoher Grad an Vertrauen und psychologischer Sicherheit, ein kontinuierlicher Austausch über Aufgaben und Prozesse sowie die Fähigkeit, Konflikte offen und konstruktiv zu bearbeiten. Teams entwickeln oft eigene Arbeitsweisen, Routinen und Feedbackmechanismen, die darauf ausgelegt sind, die Zielerreichung zu optimieren. Diese bewusste Ausrichtung auf Leistung und Zusammenarbeit unterscheidet sie von vielen Gruppen, die eher durch gemeinsames Interesse, Zugehörigkeit oder sozialen Austausch zusammengehalten werden.

Ein weiterer Unterschied liegt in der Zusammensetzung. Gruppen entstehen oft spontan oder durch äußere Umstände. Die Mitglieder bringen unterschiedliche Interessen, Erwartungen und Motive mit, die nicht unbedingt aufeinander abgestimmt sind. In Teams hingegen wird auf die Zusammensetzung meist bewusst geachtet. Je nach Ziel und Aufgabe werden Kompetenzen, Persönlichkeiten und Rollen gezielt kombiniert. Teams werden nicht einfach gebildet, sie werden entwickelt. Dieser Entwicklungsprozess ist komplex und erfordert Begleitung, Reflexion und oft auch Moderation. Das gilt insbesondere für Teams, die unter hohem Druck arbeiten oder mit anspruchsvollen Aufgaben betraut sind.

Die Teamentwicklung durchläuft, ähnlich wie Gruppenprozesse, bestimmte Phasen. Das Phasenmodell von Tuckman, das ursprünglich für Gruppen entworfen wurde, wird häufig auch für Teams herangezogen. Es beschreibt die Entwicklungsschritte von der Orientierung über die Konfrontation und Normbildung bis hin zur produktiven Zusammenarbeit. Während sich viele Gruppen nie über die Phase des höflichen Miteinanders hinaus entwickeln, ist es für Teams essenziell, Konfliktphasen aktiv zu durchlaufen, um Vertrauen aufzubauen und funktionale Strukturen zu etablieren. Ein Team, das nie streitet, wird selten zu Höchstleistungen fähig sein. Erst im gemeinsamen Ringen um Klarheit, Zuständigkeiten und Ziele entsteht die Energie, die ein Team wirklich leistungsfähig macht.

Ein zentrales Unterscheidungsmerkmal zwischen Gruppen und Teams ist auch das Maß an Verantwortung, das die einzelnen Mitglieder für das Gesamtergebnis übernehmen. In Gruppen ist es nicht ungewöhnlich, dass sich einzelne Mitglieder zurücklehnen, in der Erwartung, dass andere die Arbeit übernehmen. In der Sozialpsychologie ist dieses Phänomen als Social Loafing bekannt. In Teams hingegen wird kollektive Verantwortung angestrebt. Jedes Mitglied ist sich bewusst, dass sein Beitrag zählt und dass ein mangelndes Engagement das gesamte Team zurückwerfen kann. Dieses Verantwortungsgefühl entsteht nicht von selbst. Es muss kultiviert, eingefordert und durch eine geeignete Führungspraxis gestützt werden.

Auch Führung wird in Teams anders gestaltet als in Gruppen. Während Gruppen oft eine informelle oder traditionelle Führungsstruktur aufweisen, ist die Führung in Teams stärker auf Moderation, Koordination und Ermöglichung ausgerichtet. Die Rolle der Führungskraft verändert sich vom Anleitenden hin zum Unterstützenden. In modernen Teams, insbesondere in agilen Kontexten, wird Führung oft auf mehrere Schultern verteilt oder sogar ganz im Team verankert. Das bedeutet jedoch nicht, dass Führung wegfällt. Vielmehr wird sie situativ übernommen, je nach Kompetenz, Aufgabe und Dynamik. Teams benötigen klare Verantwortlichkeiten, aber auch die Flexibilität, Führungsrollen dynamisch zu gestalten.

Ein weiterer Aspekt betrifft die emotionale Qualität der Zusammenarbeit. In Gruppen können emotionale Prozesse sehr unterschiedlich ausgeprägt sein. Es kann Nähe geben oder Distanz, Offenheit oder Zurückhaltung, Vertrauen oder Misstrauen. In Teams ist eine stabile emotionale Basis entscheidend für die Leistungsfähigkeit. Vertrauen, gegenseitige Wertschätzung und die Fähigkeit, auch schwierige Themen anzusprechen, sind zentrale Voraussetzungen für produktives Arbeiten. Teams, die diese emotionale Grundlage nicht haben, geraten schnell in Konflikte, lähmen sich gegenseitig oder verfallen in destruktive Muster. Emotionale Intelligenz ist daher eine Schlüsselkompetenz in der Teamentwicklung.

Schließlich unterscheidet sich auch die Reflexionskultur zwischen Gruppen und Teams. In Gruppen findet Reflexion, wenn überhaupt, meist informell statt. In Teams hingegen ist regelmäßige Reflexion ein integraler Bestandteil des gemeinsamen Arbeitens. Teams, die sich regelmäßig über ihre Zusammenarbeit austauschen, über Rollen, Erwartungen, Kommunikationswege und Entscheidungsprozesse sprechen, entwickeln sich schneller, lernen aus Fehlern und steigern ihre Effektivität. Diese Reflexion braucht Zeit, Raum und die Bereitschaft, auch unbequeme Themen anzusprechen. Sie ist kein Luxus, sondern eine Notwendigkeit.

Die Unterscheidung zwischen Gruppen und Teams ist nicht nur theoretisch, sondern hat praktische Konsequenzen. Wer in Organisationen arbeitet, sollte wissen, wann ein Team sinnvoll ist und wann eine Gruppe ausreicht. Nicht jede Aufgabe verlangt ein Team. Manche Aufgaben lassen sich effizienter in Gruppen lösen, die nur punktuell zusammenkommen. Andere hingegen erfordern ein echtes Team, das eng kooperiert, sich gegenseitig unterstützt und gemeinsam Verantwortung übernimmt. Auch in sozialen und pädagogischen Kontexten ist es hilfreich, diese Unterscheidung zu kennen. Nicht jede Schulklasse ist ein Team. Nicht jede Selbsthilfegruppe muss ein Team sein. Aber es ist möglich, aus Gruppen Teams zu machen, wenn die Bedingungen stimmen.

Zusammenfassend lässt sich sagen, dass Teams eine spezifische Form von Gruppen darstellen, die durch eine klare Zielorientierung, hohe Interdependenz, bewusste Rollenverteilung, geteilte Verantwortung, stabile emotionale Bindung und eine ausgeprägte Reflexionskultur gekennzeichnet sind. Teams sind keine Selbstverständlichkeit. Sie müssen entwickelt werden. Das erfordert Zeit, Aufmerksamkeit und eine klare innere Haltung. Wer mit Teams arbeitet, braucht ein tiefes Verständnis für Dynamiken, Strukturen und menschliche Bedürfnisse. Erst dann wird aus einem losen Verbund von Menschen eine wirklich funktionierende Einheit.

Reflexionsfragen:

- In welchen Situationen arbeite ich eher in Gruppen, in welchen in Teams?
- Was unterscheidet die Dynamik eines Teams, in dem ich wirksam bin, von anderen Gruppenerfahrungen?

- Wie gestalte ich in meiner Arbeit den Übergang von der Gruppe zum Team?
- Welche Voraussetzungen müssen erfüllt sein, damit eine Gruppe zu einem Team wird?
- Wie gehe ich mit Konflikten in Teams um und wie unterscheiden sich diese von Gruppenkonflikten?
- Welche Rolle spielt Verantwortung in meinen Gruppen- oder Teamerfahrungen?
- Wie bewusst wird in meinem beruflichen Umfeld zwischen Gruppen und Teams unterschieden?
- Welche Haltung nehme ich als Berater:in oder Trainer:in in der Arbeit mit Teams ein?

Teams sind mehr als Gruppen mit gemeinsamen Zielen. Sie zeichnen sich durch intensive Zusammenarbeit, klare Rollen, geteilte Verantwortung, emotionale Bindung und strukturierte Reflexion aus. Der Übergang von der Gruppe zum Team ist kein Automatismus, sondern ein Prozess, der Entwicklung, Begleitung und bewusste Gestaltung erfordert.

Gruppenarten, Gruppengrößen und Gruppenprozesse

Gruppen sind in ihrer Vielfalt ebenso faszinierend wie herausfordernd. Sie unterscheiden sich nicht nur in ihrer Zusammensetzung, Zielsetzung oder Dauer, sondern auch in ihrer Art, ihrer Größe und in den Prozessen, die sich innerhalb ihrer Dynamik entfalten. Wer mit Gruppen arbeitet, begegnet einem breiten Spektrum an Erscheinungsformen, das vom lockeren Bekanntenkreis bis hin zur formell strukturierten Arbeitsgruppe reicht. Dieses Spektrum zu verstehen, ist eine grundlegende Voraussetzung für professionelles gruppendynamisches Arbeiten. Denn nicht jede Methode eignet sich für jede Gruppe, nicht jeder Prozess verläuft unter gleichen Bedingungen, und nicht jede Gruppengröße erlaubt dieselbe Tiefe oder Breite der Interaktion.

Zunächst lohnt sich ein differenzierter Blick auf die verschiedenen Arten von Gruppen. Die Sozialpsychologie unterscheidet traditionell zwischen Primär- und Sekundärgruppen. Primärgruppen zeichnen sich durch eine hohe emotionale Nähe, eine intensive wechselseitige Bindung und häufige persönliche Begegnungen aus. Typische Beispiele sind Familien, enge Freundeskreise oder langfristig bestehende Peergroups. In diesen Gruppen geht es weniger um das Erreichen bestimmter Ziele als um Beziehung, Zugehörigkeit und Identitätsstiftung. Sekundärgruppen hingegen sind stärker zweckgebunden. Hier steht die Erfüllung gemeinsamer Aufgaben im Vordergrund. Die Beziehungen sind meist sachorientierter, die emotionale Bindung ist oft schwächer. Beispiele sind Projektgruppen, Arbeitsgemeinschaften oder politische Initiativen.

Daneben lassen sich Gruppen nach ihrer Entstehung in formelle und informelle Gruppen einteilen. Formelle Gruppen entstehen durch bewusste Planung und institutionelle Vorgaben. Sie haben meist definierte Ziele, Rollenverteilungen und Regeln. Ihre Mitgliedschaft ist nachvollziehbar organisiert, ihre Struktur durchdacht. Informelle Gruppen hingegen bilden sich spontan. Sie entstehen aus gemeinsamen Interessen, aus Sympathie, aus geteilten Lebenssituationen oder schlicht aus räumlicher Nähe. Ihre Dynamik ist häufig vielschichtig, ihre Rollenverteilung fluid, ihre Regeln unausgesprochen. Beide Gruppenarten begegnen sich in

Organisationen häufig gleichzeitig und überlappen einander. So kann eine formell eingesetzte Arbeitsgruppe informelle Subgruppen hervorbringen, deren Einfluss auf das Gruppengeschehen mitunter größer ist als der der offiziellen Struktur.

Ein weiteres wichtiges Unterscheidungskriterium betrifft die Zugehörigkeit. In offenen Gruppen ist der Zugang flexibel. Mitglieder können dazukommen oder ausscheiden, ohne dass sich die grundlegende Struktur zwingend verändert. Viele Selbsthilfegruppen, offene Freizeitgruppen oder Online-Communities funktionieren nach diesem Prinzip. In geschlossenen Gruppen hingegen ist die Mitgliedschaft definiert und stabil. Wer einmal dazugehört, bleibt meist über einen längeren Zeitraum Teil der Gruppe. Diese Stabilität ermöglicht tiefere Prozesse, eine intensivere Beziehungsgestaltung und eine klarere Entwicklung von Gruppennormen. Sie birgt aber auch das Risiko der Abschottung, der Verfestigung dysfunktionaler Muster und der mangelnden Erneuerung.

Ein oft unterschätzter, aber entscheidender Faktor in der Arbeit mit Gruppen ist deren Größe. Die Gruppengröße hat einen direkten Einfluss auf die Interaktionsdichte, die Kommunikationsmöglichkeiten, das Ausmaß an Beteiligung und die Qualität der Beziehungen. In Kleingruppen mit drei bis fünf Personen ist die Kommunikation direkt und intensiv. Jede Person kann gesehen, gehört und wirksam werden. Entscheidungen lassen sich meist schnell treffen, Konflikte direkt ansprechen und Rollen flexibel handhaben. Je kleiner die Gruppe, desto größer ist die Chance auf Nähe, Verbindlichkeit und gemeinsame Verantwortung.

Mit zunehmender Größe verändert sich die Dynamik. In Gruppen mit sieben bis zwölf Personen beginnen sich typische Untergruppen zu bilden. Die Kommunikation wird indirekter, die Beteiligung ungleicher, informelle Rollen stabilisieren sich stärker. Es entsteht ein höherer Bedarf an Moderation, Struktur und Klarheit in der Rollenverteilung. Gleichzeitig steigt das Risiko, dass einzelne Mitglieder sich zurückziehen oder unsichtbar bleiben. In Gruppen mit mehr als zwölf Personen wird es zunehmend schwieriger, alle Mitglieder gleichberechtigt einzubeziehen. Die Gruppe verliert an Intimität, die Kommunikation fragmentiert, die

Entscheidungsprozesse werden komplexer. In solchen Konstellationen braucht es klare Regeln, transparente Abläufe und oft auch technische Unterstützung, um die Gruppendynamik produktiv zu gestalten.

Die Prozesse, die sich innerhalb einer Gruppe abspielen, verlaufen selten gleichförmig oder planbar. Gruppenprozesse sind komplexe, nicht-lineare Entwicklungen, die sich aus dem Zusammenspiel individueller Persönlichkeiten, kollektiver Muster und situativer Einflüsse ergeben. Ein zentraler Prozess ist die Bildung von Gruppenidentität. Diese Identität entwickelt sich durch gemeinsame Erlebnisse, durch das Teilen von Werten, durch das Aushandeln von Unterschieden und Gemeinsamkeiten. Sie ist nicht statisch, sondern in ständiger Bewegung. Gruppenidentität kann zusammenschweißen, aber auch ausgrenzen. Sie kann motivieren oder lähmen, je nachdem, wie sie gestaltet wird.

Ein weiterer zentraler Prozess ist die Rollenbildung. Rollen entstehen nicht durch Zuweisung allein, sondern im Zusammenspiel zwischen Selbstbild und Fremdzuschreibung. In jeder Gruppe finden Aushandlungen darüber statt, wer welche Aufgabe übernimmt, wer für welche Themen steht, wer Verantwortung trägt und wer sich entzieht. Diese Prozesse sind häufig unausgesprochen und dennoch wirkmächtig. Sie bestimmen maßgeblich darüber, ob sich eine Gruppe in Richtung Kooperation oder Konkurrenz entwickelt. Rollen können sich im Verlauf der Gruppengeschichte verändern, verfestigen oder in Frage gestellt werden. Ihre Reflexion ist eine zentrale Aufgabe in jeder professionellen Gruppenbegleitung.

Normenbildung ist ein weiterer fundamentaler Gruppenprozess. Normen geben Orientierung, sie regeln Erwartungen, sie definieren Spielräume. Sie entstehen aus wiederholtem Verhalten, aus impliziten Vereinbarungen oder aus expliziten Absprachen. Manche Normen fördern ein produktives Miteinander, andere blockieren Kreativität oder Offenheit. Das Spannende an Normen ist, dass sie selten bewusst gemacht werden. Oft werden sie erst dann sichtbar, wenn sie verletzt werden. Gruppen, die ihre Normen reflektieren und gegebenenfalls anpassen, zeigen eine hohe Reife und Entwicklungsfähigkeit.

Konfliktprozesse sind ein unvermeidlicher Teil jeder Gruppendynamik. Sie entstehen dort, wo Interessen, Bedürfnisse oder Werte aufeinandertreffen. Der Umgang mit Konflikten sagt viel über den Reifegrad einer Gruppe aus. Reife Gruppen können Konflikte als Lernchance begreifen, unreife Gruppen neigen zur Vermeidung, zur Spaltung oder zu destruktivem Verhalten. Konflikte bringen Bewegung in Gruppen, sie fordern zur Klärung heraus und können den Weg zu mehr Tiefe, Klarheit und Nähe ebnen. Voraussetzung dafür ist ein sicherer Rahmen, in dem Differenzen ausgetragen werden dürfen, ohne dass Zugehörigkeit infrage gestellt wird.

Ein letzter zentraler Gruppenprozess ist die Entwicklung von Kohäsion. Kohäsion beschreibt das Maß an innerem Zusammenhalt, das eine Gruppe verspürt. Sie entsteht durch gemeinsam bewältigte Herausforderungen, durch geteilte Werte, durch emotionale Nähe und gegenseitige Verlässlichkeit. Kohäsion ist keine Garantie für Qualität, aber sie ist eine wichtige Grundlage für Vertrauen, Offenheit und Engagement. Gruppen mit hoher Kohäsion sind belastbarer, resilienter und lernfähiger. Gleichzeitig besteht die Gefahr von Konformitätsdruck, Ausgrenzung Andersdenkender oder der Bildung geschlossener Denksysteme. Auch hier braucht es ein Bewusstsein für die Balance zwischen Zugehörigkeit und Autonomie.

Das Verständnis von Gruppenarten, Gruppengrößen und Gruppenprozessen eröffnet neue Perspektiven für die professionelle Arbeit mit sozialen Systemen. Es ermöglicht ein differenziertes Wahrnehmen, ein passgenaues Intervenieren und ein wirksames Begleiten. Wer mit Gruppen arbeitet, sollte nicht nur die Oberfläche sehen, sondern die Tiefe dahinter. Denn jede Gruppe trägt in sich das Potenzial zur Entwicklung, wenn man es erkennt, respektiert und aktiviert.

Reflexionsfragen:

- Mit welchen Arten von Gruppen habe ich in meiner Arbeit am häufigsten zu tun?
- Wie beeinflusst die Gruppengröße die Dynamik und meine Rolle als Begleiter:in?
- Welche Gruppenprozesse kann ich in meiner Praxis klar benennen und welche entziehen sich meiner Wahrnehmung?
- Wie entstehen Normen in den Gruppen, die ich begleite, und wie gehe ich mit diesen um?
- Welche Rolle spielt die Kohäsion in der Wirksamkeit von Gruppenprozessen?
- In welchen Gruppen fällt mir die Rollenverteilung besonders deutlich auf und warum?
- Welche Erfahrungen habe ich mit offenen versus geschlossenen Gruppen gemacht?
- Wie gehe ich mit Gruppen um, in denen sich Prozesse verfestigt haben, die Veränderung blockieren?

Gruppen sind nicht gleich Gruppen. Sie unterscheiden sich nach Art, Größe und Dynamik. Primär- und Sekundärgruppen, offene und geschlossene Gruppen, formelle und informelle Strukturen prägen das Gruppenerleben ebenso wie Prozesse der Rollenbildung, Normenentwicklung, Konfliktbewältigung und Kohäsionsstärkung. Ein differenzierter Blick auf diese Dimensionen ist unverzichtbar für die professionelle Begleitung und Gestaltung wirksamer Gruppenarbeit.

Gruppenklima, informelle Strukturen und Subgruppen

Gruppen sind nie nur das, was auf den ersten Blick sichtbar ist. Die Liste der Mitglieder, die offizielle Zielsetzung, die festgelegten Rollen oder die äußere Organisation sagen oft wenig über das tatsächliche Erleben innerhalb einer Gruppe aus. Wer Gruppen begleitet, weiß, dass sich unter der Oberfläche eine zweite, nicht minder wirkungsvolle Ebene entfaltet: das Gruppenklima. Dieses Klima lässt sich schwer greifen, aber deutlich spüren. Es ist die emotionale Atmosphäre, die sich zwischen den Mitgliedern entwickelt, ein feines Gewebe aus Stimmungen, Reaktionen und unausgesprochenen Botschaften. Es bestimmt maßgeblich, ob sich Menschen wohlfühlen, ob sie sich einbringen, ob sie Vertrauen fassen, Verantwortung übernehmen oder sich zurückziehen. Gruppenklima entsteht nicht plötzlich, sondern entwickelt sich im Zusammenspiel zahlreicher Faktoren über die Zeit hinweg.

Das Klima in einer Gruppe ist nicht objektiv messbar, aber es lässt sich beobachten. Es zeigt sich in der Körpersprache der Beteiligten, in der Dynamik der Gespräche, in der Reaktion auf Fehler, in der Art und Weise, wie Konflikte ausgetragen oder vermieden werden. In einem positiven Gruppenklima erleben sich Menschen als sicher, gesehen und akzeptiert. Sie trauen sich, ihre Gedanken zu äußern, auch wenn diese kontrovers sind. Sie stellen Rückfragen, geben sich gegenseitig Feedback, unterstützen sich und übernehmen Verantwortung für das Gelingen der Zusammenarbeit. In einem belasteten oder angespannten Klima hingegen herrscht häufig Vorsicht. Aussagen sind zurückhaltend formuliert, Missverständnisse häufen sich, es entstehen Fronten oder Unsicherheiten werden durch ironische Distanz überspielt. Beiträge bleiben an der Oberfläche, Konflikte werden ignoriert oder eskalieren verdeckt. Das Gruppenklima beeinflusst nicht nur das Verhalten der Einzelnen, sondern auch die kollektive Handlungsfähigkeit, die Qualität der Entscheidungen und das Lernen innerhalb der Gruppe. Ein entscheidender Faktor für das Gruppenklima ist die Art und Weise, wie Macht, Einfluss und Beziehungen innerhalb der Gruppe verteilt sind. Diese Verteilungen lassen sich nicht allein aus der formellen Struktur ablesen. Neben der offiziellen Ordnung, also der Zuordnung von Aufgaben, Verantwortlichkeiten und

Entscheidungsbefugnissen, existiert immer auch eine informelle Struktur. Diese ist oft subtiler, aber nicht weniger wirkungsvoll. In ihr zeigen sich tatsächliche Einflussverhältnisse, persönliche Sympathien, unausgesprochene Loyalitäten, strategische Allianzen und verdeckte Dynamiken. Wer innerhalb einer Gruppe gehört wird, wer Themen setzen kann, wer auf Zustimmung stößt oder Gespräche steuert, ist nicht immer jene Person, die formal in der Führungsrolle ist. Vielmehr sind es häufig informelle Meinungsführerinnen und Meinungsführer, emotionale Stabilisatoren oder erfahrene Mitglieder, die eine starke prägende Wirkung auf das Gruppengeschehen ausüben. Informelle Strukturen entstehen in der Regel nicht geplant, sondern entwickeln sich aus dem konkreten Miteinander heraus. Sie basieren auf dem Vertrauen, das über Zeit aufgebaut wird, auf persönlicher Glaubwürdigkeit, auf kommunikativer Stärke oder auch auf spezifischem Expertenwissen. Informelle Strukturen lassen sich nicht erzwingen, aber sie lassen sich erkennen. Wer Gruppen mit professioneller Haltung begleitet, sollte darauf achten, wie sich die informelle Macht in der Gruppe verteilt. Wer spricht besonders häufig? Wer hört eher zu? Wer fasst zusammen? Wer stellt Fragen? Wer wird oft angeschaut, wenn Entscheidungen anstehen? Wer schweigt regelmäßig und wird dennoch gehört? All diese Beobachtungen geben Hinweise darauf, wie das soziale Machtgefüge tatsächlich funktioniert.

Informelle Strukturen sind nicht per se problematisch. Im Gegenteil, sie können die formale Struktur sinnvoll ergänzen, Prozesse beschleunigen oder kreative Ideen fördern. Sie bieten Orientierung in unsicheren Situationen, geben emotionale Sicherheit und ermöglichen spontane Anpassungen an neue Gegebenheiten. Doch wenn sie in Konkurrenz zur offiziellen Ordnung treten, wenn sie nicht transparent gemacht werden oder wenn sie exklusive Netzwerke begünstigen, können sie Spannungen erzeugen, Misstrauen fördern und das Gruppenklima erheblich belasten. Besonders problematisch wird es, wenn informelle Macht unreflektiert bleibt und Entscheidungsprozesse unterwandert werden, ohne dass dies thematisiert wird.

Ein weiteres zentrales Phänomen in Gruppen sind Subgruppen. Subgruppen entstehen dort, wo sich innerhalb der Gesamtgruppe kleinere

Einheiten bilden, die durch besondere Nähe, gemeinsame Interessen, ähnliche Hintergründe oder geteilte Erfahrungen verbunden sind. Diese Subgruppen sind eine natürliche Erscheinung in sozialen Systemen. Sie können offen sichtbar oder eher verdeckt sein, sie können stabil oder wechselhaft auftreten, funktional oder auch destruktiv wirken. Subgruppen erfüllen verschiedene soziale Funktionen. Sie bieten emotionale Rückbindung, stärken die Identifikation, ermöglichen Vertrautheit in größeren Kontexten und geben Halt in unsicheren Phasen der Gruppenentwicklung. Gerade in Gruppen mit mehr als acht bis zehn Personen bilden sich oft automatisch kleinere Einheiten heraus, in denen sich Menschen intensiver austauschen oder stärker verbunden fühlen. Diese Subgruppen können das soziale Gefüge einer Gruppe stabilisieren. Sie fördern oft informelles Lernen, erleichtern die emotionale Verarbeitung komplexer Themen und können in Krisensituationen wichtige Stützpfeiler sein. Sie bergen jedoch auch Risiken. Wenn sich Subgruppen zu stark von der Gesamtgruppe abgrenzen, wenn sie sich als überlegen oder exklusiv erleben, wenn zwischen ihnen Spannungen, Misstrauen oder Konkurrenz entstehen, dann verliert die Gruppe als Ganzes an Zusammenhalt. Es kann zu einem fragmentierten Klima kommen, in dem Kooperationsbereitschaft sinkt und die gemeinsame Zielorientierung geschwächt wird. Konflikte zwischen Subgruppen werden nicht immer offen ausgetragen, sondern wirken verdeckt und lähmen die Interaktion. Besonders gefährlich ist dies in Gruppen, die hohe Aufgabenorientierung und Teamarbeit erfordern. Denn in einer Atmosphäre von Spaltung und Konkurrenz können keine tragfähigen Beziehungen und keine geteilte Verantwortung entstehen.

Für Menschen, die Gruppen begleiten oder moderieren, ist es daher essenziell, das Zusammenspiel von Gruppenklima, informellen Strukturen und Subgruppen zu beobachten und zu reflektieren. Diese Ebenen sind oft schwer zu benennen, da sie sich unterhalb der sprachlichen Oberfläche bewegen. Sie manifestieren sich im Tonfall, in der Gesprächsdynamik, in Blicken, in der Sitzordnung, in der Pausenkommunikation oder in der Bereitschaft, persönliche Themen einzubringen. Ihre Analyse erfordert Sensibilität, Achtsamkeit und den Mut, auch diffuse Eindrücke ernst zu nehmen.

Ein hilfreiches Vorgehen ist die systemische Beobachtung, die nicht nur auf das Was, sondern auch auf das Wie der Kommunikation achtet. Sie betrachtet die Beziehungsebene zwischen den Beteiligten, die nonverbalen Signale, die Positionierungen im Raum, das Wechselspiel von Nähe und Distanz. Wer sich in dieser Art der Wahrnehmung schult, kann Dynamiken erkennen, bevor sie eskalieren, kann Spannungen benennen, bevor sie verhärten, und kann Strukturen sichtbar machen, die sonst im Verborgenen bleiben. Solche Interventionen erfordern Erfahrung, Einfühlungsvermögen und eine klare innere Haltung der Wertschätzung und Neutralität.

Ein weiterer Ansatz besteht darin, diese Prozesse explizit zu machen. Gruppen profitieren enorm davon, wenn das, was in der Tiefe wirkt, auch auf der Oberfläche thematisiert werden darf. Das bedeutet nicht, zu interpretieren oder zu analysieren, sondern Raum zu schaffen für gemeinsame Reflexion. Fragen wie: Wie erleben wir uns gerade als Gruppe? Was fördert Offenheit und Vertrauen? Wer bringt welche Themen ein, und wer bleibt eher im Hintergrund? Wo erleben wir Nähe und wo Distanz? Diese Fragen ermöglichen ein Bewusstwerden des kollektiven Erlebens. Sie wirken klärend und verbindend, wenn sie in einem achtsamen, nicht wertenden Rahmen gestellt werden.

Gruppenklima lässt sich nicht direkt verändern, aber es lässt sich gestalten. Durch bewusste Kommunikation, durch Resonanz, durch Transparenz und durch die Bereitschaft, auch Unsicherheiten zu benennen. Informelle Strukturen lassen sich nicht abschaffen, aber sie lassen sich in die Entwicklung der Gruppe integrieren, wenn sie anerkannt und reflektiert werden dürfen. Subgruppen lassen sich nicht verhindern, aber sie können eingebunden werden, wenn ihre Existenz nicht tabuisiert wird. Entscheidend ist die Haltung, mit der auf diese Ebenen geblickt wird. Eine professionelle Gruppenleitung erkennt ihre Bedeutung, thematisiert sie behutsam und schafft Bedingungen, in denen Entwicklung möglich wird.

Das Potenzial einer Gruppe entfaltet sich nicht allein durch Ziele, Regeln oder Strukturen. Es entfaltet sich im Raum zwischen den Menschen, in dem, was nicht gesagt wird, in dem, was unausgesprochen mitschwingt, in dem, was an Reaktionen spürbar ist, ohne dass es benannt wird. Wer lernt, diesen Raum wahrzunehmen, ihn nicht zu vermeiden, sondern bewusst zu betreten, kann Gruppen tiefgreifend begleiten. Gruppen sind soziale Organismen, deren Wirkung weit über das Funktionale hinausgeht. Sie sind Räume der Begegnung, der Entwicklung und des sozialen Lernens. Und sie sind, wenn wir ihnen mit Offenheit und Respekt begegnen, immer auch Spiegel dessen, was Menschen miteinander möglich machen können.

Reflexionsfragen:

- Wie nehme ich das Gruppenklima in den Gruppen wahr, mit denen ich arbeite?
- Welche informellen Strukturen kann ich erkennen und wie wirken sie auf das Miteinander?
- Welche Subgruppen existieren in meinen Gruppen und welche Funktion erfüllen sie?
- Wie gehe ich mit Spannungen zwischen Subgruppen um?
- Welche Beobachtungswerkzeuge nutze ich, um feine Signale und verdeckte Prozesse zu erfassen?
- Wie spreche ich sensible Dynamiken an, ohne Schuldzuweisungen zu provozieren?
- Welche Rolle spielt meine eigene Position im Gruppenklima und wie beeinflusse ich es?
- Wie kann ich Gruppen dazu befähigen, ihre tieferliegenden Prozesse selbst zu reflektieren?

Das Klima in Gruppen, die informellen Strukturen und die Bildung von Subgruppen prägen das Erleben, das Verhalten und die Entwicklung einer Gruppe auf tiefgreifende Weise. Sie sind nicht immer sichtbar, aber stets wirksam. Professionelles Gruppenhandeln bedeutet, diese Ebenen wahrzunehmen, sie in die Begleitung einzubeziehen und sie behutsam zu reflektieren. Wer mit Gruppen arbeitet, arbeitet nicht nur mit Worten und Zielen, sondern mit dem, was zwischen den Menschen geschieht. Dort liegt das größte Potenzial für Wachstum, Verbundenheit und Veränderung.

Macht und Einfluss in Gruppen

Macht und Einfluss sind zentrale Elemente jeder Gruppendynamik. Sie wirken immer, auch wenn sie nicht thematisiert werden, auch wenn sie geleugnet oder verschleiert sind. In jeder Gruppe gibt es Menschen, die gestalten, die steuern, die andere beeinflussen. Und es gibt jene, die folgen, sich anpassen, zurückziehen oder mit subtilen Mitteln gegensteuern. Macht ist ein unausweichlicher Bestandteil sozialer Systeme. Sie zeigt sich in Sprache, in Körpersprache, in Verhalten, in Entscheidungen, in der Verteilung von Aufmerksamkeit und in der Deutungshoheit über Themen. Wer mit Gruppen arbeitet, muss sich mit Macht beschäftigen. Nicht um sie zu vermeiden, sondern um sie zu verstehen und verantwortungsvoll damit umzugehen.

Macht ist nicht gleich Macht. In Gruppen wirkt sie in unterschiedlichen Formen. Es gibt formelle Macht, die auf Positionen, Regeln und Hierarchien basiert. Sie ist durch die Organisation legitimiert, sie ist sichtbar und meist auch nachvollziehbar geregelt. Wer eine Leitung übernimmt, eine Moderation innehat oder durch die Struktur in eine Entscheidungsrolle kommt, verfügt über formelle Macht. Diese Form ist notwendig, um Prozesse zu steuern, Orientierung zu geben und Rahmen zu schaffen. Doch sie reicht allein nicht aus. In vielen Gruppen hat die informelle Macht einen mindestens ebenso großen Einfluss. Sie zeigt sich im Vertrauen, das jemand genießt, in der Kompetenz, die zugeschrieben wird, in der Ausstrahlung, die wirkt, ohne benannt zu werden. Informelle Macht entsteht durch Beziehung, durch Erfahrung, durch Zugehörigkeit, durch Kommunikationsgeschick oder durch Charisma. Sie ist nicht zugewiesen, sondern erworben. Ihr Einfluss ist nicht kodifiziert, sondern lebt aus der Dynamik des sozialen Miteinanders.

Einfluss ist eng mit Macht verbunden, aber nicht identisch. Einfluss bedeutet, dass das Verhalten, das Denken oder das Erleben anderer durch das eigene Handeln verändert wird. Einfluss kann bewusst oder unbewusst erfolgen, direkt oder subtil, intendiert oder zufällig. Einfluss ist nicht nur auf Positionen zurückzuführen, sondern oft auf persönliche Merkmale. Menschen mit hoher emotionaler Intelligenz, mit großer

Präsenz oder mit kluger Sprache können starken Einfluss ausüben, auch ohne formelle Macht. Umgekehrt kann jemand in einer offiziellen Führungsrolle wenig Einfluss haben, wenn es ihm oder ihr nicht gelingt, Vertrauen aufzubauen, Orientierung zu geben oder Menschen zu bewegen. Einfluss entfaltet sich oft über Resonanz. Wer Resonanz erzeugt, bewegt andere, nicht durch Anordnung, sondern durch innere Beteiligung. In dieser Form ist Einfluss subtiler, aber nicht weniger stark.

In Gruppen entstehen komplexe Gefüge von Macht und Einfluss. Diese Gefüge sind nie statisch, sondern verändern sich im Laufe der Zeit. Sie sind das Ergebnis von Interaktion, von Aushandlung, von Zuschreibung und von gelebter Erfahrung. Wer mit Gruppen arbeitet, sollte diese Gefüge lesen können. Das bedeutet, sensibel zu beobachten, wie Entscheidungen entstehen, wessen Meinungen Gewicht haben, wer gehört wird und wer nicht, wer die Richtung vorgibt, wer Inhalte rahmt, wer Zustimmung erzeugt oder Widerstand mobilisiert. In diesen Prozessen zeigt sich das reale Machtgefüge einer Gruppe, unabhängig von formalen Strukturen.

Besonders bedeutsam wird Macht dort, wo sie nicht gleich verteilt ist. In jeder Gruppe gibt es Asymmetrien. Manche Menschen sind lauter, bestimmter, selbstbewusster. Andere sind vorsichtiger, zurückhaltender, abwartender. Diese Unterschiede können sich ergänzen, aber auch verstärken. Wer sich wiederholt durchsetzt, wird oft bestätigt. Wer sich zurückhält, wird häufiger übergangen. So entstehen Muster, die sich verfestigen können. Diese Muster führen dazu, dass bestimmte Personen dauerhaft mehr Einfluss erhalten, während andere systematisch überhört werden. Solche Ungleichgewichte sind selten beabsichtigt, aber hochwirksam. Sie beeinflussen das Klima, die Beteiligung, das Vertrauen und letztlich die Ergebnisse einer Gruppe.

Macht kann konstruktiv wirken, wenn sie klug und verantwortlich eingesetzt wird. Sie schafft Orientierung, ermöglicht Entscheidungen, schützt Schwächere, moderiert Konflikte, setzt Impulse und gibt Richtung. Macht kann aber auch missbraucht werden. Sie kann manipulieren, ausschließen, unterdrücken, beschämen oder lähmen. Machtmissbrauch zeigt sich in subtilem Druck, in emotionaler Erpressung, in herablassender Sprache, in der Kontrolle über Redeanteile, in der Abwertung anderer Perspektiven oder in der gezielten Steuerung von Allianzen. Der Missbrauch von Macht zerstört Vertrauen, beschädigt Beziehungen und verhindert Entwicklung. Deshalb ist es entscheidend, Macht nicht nur als notwendiges Element zu begreifen, sondern auch als Verantwortung.

Macht ist ein relationales Phänomen. Sie existiert nicht in der Person, sondern im Zusammenspiel zwischen Menschen. Niemand hat einfach Macht. Macht wird gewährt, zugeschrieben, erlaubt. Deshalb ist sie immer auch abhängig vom Gegenüber. Wer sich nicht beeinflussen lässt, entzieht dem anderen ein Stück seiner Macht. Wer sich ermächtigt fühlt, kann neue Spielräume eröffnen. In diesem Sinne ist es sinnvoll, nicht nur von Macht, sondern auch von Ermächtigung zu sprechen. Gruppen, die Räume schaffen, in denen alle Beteiligten sich als handlungsfähig erleben, fördern eine gesunde Machtbalance. Ermächtigung bedeutet nicht Gleichmacherei, sondern die bewusste Gestaltung von Verantwortung, Einfluss und Beteiligung.

Ein oft übersehener Aspekt ist die Wechselwirkung zwischen Machtdynamiken und Gruppenkohäsion. Gruppen, in denen Macht unklar verteilt ist oder als bedrohlich erlebt wird, verlieren an Zusammenhalt. Der Rückzug einzelner, verdeckte Widerstände, das Entstehen informeller Gegengewichte oder passiv-aggressive Kommunikation sind häufige Folgen eines unausbalancierten Machtklimas. Umgekehrt zeigt sich in Gruppen mit gut reflektierter Machtverteilung eine höhere Offenheit, größere Beteiligung und ein tragfähigeres Wir-Gefühl. Macht, richtig verstanden, ist kein Nullsummenspiel, sondern kann im Sinne des Ganzen wirken, wenn sie geteilt, diskutiert und auf gemeinsame Ziele ausgerichtet wird.

In der Gruppenleitung stellt sich die Frage nach Macht besonders deutlich. Leitende Personen haben formelle Verantwortung und gestalten durch ihre Haltung, ihr Verhalten und ihre Interventionen das Machtgefüge wesentlich mit. Sie stehen vor der Herausforderung, nicht nur Inhalte zu vermitteln oder Abläufe zu moderieren, sondern auch Machtverhältnisse zu reflektieren, Macht transparent zu machen und mit der eigenen Position achtsam umzugehen. Das bedeutet, eigene Einflussmöglichkeiten zu erkennen und bewusst einzusetzen. Es bedeutet auch, andere zu stärken, Beteiligung zu fördern, Raum zu geben, wo andere ihre Stimme finden sollen. Leitung in Gruppen ist immer auch ein Balanceakt zwischen Steuerung und Ermöglichung, zwischen Klarheit und Offenheit.

Professionelle Gruppenleitung bedeutet nicht, auf Macht zu verzichten, sondern sie bewusst einzusetzen. Das umfasst auch die Fähigkeit, zwischen Einfluss und Dominanz zu unterscheiden. Einfluss basiert auf Vertrauen, auf Beziehung und auf wechselseitiger Anerkennung. Dominanz hingegen beruht auf Kontrolle, auf der Verengung von Handlungsspielräumen und der Einschränkung von Autonomie. Gruppen, in denen Leitung vor allem durch Dominanz geprägt ist, verlieren langfristig an Engagement und Eigenverantwortung. Gruppen hingegen, in denen Einfluss aus einer inneren Haltung von Achtung und Kooperation erwächst, entwickeln ein hohes Maß an Resilienz und Lernfähigkeit.

Besonders herausfordernd ist Macht in Gruppen, in denen Machtfragen nicht offen angesprochen werden dürfen. In solchen Gruppen wirkt Macht verdeckt. Sie entfaltet sich hinter den Kulissen, in informellen Gesprächen, in Allianzen, in stillen Abwertungen oder durch Schweigen. Wenn Macht tabuisiert wird, entstehen Spannungen. Menschen spüren, dass bestimmte Themen nicht angesprochen werden können, dass Entscheidungen nicht nachvollziehbar sind oder dass Einfluss nicht legitimiert ist. Das fördert Unsicherheit, Resignation oder stille Rebellion. Deshalb ist es sinnvoll, Macht in Gruppen nicht zu verstecken, sondern zu thematisieren. Wer offen über Macht spricht, nimmt ihr das Bedrohliche und macht sie bearbeitbar.

Auch auf der Ebene der Gruppe selbst lässt sich über Macht nachdenken. Gruppen können als Ganzes Macht entfalten. Sie können Haltungen prägen, Normen durchsetzen, Verhalten sanktionieren. Gruppen können Einzelne integrieren oder ausschließen, fördern oder behindern. Sie können Menschen zu Höchstleistungen motivieren oder sie demotivieren. Diese kollektive Macht zeigt sich besonders deutlich in Gruppennormen.

Was als richtig oder falsch gilt, was angesprochen werden darf oder nicht, wer dazugehören darf und wer nicht, wird nicht durch Einzelpersonen entschieden, sondern durch das Zusammenspiel aller. Gruppendynamik ist deshalb immer auch eine Machtfrage.

Die Arbeit mit Macht erfordert eine professionelle Haltung. Es reicht nicht, gut zu beobachten oder sensibel zu sein. Es braucht auch die Bereitschaft, Verantwortung zu übernehmen. Wer in Gruppen interveniert, verändert Machtverhältnisse. Wer schweigt, stabilisiert bestehende Muster. Wer moderiert, entscheidet mit, was gehört wird. Wer Methoden auswählt, setzt damit Themen und beeinflusst Prozesse. Diese Verantwortung lässt sich nicht umgehen, aber bewusst gestalten. Professionelle Gruppenleitung heißt deshalb, die eigene Rolle als machtvolle Position anzuerkennen und reflektiert mit ihr umzugehen. Es bedeutet auch, Macht im Sinne der Gruppe zu nutzen, nicht für eigene Interessen.

In der Begleitung von Gruppen geht es nicht darum, Macht abzuschaffen. Das wäre eine Illusion. Es geht vielmehr darum, sie bewusst wahrzunehmen, transparent zu machen und so zu gestalten, dass sie dem Prozess dient. Macht lässt sich nicht neutralisieren, aber sie lässt sich balancieren. Einfluss ist nicht vermeidbar, aber er kann gerecht verteilt werden. Gruppen, die sich mit ihren Machtverhältnissen auseinandersetzen, gewinnen an Reife, an Vertrauen und an Wirksamkeit. Wer Macht klug nutzt, ermöglicht Entwicklung. Wer Macht tabuiert, riskiert Stagnation.

Reflexionsfragen:

- Wo erlebe ich in Gruppen Macht und Einfluss besonders deutlich?
- Welche Formen von Macht wirken eher förderlich, welche eher hemmend?
- Wie gehe ich mit meinem eigenen Einfluss in Gruppen um?
- Wo sehe ich Machtmissbrauch und wie kann ich darauf reagieren?
- Welche Rolle spielen informelle Machtstrukturen in meiner Arbeit mit Gruppen?
- Wie kann ich Räume schaffen, in denen Machtverhältnisse reflektiert werden können?

- Wann gelingt es mir, Macht zu teilen, und wann fällt mir das schwer?
- Wie kann ich Ermächtigung in Gruppen gezielt fördern?

Macht und Einfluss sind in jeder Gruppe wirksam. Sie gestalten Beziehungen, Entscheidungen und Dynamiken. Wer Gruppen professionell begleitet, muss Macht nicht vermeiden, sondern verantwortungsvoll mit ihr umgehen. Das bedeutet, Macht sichtbar zu machen, Einfluss zu reflektieren und Räume für Ermächtigung zu öffnen. So entsteht Entwicklung statt Unterordnung, Beteiligung statt Ohnmacht und Gestaltung statt Verdrängung.

Hidden Agendas und verdeckte Gruppenrollen

Nicht alles, was in Gruppen geschieht, ist auf den ersten Blick sichtbar. Neben den offiziellen Themen, den ausgesprochenen Zielen und den erkennbaren Rollen existieren oft verdeckte Dynamiken, unausgesprochene Absichten und implizite Machtverhältnisse. Diese verborgenen Prozesse, die sich unterhalb der Oberfläche des Gruppengeschehens abspielen, werden im systemischen Denken als Teil der Tiefenstruktur verstanden. Ein zentrales Konzept in diesem Zusammenhang sind die sogenannten Hidden Agendas, also verdeckte Anliegen oder Absichten, die das Verhalten von Gruppenmitgliedern beeinflussen, ohne offen ausgesprochen zu werden. Verknüpft damit sind verdeckte Gruppenrollen, die nicht offiziell vergeben wurden, sich aber in Handlungen, Erwartungen und Beziehungsmustern manifestieren.

Der Begriff Hidden Agenda bezeichnet ein Motiv, eine Erwartung oder ein Ziel, das ein Gruppenmitglied verfolgt, ohne es mit der Gruppe zu teilen. Dabei handelt es sich nicht notwendigerweise um manipulatives oder unethisches Verhalten. Vielmehr sind es oft subjektiv als berechtigt empfundene Anliegen, die aus dem Kontext heraus nicht offen kommuniziert werden. Solche verdeckten Absichten wurzeln häufig in unerfüllten Bedürfnissen, ungelösten Konflikten oder unbewussten Loyalitäten. Ein Gruppenmitglied, das in einer Diskussion wiederholt abschweift, verfolgt möglicherweise gar nicht primär das offiziell formulierte Sachziel, sondern möchte auf sich aufmerksam machen, eine emotionale Reaktion provozieren oder latent Unmut über die Gruppenziele ausdrücken. Es geht dabei nicht um Ablenkung als Selbstzweck, sondern um das Verdeutlichen einer inneren Diskrepanz, die keinen offenen Raum findet.

Ebenso kann eine Person, die regelmäßig Gegenpositionen einnimmt, ein unausgesprochenes Bedürfnis nach Kontrolle ausdrücken oder ein verborgenes Anliegen artikulieren, das in der Gruppenkultur keinen expliziten Ausdruck findet. Manchmal geschieht dies auch stellvertretend für andere abwesende oder weniger sichtbare Stimmen. Diese verdeckten Agenden entstehen nicht in Isolation, sondern im Beziehungsfeld der Gruppe. Solche Muster wirken sich unmittelbar auf das Gruppenklima aus, da sie Spannungen erzeugen, Reaktionen hervorrufen und subtile Dynamiken in Gang setzen. Sie beeinflussen Entscheidungen, indem sie den Fokus verschieben, Umwege im Denkprozess erzeugen oder den Raum für bestimmte Themen einschränken. Ebenso prägen sie die Art, wie Beziehungen in der Gruppe gestaltet werden, etwa durch Rollenfixierungen, Sympathieverteilungen oder Koalitionen.

Hidden Agendas entfalten also ihre Wirkung nicht durch ihr Auftreten allein, sondern durch die Reaktionen, die sie im Gruppensystem auslösen. Je weniger eine Gruppe gelernt hat, mit solchen Signalen umzugehen, desto stärker wirken sie untergründig und verzerren das sichtbare Geschehen. Das Bewusstsein für solche verdeckten Strukturen ist daher kein Luxus, sondern eine Grundvoraussetzung für verantwortungsvolle Gruppenarbeit.

Der systemische Ansatz betont, dass Verhalten immer im Kontext des Systems verstanden werden muss. Was auf den ersten Blick störend, irrational oder unverständlich erscheint, kann auf der Ebene der Tiefenstruktur hochbedeutsam sein. Hidden Agendas entstehen häufig aus einem Mangel an Sicherheit oder aus der Erfahrung, dass bestimmte Themen in der Gruppe nicht angesprochen werden dürfen. Wenn emotionale Themen, Machtfragen oder persönliche Verletzungen keinen Raum finden, verlagern sie sich in den Untergrund. Dort wirken sie weiter. Sie bleiben diffus, wirken indirekt und entfalten trotzdem ihre Wirkung.

Verdeckte Gruppenrollen sind eng mit diesen verborgenen Agenden verbunden. Jede Gruppe entwickelt im Laufe der Zeit ein informelles Rollenverteilungssystem, das nicht notwendigerweise mit den formalen Strukturen übereinstimmt. Neben den offiziellen Rollen wie Leitung, Protokollführung oder Moderation entstehen informelle Rollen wie die der oder des Kritikerin oder Kritikers, der Expertin, der Humorvollen, der Mahnerin oder des Schweigenden. Diese Rollen werden nicht zugewiesen, sondern ergeben sich aus den Interaktionen, Erwartungen und Zuschreibungen innerhalb der Gruppe. Sie können stabil oder flexibel sein, je nachdem, wie stark die Gruppe mit Veränderung umgehen kann.

Fritz B. Simon beschreibt in seiner systemischen Betrachtung von Gruppen die Rolle als einen Knotenpunkt in einem Netz von Erwartungen. Eine Person übernimmt nicht einfach eine Rolle. Sie wird in diese Rolle hineingeschoben, sie wird von der Gruppe dazu eingeladen, provoziert oder sogar gezwungen. Oft ist die Rollenzuschreibung für die betroffene Person gar nicht unmittelbar spürbar. Sie reagiert einfach auf die Anforderungen des sozialen Systems, ohne zu reflektieren, welche Dynamiken ihr Verhalten beeinflussen. Gleichzeitig stabilisiert das Verhalten der anderen Mitglieder die Zuschreibung, sodass sich eine selbsterfüllende Prophezeiung entwickelt. Eine Person, die einmal als Störerin oder Störer etikettiert wurde, wird auch bei konstruktiven Beiträgen kritisch beäugt. Eine andere, die als Vermittlerin oder Vermittler wahrgenommen wird, bekommt auch in konflikthaften Situationen automatisch die Erwartung zugeschrieben, zu schlichten.

Diese verdeckten Rollen können eine produktive Funktion haben, indem sie unausgesprochene Spannungen abfedern, unerfüllte Bedürfnisse sichtbar machen oder blinde Flecken im Gruppensystem ausgleichen. In ihrer konstruktiven Variante stellen sie eine Art Frühwarnsystem dar, das aufzeigt, wo Entwicklungspotenzial besteht oder wo eine Gruppe sich selbst nicht ganz ehrlich begegnet. Sie markieren Reibungsflächen, die zwar herausfordernd, aber auch äußerst fruchtbar sein können, wenn sie mit Offenheit und Reflexionsbereitschaft bearbeitet werden. Gleichzeitig bergen diese Rollen auch das Risiko, dysfunktional zu werden. Dies geschieht vor allem dann, wenn sie zu starren Zuschreibungen verkommen, die nicht mehr in Frage gestellt oder in ihrer Funktionalität reflektiert werden. Eine solche Starrheit kann dazu führen, dass Menschen in Rollen verharren, die sie überfordern, abwerten oder ausgrenzen.

Besonders problematisch ist es, wenn einzelne Mitglieder zu sogenannten Symptomträgerinnen oder Symptomträgern eines unausgesprochenen Gruppenkonflikts gemacht werden. In solchen Fällen zeigt sich das Problem nicht dort, wo es eigentlich liegt, sondern dort, wo es sozial am leichtesten projiziert werden kann. Die Gruppe entlädt ihre Spannungen auf ein Mitglied, das durch sein Verhalten, seine Position oder seine Art der Kommunikation eine Projektionsfläche bietet. Dieses Mitglied trägt dann nicht nur seine eigenen Anliegen, sondern auch die unausgesprochenen Konflikte des Systems. Die Verantwortung für das Gruppenklima wird individualisiert, anstatt als kollektive Aufgabe verstanden zu werden. Die Gruppe stabilisiert sich kurzfristig. Der Preis dafür ist jedoch hoch. Das eigentliche Thema bleibt unsichtbar. Das betroffene Mitglied wird isoliert, pathologisiert oder sogar zum Sündenbock gemacht.

Die langfristige Folge solcher unreflektierter Rollenzuschreibungen ist eine Verarmung des Gruppenklimas. Kreativität, Vielfalt und gegenseitiges Lernen werden blockiert, weil bestimmte Ausdrucksformen nicht mehr erlaubt sind. Die Gruppe wird weniger durchlässig für Veränderung und beginnt, sich gegen das Neue, das Andere, das Irritierende zu immunisieren. Verdeckte Rollen, die ursprünglich ein Hinweis auf systemische Entwicklungsaufgaben waren, werden dann zu stabilisierenden Mechanismen eines dysfunktionalen Status quo. Die produktive Kraft des Irritierenden bleibt ungenutzt. Der Preis dafür ist hoch, sowohl für das betroffene Mitglied als auch für die Gruppe als Ganzes.

Die systemische Perspektive versucht, diese verdeckten Dynamiken zu dechiffrieren, ohne sie zu moralisieren. Ziel ist es, die dahinterliegenden Muster zu erkennen und mit der Gruppe ins Gespräch zu bringen. Dafür braucht es einen Raum, in dem auch unausgesprochene Themen ausgesprochen werden dürfen. Eine Gruppe, die lernen will, sich mit ihren Tiefenstrukturen auseinanderzusetzen, braucht eine Kultur der Offenheit, des Vertrauens und der reflektierten Kommunikation. Die Frage ist nicht: Wer ist schuld? Die Frage ist: Was sagt uns dieses Verhalten über das System, über die Beziehungen, über die unausgesprochenen Themen, die in der Luft liegen?

Ein hilfreicher Zugang zu diesen Prozessen besteht darin, gruppendynamische Phänomene als Resonanzphänomene zu betrachten. Verdeckte Rollen und Hidden Agendas entstehen nicht im luftleeren Raum. Sie entstehen in der Interaktion mit dem gesamten Gruppensystem. Ein Mitglied, das sich zurückzieht oder übermäßig anpasst, ist nicht nur Ausdruck individueller Haltung. Es ist auch ein Signal für das, was in der Gruppe nicht artikuliert oder ausgehalten werden kann. Die Person, die sich scheinbar permanent oppositionell verhält, könnte möglicherweise etwas ansprechen, das sonst niemand zu sagen wagt. In der Tiefe wirkt sie damit nicht destruktiv, sondern übernimmt oftmals unbewusst eine wichtige systemische Funktion.

Diese Art der Rollenübernahme kann als kompensatorisch verstanden werden. Wenn beispielsweise eine Gruppe ihre Konfliktthemen vermeidet, übernimmt oft ein einzelnes Mitglied die Rolle des Konfliktauslösers. Es bringt durch seine Haltung oder durch sein Verhalten die Spannung ins Feld, die im System bereits vorhanden ist, aber nicht offen bearbeitet wird. Die Reaktion der Gruppe auf dieses Mitglied ist dann oft Abwehr, Distanz oder Pathologisierung. Dabei wäre es hilfreicher, die Reaktion auf das Verhalten ebenso ernst zu nehmen wie das Verhalten selbst. Die systemische Frage lautet hier nicht: Warum benimmt sich diese Person so? Die systemische Frage lautet: Was wird durch dieses Verhalten im System sichtbar, was vorher nicht im Bewusstsein war?

Ein wesentlicher Schritt in der Arbeit mit verdeckten Rollen ist die Entwicklung eines gemeinsamen Vokabulars für das Unsichtbare. Gruppen profitieren davon, wenn sie lernen, über Erwartungen, Zuschreibungen und unausgesprochene Bedürfnisse zu sprechen. Das bedeutet nicht, jede versteckte Dynamik sofort offenlegen zu müssen. Vielmehr geht es um das Etablieren einer Haltung, die auch das Nicht-Gesagte berücksichtigt, die Ambivalenzen aushält und in der Lage ist, über das Offensichtliche hinaus zu denken. Supervisorische, therapeutische oder beratende Begleitung kann dabei helfen, diese Reflexionsräume zu öffnen und das gruppendynamische Geschehen differenziert zu betrachten.

Verdeckte Rollen sind keine Fehler im System. Sie zeigen vielmehr, dass in jeder Gruppe Spannungen, Gegensätze und Ungleichzeitigkeiten vorhanden sind, die bearbeitet werden wollen. Gruppen, die diese Dynamiken wahrnehmen, anerkennen und konstruktiv nutzen können, gewinnen an Tiefe, Beweglichkeit und Resilienz. Die Herausforderung liegt darin, die verdeckten Muster nicht zu entlarven, sondern sie in einen Dialog mit der bewussten Gruppenstruktur zu bringen. In diesem Dialog entsteht Entwicklung. Entwicklung entsteht nicht durch das Beseitigen von Störungen, sondern durch das Verstehen von Bedeutungen.

Reflexionsfragen:

- Welche unausgesprochenen Rollen und Erwartungen lassen sich in meinen Gruppen erkennen?
- Wann habe ich selbst erlebt, dass jemand eine Rolle übernommen hat, die für das System wichtig war, aber nicht gewürdigt wurde?
- Wie reagiere ich auf Menschen, die scheinbar stören oder sich entziehen? Was könnte das über das System aussagen?
- Welche Themen sind in meiner Gruppe schwer ansprechbar, und was geschieht stattdessen?
- Welche eigenen Muster erkenne ich im Umgang mit verdeckten Gruppendynamiken?
- Wie kann ich Räume schaffen, in denen auch unausgesprochene Anliegen einen Platz bekommen?
- Welche systemischen Fragen helfen mir dabei, hinter das Verhalten einzelner Mitglieder zu schauen?
- Wie kann ich die Gruppe dabei unterstützen, ihre Tiefenstruktur produktiv zu reflektieren?

Verdeckte Gruppenrollen und Hidden Agendas gehören zum normalen Funktionieren sozialer Systeme. Sie sind Ausdruck systemischer Spannungen, unausgesprochener Erwartungen und nicht bearbeiteter Themen. Wer sie erkennen und nutzen will, braucht einen weiten Blick, eine dialogische Haltung und den Mut, auch das Nicht-Offensichtliche zu beachten. Gruppen, die ihre Tiefenstrukturen reflektieren, gewinnen an Reife, Klarheit und Entwicklungsfähigkeit. Die Auseinandersetzung mit dem, was nicht gesagt wird, öffnet den Weg für das, was gemeinsam entstehen kann.

Groupthink nach Janis

Der Begriff Groupthink wurde von Irving Janis in den frühen 1970er-Jahren geprägt und beschreibt ein Phänomen, das sich in Gruppen mit einem hohen Maß an Kohäsion und einem starken Bedürfnis nach Harmonie zeigt. Groupthink bezeichnet eine Form des Denkens, bei der das Streben nach Einmütigkeit innerhalb einer Gruppe so stark ist, dass es zu einer Verzerrung der Urteilsbildung kommt. Kritische Meinungen werden unterdrückt, alternative Handlungsmöglichkeiten nicht ausreichend geprüft und Risiken systematisch unterschätzt. Anstelle einer sorgfältigen Abwägung unterschiedlicher Perspektiven entwickelt die Gruppe eine trügerische Einigkeit. Diese führt häufig zu Fehlentscheidungen.

Janis untersuchte historische Fälle politischer und militärischer Fehlentscheidungen, darunter die Invasion in der Schweinebucht, die Eskalation des Vietnamkriegs oder das Desaster der Challenger-Raumfähre. In all diesen Fällen konnte er bestimmte gruppendynamische Muster identifizieren, die zu einer eingeschränkten Perspektive und einer gravierenden Fehleinschätzung führten. Groupthink ist also kein rein theoretisches Konstrukt, sondern ein empirisch gut belegtes Muster kollektiver Dysfunktion.

Eine der zentralen Bedingungen für das Entstehen von Groupthink ist eine hohe Kohäsion in der Gruppe. Kohäsion beschreibt die emotionale Bindung der Mitglieder an die Gruppe. In stark verbundenen Teams kann dieses Zusammengehörigkeitsgefühl so dominant werden, dass der Wunsch nach Zugehörigkeit das Bedürfnis nach kritischer Reflexion überlagert. Abweichende Meinungen werden nicht mehr als produktiv wahrgenommen, sondern als potenzielle Störungen. Dies führt zu einer subtilen Selbstzensur, bei der kritische Gedanken aus Angst vor Ablehnung zurückgehalten werden. Zugleich verstärkt sich die Erwartung, dass sich alle loyal zur Gruppenmeinung bekennen. So entsteht ein Klima, in dem die sichtbare Harmonie das tatsächliche Meinungsspektrum verzerrt.

Janis beschrieb verschiedene Symptome von Groupthink, die gemeinsam ein gefährliches Klima kollektiver Selbsttäuschung erzeugen können.

Dazu zählt eine übersteigerte Illusion von Unverletzlichkeit. Die Gruppe nimmt sich selbst als unfehlbar wahr und ignoriert Risiken. Diese Haltung geht oft mit einer moralischen Überhöhung der eigenen Position einher, wodurch kritische Gegenstimmen nicht nur als falsch, sondern als unethisch erscheinen. Ein weiteres Merkmal ist die kollektive Rationalisierung von Warnsignalen. Hinweise, die nicht zur dominanten Überzeugung passen, werden uminterpretiert oder bagatellisiert. So schützt sich die Gruppe vor kognitiver Dissonanz, verliert dabei aber den Bezug zur Realität. Gleichzeitig entstehen stereotype Bilder über Außenstehende, die als inkompetent oder feindlich abgewertet werden. Das verstärkt die Abgrenzung und erschwert eine konstruktive Auseinandersetzung mit anderen Perspektiven.

Ein besonders prägnantes Symptom ist der hohe Druck zur Konformität. Die soziale Erwartungshaltung ist so stark, dass sich viele Mitglieder innerlich anpassen, selbst wenn sie Zweifel haben. Diese Dynamik erzeugt eine Illusion der Einstimmigkeit. Weil niemand widerspricht, scheint Einigkeit zu herrschen. In Wirklichkeit bleiben viele Bedenken unausgesprochen. Verstärkt wird dieses Klima durch sogenannte Mind Guards. Damit sind Gruppenmitglieder gemeint, die störende Informationen zurückhalten, um die Harmonie zu wahren. Diese Schutzfunktion wird meist aus Loyalität zur Gruppe ausgeübt, führt aber zu einer selektiven Wahrnehmung, die kritisches Denken einschränkt.

Die genannten Symptome stehen in Wechselwirkung. Die Illusion von Unverletzlichkeit erleichtert das Ausblenden von Kritik. Die moralische Überhöhung der eigenen Sichtweise legitimiert die Abwertung anderer Positionen. Der Wunsch nach Harmonie fördert Selbstzensur. Und die scheinbare Einigkeit verstärkt das Gefühl, auf dem richtigen Weg zu sein. So entsteht ein geschlossenes System, in dem Zweifel als störend gelten. Die Qualität von Entscheidungen leidet erheblich, nicht aus Mangel an Kompetenz, sondern weil kritische Korrekturen systematisch unterdrückt werden.

Groupthink tritt besonders häufig in homogenen Gruppen auf, in denen ähnliche Werte und soziale Hintergründe dominieren. Auch hierarchisch stark strukturierte Gruppen sind anfällig, vor allem wenn die Führungsperson sehr dominant auftritt. In solchen Konstellationen wird das Denken der Gruppe gelenkt, abweichende Perspektiven werden marginalisiert. Selbst hochqualifizierte Teams können unter diesen Bedingungen gravierende Fehlentscheidungen treffen.

Ein zentrales Element im Konzept von Janis ist die Ambivalenz der Kohäsion. Gruppenzusammenhalt kann Vertrauen, Engagement und Motivation fördern. In gut funktionierenden Teams bildet Kohäsion die Basis für Zusammenarbeit. Doch wenn Zugehörigkeit zum Hauptkriterium wird und kritische Stimmen nicht mehr erwünscht sind, kippt dieser Vorteil ins Dysfunktionale. Der Gruppenzusammenhalt wird dann zum obersten Prinzip erhoben. Jede Form von Widerspruch erscheint als Illoyalität. In diesem Moment verliert die Gruppe ihre Fähigkeit zur Reflexion. Aus einer Stärke wird eine Schwäche. Aus produktiver Kohäsion wird rigide Konformität.

Janis betonte, dass Groupthink nicht aus mangelnder Intelligenz oder schlechter Absicht entsteht. Vielmehr ist es das Ergebnis eines sozialen Systems, das Anpassung belohnt und Abweichung sanktioniert. Wer sich konform verhält, erhält Zustimmung. Wer Zweifel äußert, riskiert subtile Ausgrenzung. Diese Dynamik führt dazu, dass viele Mitglieder schweigen, selbst wenn sie alternative Ideen haben. Der Wunsch nach Zugehörigkeit wiegt schwerer als das Bedürfnis nach kritischer Auseinandersetzung.

Gefährlich wird diese Tendenz, wenn sie durch äußeren Entscheidungsdruck, Zeitknappheit oder abgeschottete Gruppenstrukturen verstärkt wird. Unter Druck steigt das Bedürfnis nach schnellen Lösungen. Kritik wird dann nicht als notwendige Diskussion, sondern als Verzögerung empfunden. Die Gruppe fokussiert sich auf scheinbar einfache Antworten und verkürzt ihre Denkprozesse. Gleichzeitig führt eine geringe Anbindung an externe Perspektiven zu einem selbstreferenziellen Weltbild. Wenn sich die Gruppe nur noch auf eigene Überzeugungen stützt, bleiben neue Impulse aus. Die ursprüngliche Stärke der Gruppe, Kohäsion und Entscheidungskraft, wird zur Quelle kollektiver Verengung des Denkens.

Groupthink lässt sich nicht allein durch Vernunft verhindern. Es braucht strukturelle Maßnahmen und eine bewusste Gestaltung der Gruppenkultur. Eine zentrale Rolle spielt die Leitung. Wer frühzeitig seine Meinung äußert, beeinflusst ungewollt die Diskussion. Stattdessen ist es hilfreich, offene Beiträge zu fördern, bevor Meinungen bewertet werden. Eine Kultur, in der Zweifel erlaubt und Vielfalt erwünscht ist, bildet den besten Schutz gegen Groupthink.

Auch externe Impulse sind wertvoll. Beraterinnen, Experten oder kritische Freundinnen können helfen, blinde Flecken aufzudecken. Ebenso kann das bewusste Einnehmen konträrer Positionen innerhalb der Gruppe neue Perspektiven eröffnen. Manche Teams arbeiten mit der Rolle des Advocatus Diaboli, um voreilige Entscheidungen zu vermeiden.

Ein weiterer Schutzfaktor ist psychologische Sicherheit. Wer sich sicher fühlt, seine Meinung zu äußern, trägt eher zu kritischer Diskussion bei. Eine Kultur der Wertschätzung und aktiven Einladung zur Beteiligung stärkt die Offenheit. Dabei geht es nicht nur um sachliche Argumente, sondern auch um das Ernstnehmen emotionaler Signale wie Unsicherheit oder Zweifel. Sie sind Hinweise auf ein lebendiges Gruppengeschehen.

Groupthink lässt sich nicht vollständig vermeiden, aber erkennen und reflektieren. Gruppen, die sich regelmäßig mit ihrem Prozess beschäftigen, Rückmeldungen einholen und Raum für Meta-Kommunikation schaffen, fördern eine lernende Kultur. Groupthink ist kein individuelles, sondern ein systemisches Phänomen. Deshalb braucht es systemische Antworten, in der Struktur, in der Kommunikation und in der Haltung.

Der Begriff Groupthink hat in den letzten Jahrzehnten nichts an Aktualität verloren. In einer komplexen, dynamischen Welt ist der konstruktive Umgang mit Widerspruch zentral. Gruppen, die Vielfalt zulassen und Reflexion fördern, treffen bessere Entscheidungen. Die Auseinandersetzung mit Janis' Konzept ist ein wichtiger Beitrag zur Qualität von Gruppenprozessen, nicht nur in Organisationen, sondern auch in Politik, Bildung und Gesellschaft.

Reflexionsfragen:

- Wann habe ich selbst schon einmal erlebt, dass eine Gruppe zu schnell Konsens gesucht hat?
- Welche Rolle spiele ich selbst in Gruppen, wenn es um abweichende Meinungen geht?
- Wie kann ich dazu beitragen, dass in Gruppen Raum für kritisches Denken entsteht?
- Welche Strukturen helfen mir dabei, Gruppenzwang zu erkennen und ihm zu begegnen?
- Was brauche ich, um in einer Gruppe auch dann meine Meinung zu äußern, wenn sie nicht der Mehrheitsmeinung entspricht?
- Welche Verantwortung trage ich als Leitungsperson für die Qualität von Entscheidungsprozessen?
- Wie kann ich psychologische Sicherheit in meinen Teams fördern?
- Welche Impulse aus dem Konzept von Groupthink möchte ich in meine Praxis integrieren?

Groupthink beschreibt das Phänomen, dass Gruppen aus einem übermäßigen Streben nach Konsens heraus ihre Urteilsfähigkeit verlieren. Abweichende Meinungen werden unterdrückt, kritisches Denken wird reduziert und Entscheidungen werden ohne ausreichende Prüfung getroffen. Der Ansatz von Janis macht deutlich, wie wichtig es ist, Gruppenprozesse bewusst zu gestalten, Diversität zu fördern und psychologische Sicherheit herzustellen. Nur so kann verhindert werden, dass Kohäsion zur Konformität wird und kollektive Intelligenz durch Gruppenzwang ersetzt wird.

Ambivalenzen und Spannungsfelder in der Gruppenleitung

Gruppen zu leiten gehört zu den anspruchsvollsten Aufgaben in der professionellen Arbeit mit Menschen. Wer eine Gruppe leitet, steht nicht nur in der Verantwortung für Struktur, Rahmen und Ablauf, sondern trägt auch wesentlich zur Qualität des Miteinanders, zur Tiefe der Auseinandersetzung und zur Entwicklungsfähigkeit der Gruppe bei. Gruppenleitung bedeutet, Spannungen zu halten, Dynamiken zu gestalten, Entscheidungen zu ermöglichen und gleichzeitig Offenheit zu fördern. Es geht nicht nur darum, Informationen zu vermitteln oder Diskussionen zu steuern, sondern darum, soziale Prozesse wahrzunehmen, zu reflektieren und im Sinne der Gruppe zu begleiten. In diesem Spannungsfeld entstehen zwangsläufig Ambivalenzen. Gruppenleitung bedeutet, sich ständig in widersprüchlichen Erwartungen, wechselnden Rollenanforderungen und komplexen Beziehungskonstellationen zu bewegen. Wer diesen Prozess ernst nimmt, erlebt Führung nicht als eindeutige Position, sondern als ständige Auseinandersetzung mit Vieldeutigkeiten.

Eine der zentralen Ambivalenzen in der Gruppenleitung liegt im Verhältnis von Nähe und Distanz. Als leitende Person bin ich Teil der Gruppe und zugleich in einer Sonderrolle. Ich nehme teil, aber ich gestalte auch. Ich bin nahbar, aber zugleich in einer übergeordneten Position. Diese Doppelrolle fordert ein hohes Maß an Reflexion. Wenn ich mich zu sehr auf die Ebene der Gruppe begebe, verliere ich den Überblick und werde Teil von Dynamiken, die ich eigentlich begleiten soll. Wenn ich mich zu sehr distanziere, verliere ich den Kontakt, wirke abgehoben oder unnahbar. Die Kunst besteht darin, in Beziehung zu gehen, ohne sich zu verstricken, und gleichzeitig die Metaebene im Blick zu behalten, ohne sich zu entziehen. Diese Balance ist nicht stabil, sondern muss ständig neu austariert werden.

Eine weitere Ambivalenz besteht im Spannungsfeld von Steuerung und Offenheit. Gruppen erwarten von Leitung Orientierung. Sie wünschen sich Klarheit, Struktur und Richtung. Gleichzeitig brauchen Gruppen Freiraum, um sich zu entwickeln, eigene Dynamiken zu entfalten und Verantwortung zu übernehmen. Zu viel Steuerung kann einengen, entmündigen oder Widerstand erzeugen. Zu viel Offenheit kann überfordern, verunsichern oder in Orientierungslosigkeit führen. Gruppenleitung bedeutet daher, immer wieder abzuwägen, wann Struktur hilfreich ist und wann Loslassen notwendig wird. Es bedeutet, Prozesse zu initiieren und zugleich zuzulassen, dass sie eigene Wege nehmen. Diese Ambivalenz fordert die Leitung heraus, sich nicht an der eigenen Planung festzuhalten, sondern flexibel auf das zu reagieren, was im Raum entsteht.

Auch im Umgang mit Macht zeigen sich Spannungsfelder. Leitung ist immer auch eine machtvolle Position. Ich entscheide, wann gesprochen wird, welche Methoden angewendet werden, wie mit Störungen umgegangen wird und worauf der Fokus liegt. Gleichzeitig bin ich als Leitung auch in der Verantwortung, Macht zu teilen, Beteiligung zu ermöglichen und Räume für Selbststeuerung zu schaffen. Diese Verantwortung ist nicht leicht. Es kann verlockend sein, Macht unreflektiert einzusetzen, weil es effizient scheint oder weil man die Kontrolle nicht verlieren möchte. Es kann aber auch verunsichern, Einfluss bewusst zuzulassen und eigene Entscheidungen in Frage stellen zu lassen. Die zentrale Herausforderung besteht darin, Macht nicht zu verleugnen, sondern bewusst mit ihr umzugehen. Leitung heißt nicht, Macht zu vermeiden, sondern sie transparent, reflektiert und im Sinne der Gruppe einzusetzen.

Ein weiteres Spannungsfeld ergibt sich aus der Rolle als Projektionsfläche. Leitende Personen werden selten nur in ihrer tatsächlichen Funktion wahrgenommen. Sie werden überlagert von Erwartungen, Zuschreibungen, früheren Erfahrungen oder unbewussten Mustern. Die Leitung wird idealisiert oder kritisiert, als Mutterfigur, Vaterfigur, Retterin oder Gegner gesehen. Diese Projektionen lassen sich nicht verhindern. Sie sind Teil jeder sozialen Beziehung. In Gruppen verdichten sie sich besonders stark, weil Leitung immer auch mit Autorität verbunden ist. Für die Leitungsperson bedeutet das, mit Ambivalenz leben zu lernen. Einerseits geht es darum, sich nicht auf diese Projektionen einzulassen, andererseits aber auch darum, sie als Hinweise auf tieferliegende Themen in der Gruppe zu verstehen. Projektionsphänomene sind kein persönliches Urteil, sondern Ausdruck gruppendynamischer Prozesse. Die Leitung wird damit zum

Resonanzkörper für das, was in der Gruppe sonst nicht artikuliert werden kann.

Leitung bedeutet auch, Spannungen zwischen Einzelnen und dem Gesamtsystem zu halten. In jeder Gruppe gibt es unterschiedliche Bedürfnisse, Interessen, Perspektiven und Tempi. Manche Menschen brauchen viel Struktur, andere wünschen sich Offenheit. Einige sind schnell, andere zögerlich. Manche suchen Konflikte, andere meiden sie. Gruppenleitung bedeutet, mit diesen Unterschieden umzugehen, ohne sich auf eine Seite zu schlagen. Es bedeutet, Spannungen nicht zu glätten, sondern sie sichtbar zu machen, auszuhalten und gegebenenfalls zu moderieren. Das bedeutet auch, nicht vorschnell Harmonie zu erzeugen, sondern auch destruktive Dynamiken wahrzunehmen, zu benennen und in einen bewussten Prozess zu überführen. Diese Form der Spannungsarbeit ist emotional herausfordernd, aber für die Entwicklung der Gruppe essenziell.

Die Leitung ist zudem immer auch Teil des Gruppensystems, und damit selbst in Dynamiken verstrickt. Auch Leitende haben Erwartungen, Bedürfnisse, Unsicherheiten, Trigger. Sie reagieren nicht neutral, sondern sind selbst Teil der Kommunikation, selbst Projektionsfläche, selbst emotional beteiligt. Diese Tatsache wird in vielen Modellen zu wenig berücksichtigt. Es reicht nicht aus, über Methoden, Phasenmodelle oder Interventionstechniken zu verfügen. Entscheidend ist die Fähigkeit zur Selbstreflexion. Die Leitung muss sich selbst als Instrument begreifen, als Resonanzraum, als Mitspielerin im Gruppengeschehen. Wer seine eigenen Reaktionen versteht, wer sich selbst gut regulieren kann, wer bereit ist, sich infrage zu stellen, kann Gruppenprozesse deutlich bewusster gestalten.

Ein oft unterschätztes Spannungsfeld ergibt sich aus dem Umgang mit Fehlern. Leitungspersonen werden häufig mit dem Anspruch konfrontiert, souverän, kompetent und fehlerfrei zu handeln. Dieser Anspruch ist nicht nur unrealistisch, sondern auch gefährlich. Wer keine Fehler zeigen darf, wer Schwäche nicht eingesteht, verliert an Echtheit und Authentizität. Gruppen spüren schnell, wenn Leitung ihre Unsicherheiten überspielt oder sich hinter Professionalität versteckt. Eine reflektierte Leitung kann hingegen eingestehen, wenn etwas nicht gelungen ist, kann Kritik aufnehmen, kann Lernprozesse sichtbar machen. Das schafft Vertrauen und eröffnet Räume für eine konstruktive Fehlerkultur. Gleichzeitig verlangt es Mut. Fehler zu zeigen heißt, Kontrolle abzugeben, sich angreifbar zu machen und damit ein Spannungsfeld zu betreten, das Führung häufig zu vermeiden versucht.

Die Leitung steht zudem im Spannungsfeld zwischen dem, was die Gruppe braucht, und dem, was sie will. Gruppen äußern Wünsche, Erwartungen und Bedürfnisse. Diese sind nicht immer deckungsgleich mit dem, was für die Entwicklung notwendig ist. Manchmal braucht eine Gruppe Konfrontation, auch wenn sie Harmonie verlangt. Manchmal braucht sie Verlangsamung, auch wenn sie Tempo fordert. Manchmal braucht sie Struktur, auch wenn sie Freiheit betont. Leitung heißt in solchen Momenten, sich nicht an Beliebtheit zu orientieren, sondern an Sinnhaftigkeit. Es bedeutet, mutige Entscheidungen zu treffen, auch wenn diese nicht sofort auf Zustimmung stoßen. Es bedeutet, Führung im eigentlichen Sinn zu übernehmen und Verantwortung zu tragen für das, was die Gruppe sich noch nicht selbst geben kann.

Nicht zuletzt ergibt sich eine Ambivalenz aus der Gleichzeitigkeit von Prozess- und Ergebnisverantwortung. Gruppenleitung soll Prozesse offen begleiten, gleichzeitig aber auch Ergebnisse ermöglichen. Diese Doppelrolle ist nicht auflösbar, sondern muss ausgehandelt werden. Zu viel Fokus auf das Ergebnis kann dazu führen, dass Prozesse übergangen, Beteiligung reduziert oder Konflikte überdeckt werden. Zu viel Fokus auf den Prozess kann in Beliebigkeit oder Ziellosigkeit führen. Leitung bedeutet, beide Dimensionen im Blick zu behalten, flexibel zu reagieren und immer wieder neu zu entscheiden, was gerade Priorität hat.

Professionelle Gruppenleitung ist keine Technik, sondern ein ständiges Balancieren zwischen Polen, ein Leben mit Widersprüchen, ein achtsames Mitgehen mit dem, was ist. Es geht nicht um perfekte Steuerung, sondern um bewusste Präsenz. Es geht nicht um klare Antworten, sondern um kluge Fragen. Wer Gruppen leitet, muss bereit sein,

Unsicherheit auszuhalten, Kontrolle zu relativieren und Verantwortung zu übernehmen, auch wenn die Richtung nicht immer klar ist. Es ist diese Fähigkeit zum Halten von Ambivalenz, die gute Leitung von bloßer Moderation unterscheidet. Denn Gruppen brauchen keine perfekten Anleiter, sondern authentische, reflektierte und handlungsfähige Menschen, die bereit sind, sich dem Spannungsfeld von Beziehung, Einfluss und Entwicklung zu stellen.

Reflexionsfragen:

- In welchen Spannungsfeldern bewege ich mich besonders häufig in meiner Rolle als Gruppenleitung?
- Wie gelingt mir die Balance zwischen Nähe und Distanz?
- Wo neige ich dazu, zu viel zu steuern oder zu viel Freiheit zu lassen?
- Wie gehe ich mit meinen eigenen Machtanteilen um und wie spreche ich Machtfragen in der Gruppe an?
- In welchen Momenten reagiere ich eher aus eigenen Mustern heraus als aus einer reflektierten Haltung?
- Wie gehe ich mit Kritik oder Projektionen um, die an meine Rolle als Leitung herangetragen werden?
- Wann erlaube ich mir, Fehler einzugestehen, und wann vermeide ich es?
- Wie gelingt mir der Umgang mit widersprüchlichen Erwartungen aus der Gruppe?

Gruppenleitung ist ein ständiger Balanceakt. Sie bewegt sich in Spannungsfeldern zwischen Nähe und Distanz, Steuerung und Offenheit, Macht und Partizipation, Projektionsfläche und Authentizität. Wer Gruppen professionell leiten will, muss bereit sein, diese Ambivalenzen auszuhalten, zu reflektieren und bewusst zu gestalten. Nicht Perfektion, sondern Präsenz, nicht Kontrolle, sondern Klarheit, nicht Sicherheit, sondern Entwicklung sind die tragenden Säulen einer tragfähigen Gruppenleitung.

Vertrauen und psychologische Sicherheit in Gruppen

Vertrauen ist die unsichtbare Grundlage jeder gelingenden Zusammenarbeit. Es ist das emotionale Fundament, auf dem Beziehungen entstehen, Kommunikation gelingt und Entwicklung möglich wird. In Gruppen ist Vertrauen nicht nur ein individuelles Gefühl, sondern ein kollektives Phänomen. Es beeinflusst, wie offen gesprochen wird, wie Konflikte bearbeitet werden, wie Verantwortung übernommen wird und wie sehr sich Menschen aufeinander verlassen können. Vertrauen entsteht nicht durch Anordnung, nicht durch Vorschrift, nicht durch Methoden. Es entsteht durch Erfahrung, durch erlebte Verlässlichkeit, durch emotionale Sicherheit und durch wechselseitige Resonanz. Vertrauen ist damit kein statischer Zustand, sondern ein Prozess, der sich aufbaut, brüchig werden kann, gepflegt werden muss und immer wieder neu hergestellt werden muss. Vertrauen in Gruppen zeigt sich nicht nur in der Kommunikation, sondern in der Art und Weise, wie mit Unsicherheit umgegangen wird. In Gruppen, in denen Vertrauen herrscht, trauen sich Menschen, auch Unvollkommenes zu zeigen, Fragen zu stellen, Zweifel zu äußern und Kritik zu formulieren. Sie wagen es, sich verletzlich zu zeigen, ohne Angst vor Ablehnung oder Herabsetzung. Sie erleben, dass ihr Beitrag zählt, dass sie ernst genommen werden und dass ihr Dazugehören nicht an Leistung oder Zustimmung gebunden ist. In Gruppen mit geringem Vertrauen hingegen herrscht Vorsicht. Menschen zeigen sich nur in Ausschnitten, passen sich an, verbergen Unsicherheiten oder üben sich in vorauseilender Konformität. Kritik wird vermieden oder sarkastisch verpackt. Störungen bleiben unausgesprochen. Entscheidungen werden nicht hinterfragt, sondern hingenommen oder hinter vorgehaltener Hand kommentiert.

Ein zentraler Begriff in diesem Zusammenhang ist die psychologische Sicherheit. Die Forschung zur Team- und Gruppenentwicklung hat gezeigt, dass psychologische Sicherheit ein Schlüsselfaktor für produktives Miteinander ist. Amy Edmondson, eine der einflussreichsten Forscherinnen auf diesem Gebiet, beschreibt psychologische Sicherheit als das gemeinsame Empfinden, dass es in einer Gruppe erlaubt ist, Risiken einzugehen, ohne negative soziale Konsequenzen befürchten zu müssen. In einem psychologisch sicheren Umfeld trauen sich Menschen, Fehler zuzugeben, Fragen zu stellen, unpopuläre Meinungen zu äußern und auch gegen den Strom zu denken. Diese Sicherheit ist keine Selbstverständlichkeit. Sie muss aktiv gestaltet werden. Sie lebt von einer Kultur der Offenheit, von gegenseitigem Respekt und von der Bereitschaft, auf Augenhöhe miteinander zu interagieren.

Vertrauen und psychologische Sicherheit hängen eng zusammen, sind aber nicht identisch. Vertrauen ist oft auf die Beziehung zwischen zwei Personen bezogen. Ich vertraue dir, weil ich dich als verlässlich, integer oder unterstützend erlebt habe. Psychologische Sicherheit hingegen beschreibt die kollektive Atmosphäre in der Gruppe. Es geht um die Frage: Wie ist es hier bei uns? Wie gehen wir miteinander um, wenn es schwierig wird? Wie viel Risiko kann ich mir leisten, ohne mit Ausschluss, Beschämung oder Ablehnung rechnen zu müssen? Psychologische Sicherheit entsteht, wenn viele individuelle Vertrauensbeziehungen zusammenwirken, wenn Führungskräfte oder Leitungspersonen Sicherheit modellieren und wenn eine Kultur geschaffen wird, in der Fehler als Lernchance gelten, nicht als Makel. In Gruppen mit hoher psychologischer Sicherheit sind Diskussionen lebendig, Beteiligung hoch und Lernen sichtbar. Menschen bringen sich ein, weil sie wissen, dass sie dafür nicht bloßgestellt werden. Sie zeigen sich, weil sie erfahren haben, dass ihre Perspektiven gefragt sind, auch wenn sie vom Mainstream abweichen. In Gruppen mit niedriger psychologischer Sicherheit hingegen entstehen oft stille Übereinkünfte. Die Gruppe signalisiert unbewusst, was erlaubt ist und was nicht, welche Themen angesprochen werden dürfen und welche tabu sind. Diese unausgesprochenen Regeln beeinflussen das Verhalten stärker als explizite Vereinbarungen. So kann es sein, dass eine Gruppe auf den ersten Blick harmonisch wirkt, aber innerlich blockiert ist. Vertrauen fehlt dort, wo Zugehörigkeit an Bedingungen geknüpft ist oder Angst vor sozialer Sanktion den Raum dominiert.

Der Aufbau von Vertrauen ist kein linearer Prozess. Vertrauen wächst in kleinen Schritten, durch erlebte Verlässlichkeit, durch geteilte Erfahrungen, durch Momente der Offenheit. Es kann durch ein einziges Ereignis erschüttert und durch viele wiederaufbauende Begegnungen langsam rekonstruiert werden. Vertrauen basiert auf Gegenseitigkeit. Wer Vertrauen schenkt, macht sich verletzlich. Wer Vertrauen erhält, steht in der Verantwortung, damit achtsam umzugehen. In Gruppen ist es hilfreich, das Thema Vertrauen explizit zu thematisieren. Nicht als abstrakten Begriff, sondern als konkrete Erfahrung. Was lässt mich mich sicher fühlen? In welchen Momenten traue ich mich, offen zu sein? Wann habe ich erlebt, dass jemand mir vertraut? Solche Fragen schaffen Bewusstsein und fördern das kollektive Nachdenken über Qualität und Tiefe der Zusammenarbeit.

Vertrauen entsteht auch durch die Art und Weise, wie Gruppenleitung gestaltet wird. Leitungspersonen haben einen enormen Einfluss auf das Erleben von Sicherheit in der Gruppe. Nicht durch ihre Position, sondern durch ihr Verhalten. Wer als Leitung Fehler eingesteht, Fragen stellt, Kritik annimmt und Unsicherheit zulässt, sendet Signale von Vertrauen. Wer hingegen Kontrolle ausübt, Bewertungen äußert, unklare Machtspiele betreibt oder über Menschen statt mit ihnen spricht, schafft Angst. Die Haltung der Leitung hat deshalb eine zentrale Funktion. Vertrauen lässt sich nicht einfordern. Es entsteht, wenn Führung sich selbst transparent zeigt und die Gruppe als gleichwürdige Gemeinschaft behandelt. Die Leitung wird in solchen Gruppen nicht als übermächtige Instanz erlebt, sondern als ermöglichende Kraft, die Sicherheit vorlebt, statt sie nur zu fordern. Auch die Struktur einer Gruppe beeinflusst das Vertrauen. Gruppen, in denen Rollen, Aufgaben und Entscheidungswege klar sind, bieten Orientierung. Gleichzeitig brauchen Gruppen Flexibilität, um auf Veränderung reagieren zu können. Psychologische Sicherheit entsteht dann, wenn Strukturen nicht rigide, sondern dienlich sind. Wenn sie nicht als Mittel zur Kontrolle, sondern als Rahmen für gemeinsame Verantwortung erlebt werden. Gruppen, die über klare, aber flexible Strukturen verfügen, in denen Entscheidungsprozesse nachvollziehbar und transparent gestaltet sind, schaffen eher ein Klima des Vertrauens als Gruppen mit intransparenten oder willkürlichen Regelungen. Das betrifft nicht nur große Organisationen, sondern auch kleine Gruppen, in denen es schnell zu unausgesprochenen Hierarchien kommen kann.

Ein weiterer Aspekt, der Vertrauen beeinflusst, ist der Umgang mit Differenz. In jeder Gruppe gibt es unterschiedliche Meinungen, Werte, Lebensentwürfe, Kommunikationsstile und Temperamente. Wie mit diesen Unterschieden umgegangen wird, entscheidet maßgeblich über die Vertrauensbasis. Psychologische Sicherheit bedeutet nicht, dass alle gleich denken oder fühlen. Sie bedeutet, dass Differenz erlaubt ist, ohne dass Zugehörigkeit infrage gestellt wird. Gruppen, in denen Vielfalt geschätzt, Unterschiede anerkannt und Konflikte respektvoll bearbeitet werden, entwickeln ein starkes Vertrauen in die gemeinsame Fähigkeit, auch Spannendes und Schwieriges gemeinsam zu bewältigen. Gerade im Kontext von Diversität, Interkulturalität und Inklusion wird dieser Aspekt immer bedeutsamer.

Auch der Umgang mit Emotionen ist zentral für das Erleben von Vertrauen. In Gruppen, in denen Emotionen nicht benannt werden dürfen oder schnell als irrational abgewertet werden, entsteht keine psychologische Sicherheit. Vertrauen bedeutet auch, Raum für Gefühle zu schaffen, sie zuzulassen und mit ihnen umgehen zu lernen. Das betrifft sowohl schwierige Gefühle wie Angst, Ärger oder Scham als auch positive Gefühle wie Freude, Begeisterung oder Stolz. Eine Gruppe, in der Emotionen sprachfähig werden, entwickelt ein tieferes Miteinander. Nicht weil es immer harmonisch ist, sondern weil auch Spannungen gehalten und in Entwicklung überführt werden können.

Ein oft übersehener Punkt ist die Bedeutung von Mikrosignalen. Vertrauen entsteht nicht nur in großen Gesten, sondern in kleinen Momenten. Ein wohlwollender Blick, ein kurzes Nachfragen, ein echtes Zuhören, ein ehrliches Danke – all das sind Signale, die zeigen: Du bist hier willkommen. Du darfst hier du selbst sein. Du wirst gesehen. In der Summe machen diese Kleinigkeiten den Unterschied zwischen einer Gruppe, in der Menschen aufblühen, und einer, in der sie sich zurückziehen. Wer Gruppen professionell begleitet, sollte diese Mikrosignale nicht unterschätzen. Sie sind oft wirksamer als jede Methode.

Nicht zuletzt ist Vertrauen auch eine Haltung. Wer sich entscheidet, anderen mit einer Grundhaltung des Vertrauens zu begegnen, setzt einen wichtigen Impuls. Diese Entscheidung ist nicht naiv. Sie bedeutet nicht, blind zu vertrauen oder sich zu idealisieren. Sie bedeutet, davon auszugehen, dass Menschen grundsätzlich kooperativ, entwicklungsfähig und beziehungsorientiert sind. Eine solche Haltung schafft einen Rahmen, in dem sich andere ebenfalls öffnen können. Vertrauen vermehrt sich durch Vertrauen. Psychologische Sicherheit beginnt dort, wo Menschen sich gegenseitig zutrauen, ehrlich zu sein, Fehler zu machen und trotzdem verbunden zu bleiben.

Reflexionsfragen:

- In welchen Gruppen habe ich mich bisher wirklich sicher gefühlt und was hat dieses Gefühl ausgelöst?
- Welche meiner eigenen Verhaltensweisen stärken oder schwächen das Vertrauen in einer Gruppe?
- Wie gut gelingt es mir, Emotionen in Gruppen wahrzunehmen und ihnen Raum zu geben?
- Wie sichtbar ist psychologische Sicherheit in den Gruppen, die ich leite oder begleite?
- Wie gestalte ich Strukturen, die sowohl Orientierung als auch Flexibilität ermöglichen?
- Was tue ich konkret, um Mikrosignale von Vertrauen zu senden?
- Wie kann ich als Leitung selbst Offenheit zeigen, ohne die Führung aus der Hand zu geben?
- Wie gehe ich mit Differenzen um, ohne Harmonie zu erzwingen oder Konflikten auszuweichen?

Vertrauen und psychologische Sicherheit sind keine weichen Faktoren, sondern tragende Säulen jeder Gruppenentwicklung. Sie entstehen durch bewusste Gestaltung des Miteinanders, durch eine Haltung der Offenheit und durch den ehrlichen Umgang mit Emotionen, Differenz und Unsicherheit. Gruppen, die Vertrauen leben, sind belastbarer, kreativer, engagierter und lernfähiger. Psychologische Sicherheit ist kein Luxus, sondern Voraussetzung für alles, was in Gruppen möglich wird, wenn Menschen sich nicht nur zeigen dürfen, sondern sich auch sicher fühlen, wenn sie es tun.

Gruppentypen und Organisationsformen

Gruppen existieren nicht im luftleeren Raum. Sie sind immer eingebettet in Kontexte, Rahmenbedingungen und strukturelle Vorgaben. Besonders im beruflichen Umfeld sind Gruppen keine freien Zusammenschlüsse, sondern Teil einer Organisation. Sie bewegen sich innerhalb institutioneller Ordnungen, kultureller Muster, technischer Systeme und wirtschaftlicher Zielvorgaben. Die Form, in der eine Organisation strukturiert ist, beeinflusst maßgeblich, wie Gruppen entstehen, wie sie arbeiten, welche Dynamiken sich entfalten und wie viel Gestaltungsspielraum tatsächlich vorhanden ist. Gruppendynamik lässt sich daher nicht isoliert betrachten, sondern muss im Zusammenhang mit der jeweiligen Organisationsform analysiert und verstanden werden.

Unterschiedliche Organisationsmodelle bringen unterschiedliche Formen von Gruppen hervor. Ein klassisch hierarchisches Unternehmen erzeugt andere Gruppentypen als ein Unternehmen, das auf agile Strukturen setzt oder auf Holacracy basiert. Auch innerhalb eines Unternehmens können mehrere Organisationslogiken parallel existieren. So kann eine Abteilung nach klassischen Prinzipien geführt werden, während ein Projektteam agil arbeitet. Diese Vielfalt struktureller Gegebenheiten erzeugt komplexe Anforderungen an Gruppenleitung, Zusammenarbeit und Entwicklung. Wer Gruppendynamik professionell begleiten will, muss sich deshalb auch mit den Rahmenbedingungen auseinandersetzen, unter denen Gruppen agieren.

Die klassische Hierarchie ist nach wie vor weit verbreitet. Sie beruht auf klar definierten Führungsstrukturen, auf Linienverantwortung und auf einer meist pyramidenförmigen Organisation. Entscheidungen werden von oben nach unten weitergegeben, Verantwortung ist an Positionen gekoppelt, Kommunikation erfolgt in festgelegten Bahnen. In solchen Strukturen entstehen Gruppen häufig durch funktionale Zuordnung. Menschen arbeiten zusammen, weil sie der gleichen Abteilung angehören oder an einem bestimmten Prozess beteiligt sind. Die Gruppendynamik ist hier stark durch die formale Ordnung geprägt. Rollen sind klar verteilt, Erwartungen an Verhalten häufig unausgesprochen, aber eindeutig. Die

Gruppenleitung entspricht oft der disziplinarischen Führung, was zu einer gewissen Rollenklarheit beiträgt, aber auch dazu führen kann, dass Gruppen wenig Autonomie erleben und Rückmeldeschleifen blockiert werden.

In hierarchischen Strukturen zeigen sich typische Dynamiken. Loyalität wird häufig nach oben orientiert, Kritik wird selten offen geäußert, es entsteht ein hoher Anpassungsdruck. Gruppen entwickeln schnell informelle Kommunikationswege, um mit widersprüchlichen Anforderungen umzugehen. Machtverhältnisse werden selten thematisiert, sondern in Routinen überführt. Gruppendynamisch bedeutet das, dass viel Energie in die Stabilisierung bestehender Strukturen fließt. Kreativität, Beteiligung und Innovationskraft sind möglich, benötigen jedoch Freiräume, die bewusst geschaffen werden müssen. In hierarchischen Systemen kann Gruppendynamik entweder zur Stabilisierung der Ordnung beitragen oder zur verdeckten Rebellion führen, wenn Gruppen ihre Energie in Umgehungsstrategien investieren.

Demgegenüber steht das Modell des agilen Teams. Agile Organisationsformen basieren auf Prinzipien wie Selbstorganisation, iterativem Arbeiten, flachen Hierarchien und kontinuierlichem Feedback. Gruppen entstehen hier nicht durch Strukturvorgabe, sondern durch Projektbezug, Kompetenzverteilung und rollenbasiertes Arbeiten. Die klassische Führung wird durch Moderation, Coaching und kollektive Verantwortung ersetzt. Entscheidungen werden im Team getroffen, Rollen sind flexibel, Kommunikation ist offen und direkt. Gruppendynamisch bedeutet das eine hohe Beteiligung aller Mitglieder, aber auch eine erhöhte Verantwortung für die Qualität des Miteinanders.

In agilen Teams entstehen neue Herausforderungen. Die Abwesenheit formaler Machtverhältnisse führt nicht automatisch zu Gleichberechtigung. Informelle Hierarchien bilden sich schnell, oft auf der Basis von Fachwissen, rhetorischer Stärke oder sozialer Präsenz. Die Gefahr besteht, dass dominante Persönlichkeiten die Gruppe prägen, ohne dass dies reflektiert wird. Gruppendynamische Spannungen werden nicht durch eine Leitung reguliert, sondern müssen von der Gruppe selbst bearbeitet werden. Das erfordert ein hohes Maß an Reife, Kommunikationsfähigkeit und Konfliktkompetenz. Agile Teams können extrem leistungsfähig sein, wenn sie es schaffen, sich selbst zu regulieren. Sie können aber auch schnell in Dynamiken von Überforderung, Rollenunklarheit oder verdecktem Wettbewerb geraten.

Ein besonders spannendes Modell ist die Holacracy. Dabei handelt es sich um ein Organisationssystem, das auf einer vollständigen Dezentralisierung von Entscheidungen basiert. Anstelle von Hierarchien gibt es Kreise, Rollen und klar definierte Prozesse der Selbststeuerung. Gruppen arbeiten autonom, Entscheidungen werden im Konsent getroffen, Rollen sind dynamisch und orientieren sich an aktuellen Bedürfnissen. Gruppen in holakratischen Systemen sind formal gleichberechtigt, die Macht ist systemisch verteilt. Gruppendynamisch bedeutet das eine massive Veränderung von Verantwortung, Einfluss und Zugehörigkeit. Es gibt keine klassische Führungsperson mehr, sondern eine klare Trennung von Mensch und Rolle. Das kann entlastend wirken, aber auch irritierend, weil vertraute Orientierungspunkte wegfallen.

Holacratische Gruppen erfordern ein tiefes Verständnis für systemisches Denken, für Rollenklarheit und für kollektive Verantwortung. Sie brauchen ein hohes Maß an Selbstführung, Reflexion und Konfliktfähigkeit. Gruppendynamisch sind sie herausfordernd, weil alle Aspekte des sozialen Miteinanders von der Gruppe selbst getragen werden müssen. Wer nicht in der Lage ist, Spannungen zu benennen, eigene Rollen zu hinterfragen oder Verantwortung zu übernehmen, gerät schnell ins Abseits. Gleichzeitig bietet dieses Modell die Chance, Gruppen zu hochkompetenten, lernfähigen und resilienten Einheiten zu entwickeln. Die Rolle von Gruppenbegleiterinnen und Gruppenbegleitern verändert sich dabei grundlegend. Sie moderieren keine Inhalte, sondern unterstützen beim Aufbau von Selbststeuerung, Prozessverantwortung und gruppendynamischer Intelligenz.

Unabhängig vom konkreten Modell gilt: Jede Organisationsform erzeugt eigene Gruppentypen mit spezifischen Dynamiken. Projektgruppen, interdisziplinäre Teams, Steuerungsgruppen, Arbeitskreise oder

Netzwerkstrukturen – sie alle unterscheiden sich in Zielsetzung, Verbindlichkeit, Dauer, Machtverteilung und Kommunikationskultur. Eine Steuerungsgruppe mit strategischer Verantwortung wird andere gruppendynamische Herausforderungen erleben als ein interdisziplinäres Projektteam, das auf Zeit zusammengesetzt ist. Ein virtueller Facharbeitskreis tickt anders als ein operatives Team mit täglicher Abstimmung. Wer Gruppen begleitet, muss diese Unterschiede erkennen und in die Arbeit integrieren. Nicht jede Methode passt zu jeder Struktur. Nicht jedes Interventionsmodell wirkt gleich in jedem System.

Die Gruppendynamik verändert sich auch mit der Art der Kopplung an die Gesamtorganisation. Gruppen, die stark formal eingebunden sind, haben weniger Autonomie, agieren dafür oft klarer in ihren Rollen. Gruppen mit hoher Eigenständigkeit erleben mehr Verantwortung, aber auch mehr Unsicherheit. In lose gekoppelten Systemen entsteht oft eine hohe Dynamik zwischen Eigenverantwortung und Kooperationsbedarf. Gerade dort ist die Arbeit am Beziehungsgefüge entscheidend. Gruppen, die nicht durch Struktur gehalten sind, müssen durch Vertrauen, gemeinsame Werte und Klarheit in der Kommunikation verbunden bleiben. Hier wird Gruppendynamik zur eigentlichen Stabilitätsressource.

Die Digitalisierung hat zudem neue Formen von Gruppen hervorgebracht. Virtuelle Teams, hybride Gruppen, internationale Projektstrukturen – sie alle bringen spezifische Herausforderungen mit sich. Zeitverschiebung, fehlende nonverbale Signale, kulturelle Unterschiede, technische Hürden und eingeschränkte informelle Begegnung verändern die Art, wie Gruppen entstehen und sich entwickeln. Gruppendynamische Prozesse finden auch digital statt, aber anders. Vertrauen muss auf neue Weise aufgebaut werden, Rollenklärung erfordert mehr Kommunikation, Feedbackkultur braucht neue Formate. In digitalen Gruppen zeigt sich besonders deutlich, wie wichtig Klarheit, Verlässlichkeit und eine bewusste Pflege der Beziehungen sind. Hier braucht es neue Kompetenzen, neue Rituale und eine vertiefte Aufmerksamkeit für Zwischentöne.

Auch hybride Gruppen – also solche, bei denen ein Teil der Mitglieder physisch anwesend ist und ein anderer Teil digital zugeschaltet – stellen besondere Anforderungen an die gruppendynamische Arbeit. Hier entstehen leicht Spannungen, wenn digitale Teilnehmende sich ausgeschlossen fühlen oder nicht gleichwertig eingebunden werden. Gruppengefühl entsteht dort, wo Präsenz gemeinsam gestaltet wird, nicht wo einige „live" dabei sind und andere nur zugeschaltet. Professionelle Gruppenarbeit in hybriden Settings erfordert daher technische Kompetenz, Moderationsfähigkeit und eine hohe Sensibilität für Gleichwertigkeit.

In der Begleitung von Gruppen in Organisationen wird deutlich, wie sehr Gruppendynamik immer auch Systemdynamik ist. Gruppen spiegeln die Kultur der Organisation, in der sie sich bewegen. Wenn in einer Organisation Kontrolle, Angst oder Intransparenz dominieren, werden Gruppen diese Muster reproduzieren. Wenn Offenheit, Partizipation und Lernorientierung gelebt werden, entstehen Gruppen, in denen Vertrauen, Kreativität und Verantwortung wachsen. Gruppen sind nicht nur Orte des Arbeitens, sondern auch Spiegel gesellschaftlicher und institutioneller Muster. Gruppendynamik professionell zu begleiten, heißt auch, die Wechselwirkungen zwischen Mikroebene und Makrosystem zu verstehen.

Die Wahl der Organisationsform beeinflusst nicht nur Strukturen, sondern auch Haltungen. In klassischen Hierarchien neigen Gruppen dazu, Verantwortung nach oben zu delegieren. In agilen oder holakratischen Kontexten wird Verantwortung nach innen verlagert. Diese Verschiebung ist nicht nur eine technische, sondern vor allem eine kulturelle Herausforderung. Menschen, die jahrelang gelernt haben, sich abzusichern, Entscheidungen abzugeben und auf Vorgaben zu warten, brauchen Zeit und Begleitung, um Eigenverantwortung wirklich zu leben. Gruppendynamik kann hier zum Lernfeld werden. Gruppen können Räume sein, in denen neues Verhalten ausprobiert, reflektiert und gemeinsam entwickelt wird.

Organisationen, die Gruppendynamik bewusst gestalten wollen, brauchen daher mehr als neue Strukturen. Sie brauchen eine Haltung der Lernbereitschaft, Räume für Reflexion und Menschen, die bereit sind, Verantwortung für Beziehung, Prozess und Ergebnis zu übernehmen. Gruppendynamik ist kein Add-on, sondern der Ort, an dem sich

Organisationskultur konkret zeigt, verändert und weiterentwickelt. Wer Gruppen versteht, versteht Organisationen. Und wer Gruppen begleitet, trägt zur Entwicklung von Arbeitswelten bei, in denen Menschen nicht nur funktionieren, sondern wirksam, kooperativ und mit Freude arbeiten können.

Reflexionsfragen:

- Welche Organisationsform prägt die Gruppen, in denen ich arbeite oder begleite?
- Welche gruppendynamischen Muster beobachte ich in klassischen Hierarchien?
- Wie erleben Teams in agilen Kontexten Verantwortung, Einfluss und Rollenverteilung?
- Wo sehe ich in meiner Praxis Spannungsfelder zwischen Struktur und Gruppendynamik?
- Welche Rolle spielt die jeweilige Organisationsform für Vertrauen und Beteiligung?
- Wie verändert Digitalisierung das Gruppenverhalten und wie reagiere ich darauf?
- Welche methodischen Anpassungen sind in unterschiedlichen Gruppentypen notwendig?
- Wie kann ich dazu beitragen, dass Gruppen ihre strukturellen Rahmen reflektieren?

Gruppendynamik entfaltet sich nie unabhängig vom organisatorischen Kontext. Unterschiedliche Organisationsformen wie Hierarchie, Agilität oder Holacracy erzeugen unterschiedliche Gruppentypen, Dynamiken und Herausforderungen. Wer Gruppen in Organisationen begleitet, muss diese strukturellen Rahmenbedingungen verstehen, reflektieren und in die Arbeit integrieren. Gruppendynamik wird so zum Schlüssel, um die Verbindung zwischen individueller Erfahrung, kollektiver Zusammenarbeit und systemischer Entwicklung wirksam zu gestalten.

Psychodynamik in Gruppen

Gruppen bestehen nicht nur aus rationalen, zielgerichteten Individuen, die sich zu einem gemeinsamen Zweck zusammenschließen. Gruppen sind auch emotionale Felder, in denen unbewusste Kräfte wirken, affektive Strömungen entstehen, Ängste aktiviert werden und kollektive Fantasien ihr Eigenleben entwickeln. Diese unsichtbare, aber wirksame Ebene der Gruppenprozesse wird in der Theorie als Psychodynamik bezeichnet. Sie beschreibt jene untergründigen Vorgänge, die sich nicht unmittelbar beobachten lassen, aber dennoch das Verhalten, das Erleben und die Interaktion der Gruppenmitglieder beeinflussen. Wer Gruppenprozesse nur auf der sichtbaren Ebene betrachtet, verkennt die Tiefe und Komplexität sozialer Systeme. Wer Gruppen professionell begleiten will, muss lernen, unter die Oberfläche zu schauen, zwischen den Zeilen zu hören und das Unausgesprochene in seine Wahrnehmung zu integrieren.

Die Psychodynamik in Gruppen manifestiert sich auf vielfältige Weise. Sie zeigt sich in plötzlichen Stimmungswechseln, in irrationalen Entscheidungen, in Widerständen, die sich keiner sachlichen Logik erschließen, in unerklärlichen Spannungen oder in übermäßiger Harmonie, die keine Kritik mehr zulässt. Sie zeigt sich in der Bildung von Allianzen, im Ausschluss einzelner Personen, in idealisierenden Zuschreibungen oder in diffuser Angst vor Veränderung. All dies sind Hinweise darauf, dass mehr wirkt als das, was gesagt wird. Gruppen entwickeln ein Eigenleben, das nicht allein durch bewusste Entscheidungen oder rationales Handeln erklärbar ist. Dieses Eigenleben speist sich aus individuellen Prägungen, gemeinsamen Fantasien und unbewussten kollektiven Prozessen, die sich oft jenseits der bewussten Kontrolle entfalten. Ein zentraler theoretischer Zugang zur Psychodynamik von Gruppen wurde von Wilfred Bion entwickelt. Der britische Psychoanalytiker und Gruppentherapeut beschrieb in seiner Arbeit mit Gruppen, dass diese nicht nur auf der Ebene bewusster Ziele funktionieren, sondern auch durch grundlegende Annahmen gesteuert werden. Diese Annahmen sind unbewusst, kollektiv geteilt und beeinflussen das Verhalten der Gruppe unabhängig von ihrer expliziten Aufgabenstellung. Bion identifizierte drei solche Grundannahmen, die immer wieder in Gruppen auftreten und das rationale Arbeiten erheblich beeinträchtigen können. Er nannte sie Abhängigkeitsannahme, Kampf-Flucht-Annahme und Paarbildungsannahme.

In der Abhängigkeitsannahme verhält sich die Gruppe so, als ob sie ein überlegenes, allwissendes Gegenüber brauche, das sie führt, schützt und versorgt. Die Mitglieder geben Verantwortung ab, erwarten Orientierung von außen und entwickeln eine kindlich anmutende Haltung gegenüber der Gruppenleitung. Kritik wird vermieden, Eigenverantwortung reduziert, Initiative unterdrückt. Die Leitung wird idealisiert oder, wenn sie den Erwartungen nicht entspricht, entwertet. Die Gruppe wird passiv, ängstlich und vermeidet Selbstreflexion. Diese Haltung kann durch autoritäre Führungsstile verstärkt, aber auch durch Überforderung der Gruppe ausgelöst werden. Sie ist Ausdruck einer regressiven Dynamik, in der die Gruppe Schutz sucht, statt sich der Unsicherheit kollektiver Gestaltung zu stellen.

In der Kampf-Flucht-Annahme agiert die Gruppe so, als sei sie einer Bedrohung ausgesetzt, der sie nur durch Angriff oder Rückzug begegnen könne. Diese Bedrohung ist meist nicht real, sondern entsteht aus unbewussten Ängsten vor Veränderung, vor Nähe, vor Versagen oder vor Kontrollverlust. Die Gruppe bildet Fraktionen, sucht Schuldige, beginnt zu polarisieren oder zieht sich in Resignation zurück. Es entsteht ein Klima von Argwohn, Konkurrenz oder Lähmung. Leitung wird bekämpft oder ignoriert, Themen werden personifiziert, statt strukturell bearbeitet zu werden. Die Gruppe verliert ihre Handlungsfähigkeit und schützt sich durch kollektive Abwehrmechanismen vor der Auseinandersetzung mit den eigentlichen Herausforderungen.

Die Paarbildungsannahme schließlich ist durch die Vorstellung geprägt, dass zwei besondere Mitglieder der Gruppe, oft implizit oder idealisiert, die Lösung aller Probleme verkörpern. Die Hoffnung liegt darin, dass aus ihrer Verbindung etwas Gutes entsteht, das die Gruppe erlöst, ohne dass alle sich aktiv beteiligen müssen. Diese Konstellation wirkt beruhigend, weil sie eine Projektion von Hoffnung erlaubt, ohne dass Verantwortung übernommen werden muss. Gleichzeitig führt sie dazu, dass die übrigen Gruppenmitglieder sich zurückziehen, sich entwertet fühlen oder sich auf eine Zuschauerrolle beschränken. Die Gruppe wird zum Beobachter ihrer eigenen Fantasie. Auch diese Dynamik unterminiert die Fähigkeit zur Kooperation, weil sie auf passiven Hoffnungen und nicht auf kollektiver Gestaltung beruht.

Bion betonte, dass diese Grundannahmen keine pathologischen Störungen sind, sondern Ausdruck tief verankerter menschlicher Bewältigungsmuster. Sie treten insbesondere dann auf, wenn Unsicherheit, Ambivalenz oder emotionale Überforderung das Gruppengeschehen prägen. Die Gruppe wechselt dann unbewusst von einer arbeitsfähigen, rational strukturierten Ebene in eine Basic Assumption Group, also eine Gruppe, die unbewussten Schutzmechanismen folgt. Dabei ist wichtig zu verstehen, dass diese Zustände nicht immer als dauerhaftes Muster auftreten. Gruppen können zwischen verschiedenen Modi wechseln, auch innerhalb kurzer Zeit. Es ist daher entscheidend, dass Gruppenleitung und Begleitung ein feines Gespür für diese Dynamiken entwickeln und lernen, sie zu benennen, ohne sie zu pathologisieren. Die Arbeit mit psychodynamischen Prozessen in Gruppen erfordert ein hohes Maß an Selbstreflexion, Beobachtungskompetenz und die Bereitschaft, sich auch mit Irrationalität und Ambivalenz auseinanderzusetzen. Oft reichen rationale Interventionen nicht aus, um solche Prozesse zu verändern. Es braucht Räume für Emotion, für Irritation und für Resonanz. Die Fähigkeit, Spannungen zu halten, Unsicherheit auszuhalten und Unausgesprochenes in Sprache zu bringen, ist zentral für die Arbeit mit unbewussten Gruppendynamiken. Besonders bedeutsam ist dabei der Umgang mit Übertragung und Gegenübertragung. Gruppen projizieren Erwartungen, Ängste oder Ideale auf die Leitung, die dann in eine bestimmte Rolle gedrängt wird. Gleichzeitig reagiert die Leitung mit eigenen inneren Mustern auf diese Projektionen. Wer Gruppen begleitet, sollte sich dieser Prozesse bewusst sein, um nicht unbewusst Teil der Dynamik zu werden.

Ein weiterer Aspekt psychodynamischer Prozesse ist die Entstehung von Sündenbockmechanismen. Gruppen neigen in belastenden Situationen dazu, Spannungen auf einzelne Mitglieder zu projizieren, die dann als Ursache des Problems identifiziert werden. Diese Personen werden ausgegrenzt, abgewertet oder subtil zum Träger kollektiver Konflikte gemacht.

Die Gruppe entlastet sich dadurch, verliert aber an Reife. Die Aufgabe der Gruppenleitung besteht darin, diese Dynamik zu erkennen, ihr Ausdruck zu geben und den Fokus von der Person zurück auf das System zu lenken. Erst wenn die zugrunde liegenden Ängste, Unsicherheiten oder Ambivalenzen bearbeitet werden, kann die Gruppe wieder in einen konstruktiven Prozess zurückkehren.

Auch Idealbildung spielt eine zentrale Rolle in psychodynamischen Gruppenprozessen. Gruppen entwickeln oft ein kollektives Idealbild, dem sich alle unterordnen oder an dem sie sich messen. Dieses Ideal kann leistungsbezogen, moralisch, spirituell oder politisch konnotiert sein. Wer diesem Ideal entspricht, wird aufgewertet, wer abweicht, wird subtil ausgegrenzt. Die Gruppe erscheint nach außen geschlossen und homogen, im Innern aber herrscht Druck, Anpassung und Konfliktvermeidung. Die Reflexion des Idealbildes und seiner Wirkung auf die Gruppe ist ein wichtiger Schritt zur Reifung. Gruppen, die ihr Idealbild erkennen, benennen und relativieren können, entwickeln eine höhere Toleranz für Unterschiedlichkeit und Ambivalenz.

Psychodynamik ist kein Störfaktor, sondern ein Ausdruck tief liegender menschlicher Bedürfnisse nach Sicherheit, Orientierung, Anerkennung und Zugehörigkeit. Diese Bedürfnisse verschwinden nicht, wenn Gruppen rational arbeiten oder klare Ziele verfolgen. Sie wirken im Hintergrund, beeinflussen Entscheidungen, steuern Verhalten und prägen die Atmosphäre. Wer Gruppen wirklich verstehen will, muss diese Ebene einbeziehen. Nicht um sie zu analysieren, sondern um ihr Raum zu geben. Gruppen, die lernen, über ihre unbewussten Prozesse zu sprechen, gewinnen an Reife, Tiefe und Selbststeuerung. Gruppen, die diese Prozesse verdrängen, geraten immer wieder in destruktive Muster, die sich nur schwer durch Sacharbeit auflösen lassen. Die Psychodynamik von Gruppen lässt sich nicht verhindern, aber sie lässt sich bewusst gestalten. Durch Sprache, durch Resonanz und durch Präsenz. Es braucht eine Leitung, die nicht nur führt, sondern auch spürt. Eine Leitung, die eigene Projektionen reflektiert, sich nicht in Idealbilder verführen lässt und bereit ist, Spannungen als Teil des Prozesses zu begreifen. Es braucht eine Haltung der Neugier, der Demut und des Vertrauens in die Lernfähigkeit von Gruppen. Dann kann aus dem Unbewussten eine Ressource werden, aus dem Verdrängten ein Lernfeld und aus der Angst ein Motor für Entwicklung.

Reflexionsfragen:

- In welchen Gruppen habe ich unbewusste Dynamiken erlebt, die das Miteinander stark beeinflusst haben?
- Welche Basic Assumptions nach Bion erkenne ich in den Gruppen, mit denen ich arbeite?
- Wie reagiere ich selbst auf Irrationalität oder diffuse Spannungen in Gruppen?
- Wie gehe ich mit Übertragung und Gegenübertragung in meiner Leitungsrolle um?
- Wo sehe ich Idealbildungen, die Anpassung fördern und Unterschiedlichkeit behindern?
- Wie kann ich Gruppen helfen, destruktive Sündenbockmechanismen zu durchbrechen?
- Welche Haltung hilft mir, psychodynamische Prozesse achtsam und professionell zu begleiten?
- Wie kann ich emotionale Prozesse sprachfähig machen, ohne Gruppen zu überfordern?

Psychodynamik in Gruppen beschreibt die unbewussten Prozesse, die unterhalb der rationalen Ebene wirken. Sie äußert sich in kollektiven Ängsten, Projektionen, Idealisierungen und Abwehrmechanismen. Das Modell der Basic Assumption Groups nach Bion bietet einen tiefen Einblick in diese Dynamiken. Wer Gruppen professionell begleitet, braucht die Fähigkeit, auch das Unsichtbare wahrzunehmen, Spannungen auszuhalten und Räume zu schaffen, in denen unbewusste Prozesse reflektiert werden können. Psychodynamik ist kein Störfaktor, sondern eine Einladung zur Vertiefung. Wer sie ernst nimmt, öffnet Gruppen den Weg zu mehr Reife, Lebendigkeit und kollektiver Entwicklung.

Führung und Steuerung von Gruppen

Gruppen benötigen Führung. Nicht im Sinne autoritärer Anweisung oder hierarchischer Kontrolle, sondern als orientierende Kraft, als Halt im Wandel, als Katalysator für Prozesse, die ohne bewusste Gestaltung unbewusst ablaufen würden. Führung in Gruppen ist mehr als eine Rolle. Sie ist eine Funktion, die erfüllt werden muss, damit eine Gruppe arbeitsfähig wird, bleibt und sich weiterentwickelt. Diese Führungsfunktion kann formal zugewiesen sein, aber auch informell entstehen. Sie kann sich auf eine Person konzentrieren oder auf mehrere Schultern verteilen. Sie kann situativ wechseln, stabil bestehen oder im Konflikt zwischen verschiedenen Erwartungen oszillieren. Klar ist: Wo Gruppen entstehen, entsteht auch das Bedürfnis nach Führung. Führung bedeutet in Gruppen nicht, über andere zu bestimmen, sondern Prozesse zu ermöglichen. Es geht darum, den Rahmen zu schaffen, innerhalb dessen sich Menschen miteinander auf Aufgaben, Ziele, Werte und Zusammenarbeit verständigen können. Es geht um das Gestalten von Kommunikation, das Balancieren von Nähe und Distanz, das Aushalten von Ambivalenzen und das Wahrnehmen von Spannungen. Führung stellt Verbindungen her. Zwischen dem Einzelnen und der Gruppe, zwischen Person und Rolle, zwischen Anliegen und Struktur, zwischen Emotion und Auftrag. Wer Gruppen führt, bewegt sich in einem dynamischen Spannungsfeld. Es gibt keine einfache Anleitung, keine lineare Logik. Führung ist Beziehung, Kontext, Haltung und Handlung zugleich.

Ein zentraler Aspekt der Gruppenführung ist die Fähigkeit zur Steuerung. Steuerung meint nicht Kontrolle, sondern das bewusste Einwirken auf Prozesse, sodass sie nicht aus dem Ruder laufen. Steuerung bedeutet, Wahrnehmungen zu bündeln, Handlungsoptionen zu erweitern, Entscheidungen zu ermöglichen und Orientierung zu geben, wo Verwirrung droht. Gute Steuerung ist zurückhaltend, aber nicht passiv. Sie setzt Impulse, stellt Fragen, markiert Übergänge, benennt Beobachtungen und reflektiert gemeinsam mit der Gruppe, was gerade geschieht. Steuerung bedeutet auch, Dynamiken zu erkennen, ohne sie sofort verändern zu wollen, Räume zu öffnen, in denen Entwicklung möglich wird, und Spannungen nicht zu unterdrücken, sondern fruchtbar zu machen.

Führung ist nie neutral. Sie wirkt durch Haltung, durch Sprache, durch Präsenz und durch die Art, wie mit Macht, Verantwortung und Vertrauen umgegangen wird. Die Person in der Führungsrolle wird wahrgenommen, bewertet, befragt, projiziert. Sie steht im Zentrum der Aufmerksamkeit, ob sie es will oder nicht. In dieser Position liegt die Chance, Orientierung zu geben und Entwicklung zu fördern, aber auch die Gefahr, Dynamiken zu verstärken, die der Gruppe nicht guttun. Deshalb ist Selbstreflexion eine Kernkompetenz jeder Führungskraft. Wer führt, muss sich selbst kennen, die eigenen Bedürfnisse, Erwartungen, Empfindlichkeiten und Muster verstehen und bereit sein, sich selbst immer wieder infrage zu stellen. Nur so kann Führung nicht nur wirksam, sondern auch verantwortungsvoll sein. Führung ist in Gruppen nie einfach das, was auf dem Papier steht. Neben der formalen Führung, also der offiziellen Leitung, entstehen fast immer informelle Führungsrollen. Diese können durch Fachkompetenz, soziale Präsenz, kommunikatives Geschick oder emotionale Intelligenz begründet sein. Sie zeigen sich in der Anerkennung durch andere, in der Einflussnahme auf Themen, in der Steuerung von Stimmungen oder in der Bildung von Meinungen. Manchmal wirken diese informellen Führungen unterstützend zur formalen Leitung, manchmal entstehen Spannungen oder Konkurrenzverhältnisse. Eine kluge Gruppenleitung erkennt solche Kräfte und bezieht sie bewusst in das Gruppengeschehen ein, ohne die eigene Rolle aufzugeben. Sie moderiert, integriert, strukturiert und macht Unterschiede sichtbar, ohne sie zu bewerten.

Ein weiteres zentrales Thema der Gruppenführung ist der Umgang mit Ambivalenz. Gruppen sind komplexe Gebilde, in denen unterschiedliche Bedürfnisse, Erwartungen, Rollen und Geschichten aufeinandertreffen. Führung muss diese Vielfalt nicht glätten, sondern handhabbar machen. Das bedeutet, Spannungen nicht zu vermeiden, sondern als Ressource zu begreifen. Führung ist die Kunst, unterschiedliche Perspektiven auszuhalten, ohne sich in ihnen zu verlieren. Sie schafft Räume, in denen Widersprüche nebeneinander stehen dürfen, in denen nicht sofort entschieden, sondern erst verstanden wird, was eigentlich ansteht. Führung muss nicht alles wissen, aber sie muss wissen, wie mit dem Nichtwissen umzugehen ist.

Gute Führung ist auch Mut zur Klarheit. Gruppen brauchen Orientierung, auch und gerade in unsicheren Zeiten. Führung heißt, Entscheidungen zu treffen, Verantwortung zu übernehmen und transparent zu machen, nach welchen Kriterien gehandelt wird. Es geht nicht darum, autoritär zu bestimmen, sondern darum, für Prozesse einzustehen. Wer führt, muss auch aushalten, nicht von allen gemocht zu werden. Führung heißt, auch unpopuläre Themen anzusprechen, Spannungen zu benennen, Konflikte nicht zu vermeiden und Entwicklungen anzustoßen, die noch nicht auf Zustimmung stoßen. Führung zeigt sich nicht im Wunsch nach Harmonie, sondern in der Fähigkeit, im Dienst der Sache und im Respekt vor den Menschen zu handeln.

In der Steuerung von Gruppen ist die Arbeit mit Dynamiken entscheidend. Jede Gruppe durchläuft Phasen, in denen sie sich formiert, orientiert, auseinandersetzt, stabilisiert und neu strukturiert. Diese Prozesse verlaufen nicht linear, sondern sind von Rückschritten, Wiederholungen und Brüchen geprägt. Führung begleitet diese Prozesse, gibt ihnen Sprache, macht Entwicklungen sichtbar und stellt Verbindungen zwischen Vergangenheit, Gegenwart und Zukunft her. Sie erkennt, wo die Gruppe steht, welche Themen bearbeitet werden müssen und welche Prozesse im Hintergrund wirken. Sie schafft Sicherheit, indem sie Unsicherheit benennt, und eröffnet neue Perspektiven, indem sie Bestehendes in Frage stellt.

Ein weiteres zentrales Führungsfeld ist die Entscheidung, wann Eingreifen notwendig ist und wann Zurückhaltung angebracht ist. Nicht jede Irritation braucht sofortige Intervention. Nicht jeder Konflikt muss sofort gelöst werden. Gute Führung zeichnet sich durch die Fähigkeit aus, Dynamiken wirken zu lassen, ohne sie zu eskalieren, und einzugreifen, bevor sie destruktiv werden. Sie erkennt, wann es Zeit ist zu strukturieren, und wann es Raum braucht. Sie unterscheidet zwischen persönlichen Themen, Gruppenthemen und systemischen Phänomenen. Sie stellt sich nicht über die Gruppe, sondern bleibt Teil des Systems, mit einer besonderen Verantwortung für Prozess und Richtung.

Führung zeigt sich auch im Umgang mit Fehlern. Gruppen brauchen eine Kultur, in der Fehler nicht beschämt, sondern als Lernmöglichkeiten verstanden werden. Führungskräfte, die eigene Fehler eingestehen, schaffen ein Klima der Offenheit. Sie zeigen, dass Entwicklung durch Irritation geschieht, nicht durch Perfektion. Führung muss nicht alles richtig machen. Aber sie muss bereit sein, dazuzulernen, Feedback anzunehmen, Verantwortung zu übernehmen und auch unangenehme Themen nicht zu meiden. Gruppen spüren sehr genau, ob Führung authentisch ist. Authentizität entsteht nicht durch Selbstdarstellung, sondern durch Kohärenz zwischen Haltung, Handlung und Sprache.

Steuerung von Gruppen ist auch immer Arbeit am Klima. Wie sich Menschen fühlen, wie sicher oder bedroht sie sich erleben, wie verbunden oder ausgeschlossen, hängt auch davon ab, wie Führung den Raum gestaltet. Das betrifft sowohl äußere Rahmenbedingungen als auch atmosphärische Faktoren. Gibt es Raum für Unterschiedlichkeit? Wird Beteiligung ermöglicht? Ist Kritik erlaubt? Wird Anerkennung sichtbar? Führung schafft die Bedingungen, unter denen sich Gruppen öffnen, entfalten, widersprechen oder weiterentwickeln können. Gruppen, in denen die Steuerung durch Führung als haltgebend, nicht als kontrollierend erlebt wird, entwickeln Vertrauen, Initiative und Lernbereitschaft. Führung wird in Gruppen auch dann sichtbar, wenn sie fehlt. Gruppen ohne klare Führung geraten schnell in Kreisläufe von Unsicherheit, Konkurrenz oder Stagnation. Informelle Hierarchien gewinnen an Bedeutung, Konflikte eskalieren verdeckt, Entscheidungen werden verzögert oder umgangen. Führungslosigkeit bedeutet nicht Freiheit, sondern Orientierungslosigkeit. Es braucht daher nicht weniger, sondern besser reflektierte Führung. Eine Führung, die nicht auf Kontrolle, sondern auf Gestaltung zielt. Die nicht alles vorgibt, aber Prozesse bewusst begleitet. Die nicht im Mittelpunkt stehen will, aber Verantwortung übernimmt.

In einer zunehmend komplexen Welt ist Führung in Gruppen mehr als Prozessmoderation. Sie ist ein kultureller Akt. Sie gestaltet nicht nur Abläufe, sondern Beziehungen. Sie prägt die Art, wie wir miteinander arbeiten, streiten, lernen und leben. Gute Führung ist nicht effizient, sondern wirksam. Sie schafft Räume, in denen sich Menschen zeigen können, ohne sich schützen zu müssen. Sie sorgt dafür, dass Unterschiedlichkeit nicht trennt, sondern bereichert. Sie ist präsent, ohne dominant zu sein, klar, ohne hart zu sein, beweglich, ohne beliebig zu wirken.

Führung und Steuerung in Gruppen erfordern Kompetenz, Erfahrung, Sensibilität und Haltung. Es braucht Wissen über Prozesse, aber auch über Menschen. Es braucht Struktur und Intuition, Analyse und Empathie, Klarheit und Geduld. Es braucht vor allem den Mut, sich selbst einzubringen, ohne sich aufzudrängen. Gruppenführung ist eine anspruchsvolle, aber auch zutiefst lohnende Aufgabe. Sie eröffnet Räume für Entwicklung, Verbindung und gemeinsames Wachstum.

Reflexionsfragen:

- Wie verstehe ich meine Rolle als Führungskraft in Gruppen?
- Wann greife ich ein und wann lasse ich Prozesse wirken?
- Welche unbewussten Erwartungen wirken auf mich in meiner Führungsrolle?
- Wie gehe ich mit informellen Führungspersonen in Gruppen um?
- Welche Bedeutung hat meine Sprache für die Steuerung von Gruppen?
- Wo erlebe ich mich als klar und handlungsfähig, wo eher zögerlich?
- Wie schaffe ich einen Raum, in dem sowohl Klarheit als auch Beteiligung möglich sind?
- Was brauche ich selbst, um Gruppen sicher, offen und achtsam zu führen?

Führung und Steuerung sind zentrale Funktionen in Gruppen. Sie schaffen Orientierung, ermöglichen Entwicklung und gestalten Beziehung. Führung wirkt durch Präsenz, Haltung, Reflexion und Klarheit. Sie muss nicht perfekt sein, aber sie muss bereit sein, Verantwortung zu übernehmen. Gruppen brauchen keine Kontrolle, sondern Begleitung. Keine Allwissenheit, sondern authentische Präsenz. Keine fertigen Lösungen, sondern Menschen, die bereit sind, sich gemeinsam auf den Weg zu machen.

Phasen und Entwicklung nach Tuckman

Gruppen sind keine statischen Gebilde. Sie entwickeln sich, verändern sich, durchlaufen Höhen und Tiefen, geraten ins Stocken oder wachsen über sich hinaus. Die Dynamik in Gruppen ist nicht gleichförmig, sondern bewegt sich in Wellen. Sie ist geprägt von Übergängen, Reibungen, Klärungen und Neuorientierungen. Wer Gruppen begleitet, muss nicht nur mit dem umgehen, was im Moment sichtbar ist, sondern braucht ein Verständnis für typische Entwicklungsverläufe. Gruppenprozesse folgen keiner starren Chronologie, aber sie zeigen wiederkehrende Muster. Diese Muster zu erkennen, hilft dabei, aktuelle Phänomene einzuordnen, Interventionen gezielter zu setzen und Gruppen durch herausfordernde Phasen zu führen, ohne vorschnell Lösungen zu erzwingen.

Ein klassisches Modell zur Beschreibung gruppendynamischer Entwicklungsverläufe wurde von Bruce Tuckman in den 1960er-Jahren vorgestellt. Es beschreibt fünf aufeinanderfolgende Phasen, die Gruppen in ihrer Entwicklung durchlaufen können. Tuckman nannte sie Forming, Storming, Norming, Performing und später Adjourning. Auch wenn dieses Modell mittlerweile vielfach weiterentwickelt, ergänzt und kritisch hinterfragt wurde, bleibt es bis heute ein hilfreiches Raster zur Beobachtung und Begleitung von Gruppenprozessen. Es bietet Orientierung, ohne dogmatisch zu sein, benennt typische Herausforderungen und markiert Entwicklungsschritte, die Gruppen in ihrer Reifung durchlaufen können.

Tuckman ging davon aus, dass Gruppen nicht sofort arbeitsfähig sind, sondern zunächst Beziehungen klären, Rollen finden, Regeln aushandeln und Konflikte bewältigen müssen. Erst wenn diese Grundlagen gelegt sind, können sie konstruktiv und zielorientiert zusammenarbeiten. In der ersten Phase, dem Forming, geht es vor allem um Orientierung. Die Mitglieder lernen sich kennen, versuchen, sich zu positionieren, und tasten sich aneinander heran. In der zweiten Phase, dem Storming, treten Unterschiede, Konflikte und Machtfragen in den Vordergrund. Es wird gestritten, gerungen, verhandelt. Erst in der dritten Phase, dem Norming, entstehen gemeinsame Regeln, Rituale und Kooperationsformen. Die Gruppe findet sich, die Zusammenarbeit wird stabiler. In der vierten

Phase, dem Performing, arbeitet die Gruppe zielgerichtet, konstruktiv und weitgehend selbstreguliert. In der fünften Phase, dem Adjourning, löst sich die Gruppe auf oder geht in eine neue Struktur über. Abschiede, Übergänge und Rückblicke prägen diesen Abschnitt.

Diese Phasen sind keine festen Zeitabschnitte und kein linearer Ablauf. Gruppen bewegen sich nicht zwangsläufig von einer Stufe zur nächsten. Es kann Rückfälle geben, Phasen können übersprungen, wiederholt oder durch äußere Ereignisse verändert werden. Manche Gruppen verharren lange in einer Phase, andere entwickeln sich sprunghaft. Das Modell ist kein Rezept, sondern eine Landkarte. Es beschreibt typische Felder, durch die Gruppen sich bewegen, nicht zwingend deren individuelle Wege. Wichtig ist deshalb, das Modell nicht als festgelegten Ablauf zu betrachten, sondern als hilfreiches Bezugssystem, um Entwicklungen zu erkennen, besser zu verstehen und bewusst zu begleiten.

Besonders wertvoll ist das Phasenmodell dort, wo es nicht zur Bewertung, sondern zur Reflexion genutzt wird. Es gibt keine guten oder schlechten Phasen. Jede Phase hat ihre Funktion, ihre Bedeutung, ihre Aufgabe. Die Konflikte des Storming sind nicht Ausdruck von Scheitern, sondern notwendige Auseinandersetzungen zur Klärung von Rollen und Erwartungen. Die Unsicherheiten des Forming sind kein Mangel an Struktur, sondern Ausdruck der noch nicht gefundenen Gruppenidentität. Auch das Ende eines Gruppenprozesses im Adjourning ist kein Abbruch, sondern ein wesentlicher Teil der Gruppenerfahrung. Wer Gruppen durch alle Phasen begleitet, ermöglicht Entwicklung, Integration und Abschluss. Wer einzelne Phasen auslässt, riskiert, dass wichtige Themen unbearbeitet bleiben und als Störung zurückkehren.

Das Modell von Tuckman lädt dazu ein, Gruppen nicht nur als funktionale Einheiten, sondern als soziale Systeme mit eigenem Lebenszyklus zu betrachten. Es macht sichtbar, dass Gruppen nicht nur arbeiten, sondern sich entwickeln. Dass sie nicht nur Mittel zum Zweck, sondern Räume für Beziehung, Identität und gemeinsames Lernen sind. Wer Gruppen führt oder begleitet, kann durch die Orientierung an den Phasen die innere Logik der Entwicklung besser verstehen. Interventionen werden nicht aus dem Bauch heraus gesetzt, sondern auf der Grundlage einer fundierten Prozessdiagnostik. Das bedeutet nicht, dass jede Gruppe exakt dem Modell folgt. Es bedeutet, dass Führung sich bewusst mit der Entwicklungsreife der Gruppe auseinandersetzt und darauf reagiert.

Besonders hilfreich ist das Modell auch, um Spannungen einzuordnen. Viele Konflikte in Gruppen entstehen nicht, weil Menschen schlecht zusammenpassen, sondern weil sie sich in unterschiedlichen Phasen befinden oder unterschiedliche Erwartungen an den Gruppenprozess mitbringen. Eine Leitung, die auf Zielorientierung pocht, während die Gruppe noch im Forming nach Orientierung sucht, erzeugt Frustration. Eine Gruppe, die nach Harmonie strebt, obwohl ungeklärte Konflikte aus dem Storming noch im Raum stehen, bleibt oberflächlich. Wer erkennt, in welcher Phase die Gruppe sich befindet, kann gezielter unterstützen. Das bedeutet, weder Prozesse zu beschleunigen noch sie künstlich zu verlangsamen, sondern ihnen angemessen zu begegnen.

Das Modell bietet auch einen hilfreichen Rahmen für die Reflexion vergangener Gruppenprozesse. In der Rückschau wird oft deutlich, dass bestimmte Spannungen weniger mit Inhalten als mit unklaren Phasenübergängen zu tun hatten. Eine Gruppe, die nie wirklich im Storming angekommen ist, wird oft später von verdeckten Konflikten eingeholt. Eine Gruppe, die das Norming überspringt, entwickelt keine tragfähigen Regeln. Ein Projektteam, das sich nach erfolgreichem Performing nicht in einem bewussten Adjourning verabschiedet, lässt ungeklärte Erwartungen zurück. Die Phasen sind also nicht nur Beschreibung, sondern auch Aufforderung. Sie laden dazu ein, innezuhalten, bewusst zu gestalten und Übergänge sichtbar zu machen.

In pädagogischen, therapeutischen, beratenden oder organisationalen Kontexten ist die Arbeit mit Gruppenphasen besonders bedeutsam. Sie schafft Struktur, macht Entwicklung nachvollziehbar und entlastet von der Erwartung, dass Gruppen sofort funktionieren müssen. Gerade in der Anfangszeit entstehen häufig Unsicherheiten, Missverständnisse oder erste Spannungen. Wer das Forming erkennt, kann mit Gelassenheit und Klarheit begegnen. In der Auseinandersetzung des Storming braucht es

Halt, Präsenz und Mut zur Konfrontation. Das Norming profitiert von Raum zur Gestaltung und von ritualisierter Reflexion. Im Performing zeigt sich die Kraft der Gruppe. Im Adjourning schließlich wird sichtbar, was entstanden ist und was bleibt, wenn das Gemeinsame endet.

Die Phasen sind auch hilfreich für die Gestaltung von Gruppenprozessen im Vorhinein. Wer weiß, dass bestimmte Themen auftauchen werden, kann diese antizipieren, adressieren und vorbereiten. Beispielsweise kann bewusst Raum für Klärung, Auseinandersetzung und Regelbildung geschaffen werden, statt zu erwarten, dass dies von allein geschieht. Gruppenbegleiterinnen und Gruppenbegleiter, die die typischen Merkmale und Herausforderungen jeder Phase kennen, können gezielter intervenieren, Übergänge gestalten und Entwicklungen fördern, ohne Prozesse zu überfrachten. Auch für Gruppenmitglieder selbst ist das Modell eine Einladung zur Reflexion. Es macht deutlich, dass Irritationen, Spannungen oder Stagnation nicht zwangsläufig Ausdruck persönlicher Defizite sind, sondern Teil kollektiver Prozesse. Es hilft, sich selbst und andere besser zu verstehen, Übergänge bewusster zu erleben und Verantwortung für das Miteinander zu übernehmen. Gruppen, die sich selbst als lernende Systeme begreifen, wachsen nicht nur an ihrer Aufgabe, sondern auch an ihrer Beziehungsgestaltung.

Nicht zuletzt verweist das Modell auf eine zentrale Wahrheit gruppendynamischer Arbeit: Entwicklung braucht Zeit. Gruppen müssen sich finden, reiben, klären und gemeinsam gestalten, bevor sie wirklich arbeitsfähig sind. Der Wunsch nach sofortiger Effizienz, nach konfliktfreier Zusammenarbeit oder nach schnellen Ergebnissen ist nachvollziehbar, aber oft kontraproduktiv. Gruppen, die sich Zeit nehmen, um miteinander zu wachsen, sind langfristig stabiler, tragfähiger und wirksamer. Wer Gruppenprozesse ernst nimmt, investiert nicht nur in das Ergebnis, sondern in den Weg dorthin.

Das Phasenmodell von Tuckman ist dabei kein starres Konzept, sondern ein flexibles Werkzeug. Es lädt dazu ein, die Entwicklungslogik von Gruppen zu verstehen, ohne sich von ihr einengen zu lassen. Es ist hilfreich, aber nicht verpflichtend. Es strukturiert, ohne zu normieren. Es schafft

Sprache für das, was oft nur diffus spürbar ist, und bietet Orientierung für Situationen, in denen Gruppen sich selbst nicht mehr verstehen. Es ist kein Rezeptbuch, aber ein Kompass. Ein Kompass, der hilft, das weite Feld der Gruppendynamik nicht als Chaos, sondern als Prozess zu begreifen.

Reflexionsfragen:

- In welchen Gruppen habe ich die beschriebenen Phasen selbst erlebt?
- Wie gehe ich mit Übergängen zwischen Gruppenphasen um?
- Welche Phase fällt mir persönlich am leichtesten, welche fordert mich am meisten?
- Wie erkenne ich, in welcher Phase sich eine Gruppe gerade befindet?
- Was hilft mir, Gruppen in schwierigen Entwicklungsphasen zu begleiten?
- Welche Haltung nehme ich ein, wenn Gruppen scheinbar nicht vorankommen?
- Wie unterstütze ich Gruppen dabei, Rückschritte nicht als Versagen zu bewerten?
- Wie gestalte ich Abschiede und Übergänge bewusst im Sinne eines gelingenden Adjourning?

Gruppenprozesse verlaufen in typischen Phasen, die sich nicht exakt vorhersagen, aber sehr gut beobachten und begleiten lassen. Das Modell von Tuckman bietet eine strukturierte Perspektive auf gruppendynamische Entwicklungen. Es hilft, Spannungen einzuordnen, Prozesse bewusster zu gestalten und Übergänge zu reflektieren. Gruppenentwicklung ist ein Prozess, der Zeit, Aufmerksamkeit und die Bereitschaft zur Auseinandersetzung braucht. Wer die Phasen erkennt und wertschätzt, kann Gruppen wirkungsvoll dabei unterstützen, ihr Potenzial zu entfalten und gemeinsam zu wachsen.

Forming-Phase

Wenn eine neue Gruppe entsteht, beginnt sie ihre Reise nicht mit produktiver Zusammenarbeit, sondern mit einem tastenden, abwägenden und oft auch unsicheren Einstieg. Diese Phase des Kennenlernens, der Orientierung und des vorsichtigen Herantastens wird im Modell von Tuckman als Forming bezeichnet. Es ist die Phase, in der sich Menschen zum ersten Mal in einem bestimmten Gruppensetting begegnen, sich mit der Situation vertraut machen und versuchen herauszufinden, wie sie sich selbst und andere innerhalb der Gruppe positionieren sollen. Die Dynamik in dieser frühen Phase ist geprägt von Zurückhaltung, Beobachtung, Höflichkeit und dem Versuch, sich möglichst sicher im Unbekannten zu bewegen. Auch wenn es auf den ersten Blick ruhig wirkt, ist unter der Oberfläche bereits viel in Bewegung.

Im Forming treffen Menschen mit unterschiedlichen Erwartungen, Vorerfahrungen, Rollenverständnissen und Bedürfnissen aufeinander. Sie bringen ihre Geschichten, Unsicherheiten und sozialen Muster mit. Gleichzeitig erleben sie eine neue Situation, in der noch nicht klar ist, wie der Umgangston sein wird, welche Regeln gelten, wer welche Position einnimmt und wie verbindlich das gemeinsame Tun sein wird. Diese Unsicherheit führt dazu, dass viele Gruppenteilnehmende zunächst eher vorsichtig agieren. Es wird beobachtet, zugehört, genickt und selten widersprochen. Starke Meinungen werden zurückgehalten, persönliche Themen gemieden. Oft entsteht der Eindruck von Harmonie, Offenheit und gegenseitiger Wertschätzung, doch dieser Eindruck ist nicht zwingend Ausdruck echter Verbindung, sondern häufig eine Form sozialer Vorsicht.

Ein zentrales Thema in dieser Phase ist die Suche nach Sicherheit. Menschen brauchen das Gefühl, in einem neuen sozialen Raum nicht ausgeliefert zu sein. Sie wollen wissen, wie viel Nähe erlaubt ist, wie viel Distanz gewünscht wird, wer Einfluss hat, wie Konflikte gehandhabt werden und ob sie mit ihrem Verhalten Zugehörigkeit gewinnen oder verlieren. Diese Suche nach Sicherheit vollzieht sich nicht nur über Inhalte, sondern vor allem über Beziehungssignale. Wer hört wem zu? Wer spricht zuerst?

Wer schaut wen an? Wer wird unterbrochen, wer bekommt Zustimmung? Diese kleinen, meist nonverbalen Signale geben Aufschluss darüber, wie sich die Gruppe organisieren könnte. Es beginnt ein komplexer sozialer Abstimmungsprozess, der viel Energie bindet, obwohl nach außen hin vielleicht noch gar nicht viel geschieht.

Die Gruppenleitung hat in dieser Phase eine besonders wichtige Funktion. Sie wird häufig als zentrale Figur erlebt, weil sie zunächst als Garantin für Sicherheit, Struktur und Orientierung angesehen wird. Die Leitung wird in dieser Phase stark beobachtet, manchmal idealisiert, gelegentlich auch misstrauisch geprüft. Ihre Haltung, ihr Kommunikationsstil, ihr Umgang mit Unsicherheit prägen die Atmosphäre maßgeblich. Eine Leitung, die Klarheit schafft, dabei aber offen bleibt, gibt der Gruppe einen stabilen Rahmen. Wer in dieser Phase mit Dominanz oder straffer Kontrolle reagiert, provoziert Rückzug oder Widerstand. Wer sich zu sehr zurückhält, lässt die Gruppe in Unsicherheit. Es geht darum, weder zu viel noch zu wenig Steuerung anzubieten. Gute Führung im Forming bedeutet, präsent, transparent und verbindlich zu sein, ohne die Gruppe zu überfordern oder zu bevormunden.

Ein häufig unterschätzter Aspekt dieser Phase ist die emotionale Aktivierung. Auch wenn der Umgang noch höflich und kontrolliert erscheint, erleben viele Gruppenmitglieder emotionale Spannung. Die Konfrontation mit dem Unbekannten, das Bedürfnis nach Zugehörigkeit, die Angst, nicht akzeptiert zu werden oder Fehler zu machen, all das bewegt Menschen innerlich stark. Diese Spannung zeigt sich nicht in offenen Auseinandersetzungen, sondern eher in Nervosität, Redevermeidung, Lächeln, das Unsicherheit kaschiert, oder in übermäßiger Zustimmung. In Gruppen mit hohem Leistungsanspruch äußert sich die Anspannung auch in dem Versuch, möglichst kompetent zu erscheinen. In Gruppen, die sich eher auf Beziehungsebene orientieren, entsteht dagegen ein Drang nach Harmonie, der spätere Konflikte oft lange unterdrückt.

Auch Gruppenziele sind in dieser Phase noch nicht eindeutig geklärt. Zwar gibt es in der Regel einen äußeren Auftrag oder eine formale Aufgabenstellung, doch wie diese Aufgabe konkret umgesetzt werden soll, wie viel Eigenverantwortung möglich ist, wie Entscheidungen getroffen werden oder welche Werte im Vordergrund stehen, ist meist noch offen. Die Gruppe befindet sich in einer Art Schwebezustand. Vieles scheint möglich, aber wenig ist entschieden. Diese Offenheit kann als Chance erlebt werden, aber auch als Belastung. Besonders Menschen, die Orientierung und Klarheit brauchen, erleben diese Phase mitunter als anstrengend oder frustrierend. Sie wünschen sich schnellere Strukturierung, klare Regeln oder verbindliche Vereinbarungen, stoßen aber auf Zurückhaltung oder diffuse Erwartungen.

Die Beziehungen innerhalb der Gruppe sind zu diesem Zeitpunkt eher lose. Es gibt erste Sympathien, vorsichtige Annäherungen, kleine Allianzen. Gleichzeitig existiert ein Bedürfnis nach Abgrenzung. Menschen prüfen, wie nah sie anderen kommen wollen, welche Themen sie ansprechen, worüber sie lieber schweigen. Diese Abwägung ist normal und dient dem Selbstschutz. Gruppenmitglieder möchten nicht zu früh zu viel von sich zeigen und damit angreifbar werden. Manche zeigen sich extrovertiert, andere eher still. Diese Unterschiede sind nicht zwingend Ausdruck von Persönlichkeit, sondern oft eine Reaktion auf die unklare Situation. Erst wenn die Gruppe mehr Sicherheit entwickelt, können sich auch persönliche Stile authentischer entfalten.

In der Forming-Phase wird auch der Grundstein für spätere Dynamiken gelegt. Rollen beginnen sich abzuzeichnen, erste Einflussmuster entstehen, informelle Machtverhältnisse werden vorbereitet. Wer in dieser Phase viel spricht, Meinungen formuliert oder andere kommentiert, wird später oft als Meinungsführer wahrgenommen. Wer sich zurückhält, läuft Gefahr, in eine passive Rolle zu geraten. Diese Prozesse laufen oft unbewusst ab. Deshalb ist es hilfreich, wenn Leitung in dieser Phase nicht nur Inhalte, sondern auch Prozesse sichtbar macht. Wer benennt, was gerade geschieht, schafft Transparenz und lädt zur Reflexion ein. So kann die Gruppe früh lernen, sich auch über ihre eigene Entwicklung zu verständigen.

In der professionellen Begleitung von Gruppen ist es entscheidend, die Forming-Phase nicht zu überspringen. Viele Prozesse geraten später ins

Stocken, weil in dieser ersten Phase wichtige Klärungen nicht stattgefunden haben. Wenn Erwartungen unausgesprochen bleiben, Rollen unklar sind oder Ängste nicht benannt werden, wirken diese Themen im Verborgenen weiter. Sie behindern Kommunikation, bremsen Entscheidungsprozesse oder führen zu Missverständnissen. Die Versuchung ist groß, möglichst schnell zur Sache zu kommen, inhaltlich zu arbeiten oder konkrete Ziele zu formulieren. Doch ohne eine stabile Beziehungs- und Vertrauensbasis wird Zusammenarbeit zur oberflächlichen Koordination, nicht zur echten Kooperation.

Die Forming-Phase ist deshalb kein formaler Einstieg, sondern ein essentieller Bestandteil jedes Gruppenprozesses. Sie ist die Zeit, in der die Grundlagen für das weitere Miteinander gelegt werden. Wer Gruppen begleitet, tut gut daran, dieser Phase Zeit, Aufmerksamkeit und Raum zu geben. Das bedeutet, Möglichkeiten zum gegenseitigen Kennenlernen zu schaffen, offene Fragen zu klären, Erwartungen zu thematisieren, Unsicherheiten zu normalisieren und erste gemeinsame Erfahrungen zu ermöglichen. Es bedeutet auch, klare Informationen zu geben, aber keine fertigen Antworten. Die Gruppe soll sich entwickeln dürfen, nicht in ein fertiges Raster gezwängt werden.

Gelingende Forming-Phasen zeichnen sich dadurch aus, dass Menschen sich gesehen fühlen, dass erste Verbindungen entstehen, dass Orientierung möglich wird und dass Unsicherheit in Beziehung transformiert wird. Das bedeutet nicht, dass alle sich sofort wohlfühlen oder dass sofort Vertrauen herrscht. Aber es bedeutet, dass ein Rahmen entsteht, in dem sich Vertrauen entwickeln kann. Gruppen, die sich in dieser Phase ernst genommen fühlen, entwickeln in den folgenden Phasen eine höhere Bereitschaft zur Auseinandersetzung, zur Klärung und zur gemeinsamen Verantwortung. Sie wissen, dass sie Teil eines lebendigen Prozesses sind, nicht nur Teil eines funktionalen Systems.

Reflexionsfragen:

- Wie gehe ich selbst mit neuen Gruppensituationen um?
- Welche Signale senden mir Gruppen in der Forming-Phase über ihre Bedürfnisse?
- Wie gestalte ich als Leitung die erste Phase, ohne zu übersteuern?
- Welche Erfahrungen habe ich mit zu schnell gestarteten Gruppen gemacht?
- In welchen Gruppen habe ich mich in der Anfangsphase sicher gefühlt und warum?
- Wie thematisiere ich Unsicherheiten oder unausgesprochene Erwartungen?
- Welche Rolle nehme ich häufig unbewusst in neuen Gruppen ein?
- Was hilft Gruppen, in der Forming-Phase Vertrauen zu entwickeln?

Die Forming-Phase markiert den sensiblen Beginn jedes Gruppenprozesses. Sie ist geprägt von Unsicherheit, Beobachtung und vorsichtiger Annäherung. In ihr werden die Weichen für Vertrauen, Zugehörigkeit und spätere Zusammenarbeit gestellt. Wer Gruppen professionell begleitet, sollte dieser Phase besondere Aufmerksamkeit schenken. Nicht das Tempo entscheidet über den Erfolg, sondern die Tiefe der Verbindung, die in dieser frühen Phase möglich wird. Gelungene Forming-Phasen schaffen ein Fundament, auf dem echte Gruppenentwicklung erst beginnen kann.

Storming-Phase

Nach der vorsichtigen Annäherung und Orientierung der Forming-Phase folgt ein Abschnitt, der von innerer Reibung, Auseinandersetzung und oft auch Unsicherheit geprägt ist. Die sogenannte Storming-Phase stellt in der gruppendynamischen Entwicklung einen entscheidenden Schritt dar. Was zunächst nach Konflikt und Chaos klingt, ist in Wahrheit ein Ausdruck wachsender Reife. Die Gruppe beginnt, sich selbst ernst zu nehmen. Sie verabschiedet sich von der Fassade höflicher Zurückhaltung und öffnet den Raum für das, was wirklich im Inneren wirkt. Gefühle werden sichtbarer, Unterschiede spürbarer, Spannungen deutlicher. Die Gruppe beginnt zu ringen. Um Positionen, um Macht, um Zugehörigkeit, um Einfluss, um Rollen, um Regeln, um Anerkennung. Dieses Ringen ist notwendig. Es schafft Klarheit, ermöglicht Abgrenzung und bildet die Voraussetzung für echte Kooperation.

In der Storming-Phase geraten die ersten vorsichtigen Annäherungen aus der Forming-Zeit ins Wanken. Was bisher unausgesprochen blieb, wird jetzt in Worte gefasst. Was als stillschweigende Einigkeit erschien, wird hinterfragt. Es zeigen sich Spannungen zwischen Einzelnen, Gruppen innerhalb der Gruppe formieren sich, Allianzen entstehen, Konflikte brechen auf. Es kann zu offenen Konfrontationen kommen, aber auch zu subtilen Machtspielen, zu stillen Rückzügen oder ironischen Bemerkungen, die verdeckte Kritik transportieren. In manchen Gruppen wirkt diese Phase laut und kämpferisch, in anderen leise und untergründig. Doch in beiden Fällen ist der Kern derselbe: die Gruppe versucht, ihre innere Ordnung zu finden.

Zentrale Themen in dieser Phase sind Macht, Einfluss, Zugehörigkeit und Identität. Wer darf bestimmen? Wessen Meinung zählt? Wer gehört wirklich zur Gruppe? Wer bleibt außen vor? Welche Normen gelten? Welche Werte sind verbindlich? Wer übernimmt Verantwortung, wer entzieht sich ihr? Die Antworten auf diese Fragen sind oft noch nicht klar, aber sie werden jetzt verhandelt. Und wie bei jedem Verhandlungsprozess geht es nicht nur um Sachinhalte, sondern auch um Emotionen.

Verletzungen, Enttäuschungen, Erwartungen, Projektionen – all das fließt in die Dynamik ein und macht sie mitunter schwer fassbar.

Die Leitung wird in dieser Phase auf eine neue Weise herausgefordert. Während sie in der Forming-Phase vor allem als Quelle von Orientierung und Sicherheit gefragt war, wird sie nun häufig zum Gegenstand von Kritik oder Widerstand. Ihre Entscheidungen werden hinterfragt, ihre Haltung interpretiert, ihre Neutralität in Zweifel gezogen. Manche Gruppenmitglieder suchen Nähe, andere gehen in Distanz. Die Leitung muss lernen, mit dieser Ambivalenz umzugehen. Sie darf sich weder verteidigen noch zurückziehen. Ihre Aufgabe besteht nun darin, den Raum zu halten, Spannungen zu benennen und dabei nicht Partei zu ergreifen. Die Leitung steht nicht über dem Geschehen, sondern mitten darin – mit einer besonderen Verantwortung für Struktur, Prozess und Reflexion.

Gerade weil die Storming-Phase so anstrengend sein kann, besteht die Versuchung, ihr auszuweichen. Manche Gruppen vermeiden offene Auseinandersetzungen, indem sie sich auf sachliche Themen beschränken, in Ironie flüchten oder Harmonie beschwören. Doch unter der Oberfläche bleiben die Spannungen bestehen. Sie stauen sich auf, suchen sich andere Ausdrucksformen oder sabotieren unbewusst die weitere Zusammenarbeit. Gruppen, die diese Phase überspringen oder nicht ernst nehmen, bleiben in einer Scheinharmonie stecken, die echte Kooperation verhindert. Entwicklung geschieht nicht durch Vermeidung, sondern durch Durcharbeitung. Das bedeutet nicht, dass jede Auseinandersetzung laut und konfrontativ sein muss. Aber sie muss stattfinden. Offen, ehrlich, respektvoll und mit dem Ziel, mehr über sich selbst und die anderen zu erfahren.

Ein wesentliches Element der Storming-Phase ist die Rollenklärung. Während in der Forming-Phase Rollen eher intuitiv eingenommen und selten hinterfragt wurden, beginnt nun ein bewusster Aushandlungsprozess. Wer übernimmt welche Aufgaben? Wer fühlt sich verantwortlich? Wer hält sich zurück? Wer dominiert Gespräche? Wer wird zum stillen Widerstand? Diese Prozesse verlaufen selten geordnet. Sie sind geprägt von Versuchen, Einfluss zu nehmen, von Konkurrenz um Aufmerksamkeit und von der Suche nach persönlichem Ausdruck. Häufig geraten auch implizite Erwartungen an bestimmte Gruppenmitglieder in den Vordergrund. Es wird spürbar, dass manche Menschen automatisch Verantwortung übernehmen, andere sich entziehen oder bestimmte Themen besetzen. Die Gruppe lernt, wie vielfältig Rollen sein können und wie stark sie das Miteinander prägen.

Auch informelle Hierarchien zeigen sich in dieser Phase deutlicher. Wer wird gehört, wer nicht? Wer setzt Themen, wer wird übergangen? Diese Hierarchien müssen nicht problematisch sein, solange sie erkannt, benannt und reflektiert werden. Doch wenn sie im Verborgenen bleiben, wirken sie destruktiv. Sie führen zu Missmut, Frustration oder verdecktem Widerstand. Deshalb ist es hilfreich, diese Dynamiken offen zu thematisieren. Eine Gruppe, die in der Lage ist, über Macht, Einfluss und Kommunikationsmuster zu sprechen, entwickelt ein höheres Maß an Mündigkeit und Selbstverantwortung.

Ein weiterer Aspekt der Storming-Phase ist der Umgang mit Vielfalt. In der Anfangszeit neigen Gruppen dazu, Gemeinsamkeiten zu betonen. Jetzt werden Unterschiede sichtbarer. Menschen erkennen, dass sie unterschiedliche Arbeitsstile, Werte, Temperamente, Sprachmuster oder Sichtweisen haben. Diese Vielfalt kann irritieren, aber sie ist auch eine Ressource. Gruppen, die lernen, mit Differenz konstruktiv umzugehen, erweitern ihre Perspektiven, werden kreativer und resilienter. Doch das gelingt nur, wenn Unterschiede nicht sofort bewertet, sondern erst einmal verstanden werden. Die Leitung hat hier die Aufgabe, Differenz als Normalität sichtbar zu machen und Räume für Verständigung zu schaffen.

Die emotionale Intensität dieser Phase ist nicht zu unterschätzen. Streit, Rückzug, Enttäuschung, Kränkungen, aber auch erste echte Begegnungen gehören dazu. Menschen zeigen sich mit mehr von sich selbst – manchmal auch mit Anteilen, die sie sonst gut verstecken. Das macht verletzbar, aber auch menschlich. Gruppen, die durch diese Phase gehen, lernen einander nicht nur besser kennen, sondern beginnen auch, sich wirklich zu begegnen. Es entsteht ein Gefühl dafür, wer der oder die andere ist, jenseits der Oberfläche. Daraus kann Vertrauen wachsen. Aber nur, wenn die Gruppe es aushält, dass es manchmal wehtut, ein echtes Gegenüber zu werden.

Die Storming-Phase ist also kein Zeichen von Scheitern, sondern Ausdruck von Lebendigkeit. Sie zeigt, dass die Gruppe bereit ist, sich ernst zu nehmen, sich zu reiben, Verantwortung zu übernehmen und sich wirklich einzulassen. Gruppen, die diesen Schritt gehen, öffnen sich für echte Entwicklung. Sie bauen ein tragfähiges Fundament, auf dem spätere Zusammenarbeit gelingen kann. Ohne diese Phase bleibt die Gruppe funktional, aber nicht lebendig.

Gerade deshalb ist es entscheidend, wie mit Konflikten umgegangen wird. Es geht nicht darum, Konflikte zu vermeiden, sondern darum, sie konstruktiv zu gestalten. Das bedeutet, Unterschiedlichkeit auszuhalten, zuzuhören, ohne sofort zu reagieren, Feedback zu geben, ohne zu verletzen, Verantwortung zu übernehmen, ohne zu dominieren. Eine gut begleitete Storming-Phase schafft Raum für genau diese Lernprozesse. Sie macht aus Gegensätzen gemeinsame Lernfelder. Sie schafft Bedingungen, unter denen neue Wege des Miteinanders entstehen können.

Reflexionsfragen:

- Wie reagiere ich persönlich auf Konflikte in Gruppen?
- Welche Erfahrungen habe ich mit unausgesprochenen Spannungen gemacht?
- Wie unterstütze ich Gruppen dabei, Unterschiede als Ressource zu begreifen?
- Welche Rolle nehme ich selbst in stürmischen Gruppenphasen ein?
- Was hilft mir, in emotional aufgeladenen Situationen präsent zu bleiben?
- Wie thematisiere ich Macht, Einfluss und Rollen ohne Bewertung?
- Welche Strategien kenne ich, um Konflikte konstruktiv zu begleiten?
- In welchen Gruppen habe ich erlebt, dass Auseinandersetzung zu mehr Vertrauen geführt hat?

Die Storming-Phase ist ein unverzichtbarer Teil der gruppendynamischen Entwicklung. Sie macht Spannungen sichtbar, ermöglicht Rollenklärung und öffnet den Raum für echte Begegnung. Gruppen, die diese Phase durchlaufen, entwickeln ein tieferes Verständnis füreinander und schaffen die Grundlage für tragfähige Kooperation. Konflikte sind kein Hindernis, sondern eine Chance für Wachstum. Entscheidend ist nicht, ob sie auftreten, sondern wie mit ihnen umgegangen wird. Eine gut begleitete Storming-Phase führt nicht zu Chaos, sondern zu Klarheit.

Norming-Phase

Nach den oft anstrengenden, mitunter chaotischen und konflikthaften Dynamiken der Storming-Phase beginnt sich in vielen Gruppen allmählich etwas zu verändern. Die Atmosphäre wird ruhiger, das Miteinander konstruktiver, die Kommunikation klarer. Aus der Auseinandersetzung erwächst ein Bedürfnis nach Ordnung, aus der Reibung ein Drang nach Struktur. Die Gruppe beginnt, sich zu organisieren, ihre Regeln zu finden, ihre Rollen zu klären und eine gemeinsame Identität zu entwickeln. Dieser Abschnitt, den Bruce Tuckman als Norming-Phase bezeichnet, markiert einen wichtigen Übergang im Gruppenprozess. Es ist die Zeit der Integration, der Orientierung am Gemeinsamen und der Entwicklung von verbindlichen Vereinbarungen, die das Zusammenleben und Zusammenarbeiten erleichtern.

Die Norming-Phase ist keine Rückkehr zur höflichen Zurückhaltung des Forming, sondern ein bewusster Schritt in Richtung Kooperation. Sie ist das Ergebnis durchlebter Konflikte, geklärter Rollen und zunehmender gegenseitiger Akzeptanz. Während in der Storming-Phase noch viel Energie in die Abgrenzung floss, richtet sich der Fokus nun zunehmend auf das Gemeinsame. Aus der Vielfalt entsteht ein neues Wir-Gefühl, das nicht auf Gleichmacherei, sondern auf gegenseitigem Respekt basiert. Die Gruppe beginnt, sich selbst als System zu begreifen, in dem jede und jeder eine Rolle hat und zum Gelingen beitragen kann.

Ein zentrales Kennzeichen der Norming-Phase ist die Ausbildung von Gruppennormen. Diese Normen sind die expliziten und impliziten Regeln, die das Verhalten innerhalb der Gruppe steuern. Sie betreffen zum Beispiel den Umgangston, die Gesprächsführung, die Entscheidungsfindung, die Verteilung von Aufgaben oder den Umgang mit Fehlern. Manche dieser Normen werden offen vereinbart, andere entstehen durch Wiederholung und stillschweigende Zustimmung. Die Gruppe entwickelt ein kollektives Gespür dafür, was erwünscht ist und was nicht, was dazugehört und was ausgegrenzt wird. Diese Normen schaffen Orientierung und Sicherheit, aber sie können auch unreflektiert oder ausschließend wirken. Deshalb ist es hilfreich, wenn die Gruppe immer wieder darüber spricht, welche Regeln ihr Zusammenleben bestimmen und ob diese noch förderlich sind.

In der Norming-Phase wird auch die Rollenklarheit deutlich größer. Während in früheren Phasen oft unklar war, wer welche Verantwortung trägt, wer sich wie einbringen darf oder welche Erwartungen an einzelne Personen gerichtet werden, beginnt nun eine Stabilisierung. Menschen übernehmen Aufgaben, zeigen Verlässlichkeit, bringen sich mit ihren Stärken ein und respektieren die Beiträge anderer. Die Gruppe erkennt, dass sie mehr erreicht, wenn die Rollen geklärt und abgestimmt sind. Gleichzeitig wird deutlich, dass Rollen nicht starr sein müssen. In reiferen Gruppen ist es möglich, dass Rollen flexibel angepasst werden, dass Menschen Neues ausprobieren dürfen oder dass Aufgaben im Dialog neu verteilt werden. Rollenklarheit bedeutet also nicht Fixierung, sondern bewusste Gestaltung.

Auch das emotionale Klima verändert sich spürbar. Die Gruppe gewinnt an Vertrauen. Beziehungen werden stabiler, Gespräche offener, Kritik konstruktiver. Menschen trauen sich, mehr von sich zu zeigen, ohne befürchten zu müssen, verletzt oder ausgegrenzt zu werden. Das bedeutet nicht, dass keine Konflikte mehr auftreten. Aber sie verlaufen anders. Sie sind eingebettet in ein Klima des Respekts, des Zuhörens und der wechselseitigen Wertschätzung. Die Gruppe beginnt, sich als Gemeinschaft zu erleben, nicht nur als Ansammlung von Einzelnen. Diese emotionale Kohäsion ist ein zentraler Motor für Entwicklung. Sie stärkt die Resilienz der Gruppe und ermöglicht auch in zukünftigen Phasen eine tragfähige Zusammenarbeit.

Ein weiterer wichtiger Aspekt dieser Phase ist das zunehmende Verantwortungsbewusstsein. In der Anfangszeit neigen Gruppenmitglieder dazu, Verantwortung nach außen zu delegieren, etwa an die Leitung oder an dominante Persönlichkeiten. In der Norming-Phase beginnt die Gruppe, sich selbst als handlungsfähige Einheit zu erleben. Entscheidungen werden gemeinsam getroffen, Absprachen eingehalten, Aufgaben übernommen und Prozesse reflektiert. Es entsteht ein Gefühl der Mitverantwortung. Dieses Gefühl ist kein Automatismus, sondern ein

Lernprozess. Die Gruppe entdeckt, dass sie selbst Einfluss auf das Miteinander hat und dass sie aktiv gestalten kann, wie sie zusammenarbeitet. Dieses Erleben stärkt das Selbstbewusstsein der Gruppe und bildet die Grundlage für die nächste Phase.

Die Gruppenleitung erfährt in der Norming-Phase eine spürbare Entlastung. Während sie in den vorangegangenen Phasen stark als strukturierende, haltgebende und moderierende Instanz gefragt war, kann sie nun mehr Verantwortung an die Gruppe zurückgeben. Das bedeutet nicht, dass Führung überflüssig wird. Im Gegenteil. Die Leitung bleibt präsent, aber sie verändert ihre Rolle. Sie wird mehr zur Beobachterin, zur Impulsgeberin, zur Hüterin des Rahmens. Sie unterstützt die Gruppe dabei, ihre Selbststeuerung zu entwickeln, ohne sich aus der Verantwortung zurückzuziehen. Diese Balance ist anspruchsvoll. Sie verlangt ein feines Gespür dafür, wann Steuerung hilfreich ist und wann Loslassen mehr Entwicklung ermöglicht.

In der Norming-Phase kann die Gruppe auch beginnen, sich mit ihrer Identität auseinanderzusetzen. Wer sind wir als Gruppe? Was zeichnet uns aus? Wofür stehen wir? Welche Werte verbinden uns? Diese Fragen müssen nicht explizit gestellt werden, aber sie schwingen mit. Die Gruppe beginnt, sich selbst zu sehen, nicht nur in ihrer Funktion, sondern in ihrer Eigenart. Es entstehen Rituale, Insider, gemeinsame Geschichten. Diese Elemente stärken das Wir-Gefühl und machen die Gruppe einzigartig. Gleichzeitig bergen sie auch die Gefahr von Abschottung. Gruppen, die sich zu stark auf sich selbst beziehen, laufen Gefahr, Außenperspektiven zu verlieren oder sich gegen Neues zu verschließen. Deshalb ist es hilfreich, wenn in dieser Phase auch die Verbindung nach außen im Blick bleibt. Welche Schnittstellen gibt es? Welche Erwartungen von außen wirken auf die Gruppe ein? Wie kann die Gruppe in Beziehung zu ihrer Umwelt bleiben, ohne ihre innere Stabilität zu verlieren?

Ein häufiger Irrtum besteht darin, die Norming-Phase mit einem Endpunkt zu verwechseln. Manche Gruppen glauben, jetzt sei alles geklärt, jetzt müsse alles funktionieren, jetzt gebe es keine Konflikte mehr. Doch Entwicklung ist kein linearer Prozess. Auch in der Norming-Phase können

Irritationen auftreten, Rollen sich verändern oder neue Herausforderungen entstehen. Wichtig ist, dass die Gruppe in der Lage bleibt, sich selbst zu beobachten, über ihr Miteinander zu sprechen und neue Themen zu integrieren. Eine reife Gruppe zeichnet sich nicht durch Konfliktfreiheit aus, sondern durch Reflexionsfähigkeit und Veränderungsbereitschaft.

Die Norming-Phase ist also ein Lernfeld für Kooperation, Verantwortung und Gemeinschaft. Sie ermöglicht es der Gruppe, über sich hinauszuwachsen, weil sie sich selbst als gestaltbares System erlebt. Wer Gruppen begleitet, sollte diese Phase bewusst nutzen, um Prozesse der Selbstorganisation zu fördern, Verantwortung zu übergeben und gleichzeitig die Stabilität im Blick zu behalten. Es geht nicht darum, Kontrolle abzugeben, sondern darum, Vertrauen aufzubauen. Vertrauen in die Gruppe, in ihre Mitglieder und in die gemeinsame Fähigkeit zur Gestaltung.

Reflexionsfragen:

- Wie erkenne ich, dass eine Gruppe in der Norming-Phase angekommen ist?
- Welche Regeln und Normen beeinflussen das Miteinander in Gruppen, die ich begleite?
- Wie gehe ich mit impliziten Normen um, die nicht ausgesprochen, aber stark wirksam sind?
- Was hilft Gruppen dabei, sich als handlungsfähige Einheit zu erleben?
- Welche Rolle spielt meine Leitung in dieser Phase: eher zurückhaltend oder aktiv?
- Wie unterstütze ich Gruppen dabei, Verantwortung zu übernehmen?
- Welche Rituale, Geschichten oder Symbole stärken das Wir-Gefühl in Gruppen?
- Wie kann ich Gruppen helfen, die Balance zwischen innerer Kohäsion und offener Kommunikation nach außen zu halten?

Die Norming-Phase ist ein entscheidender Abschnitt gruppendynamischer Entwicklung. Sie steht für Integration, Rollenklärung, Regelbildung und zunehmende Eigenverantwortung. Die Gruppe wächst über die Konflikte der Storming-Phase hinaus und beginnt, sich als handlungsfähiges, zusammenarbeitendes System zu erleben. Leitung verändert sich in dieser Phase von der strukturgebenden Instanz zur unterstützenden Begleitung. Gruppen, die diesen Abschnitt bewusst gestalten, schaffen die Grundlage für tragfähige Kooperation und eine vertrauensvolle, produktive Atmosphäre.

Performing-Phase

Wenn Gruppen die Phase der Orientierung, der Auseinandersetzung und der Einigung durchlaufen haben, gelangen sie in einen Zustand, der geprägt ist von hoher Arbeitsfähigkeit, von Vertrauen in die gemeinsamen Prozesse und von einer reifen Form der Zusammenarbeit. Diese vierte Phase im Modell von Bruce Tuckman wird als Performing bezeichnet. Sie ist nicht der Normalzustand aller Gruppen, sondern ein qualitativer Sprung, der erst durch das Durchleben der vorherigen Phasen ermöglicht wird. Performing bedeutet nicht, dass alles reibungslos verläuft oder dass keine Konflikte mehr auftreten. Es bedeutet vielmehr, dass die Gruppe in der Lage ist, mit Herausforderungen konstruktiv umzugehen, produktiv zu kooperieren und ihr volles Potenzial zu entfalten.

In der Performing-Phase sind Rollen klar verteilt, Zuständigkeiten weitgehend abgestimmt und die Kommunikationskultur geprägt von Offenheit, Vertrauen und gegenseitiger Wertschätzung. Entscheidungen werden gemeinsam getragen, Aufgaben eigenverantwortlich übernommen, Rückmeldungen konstruktiv gegeben. Die Gruppe weiß, was sie erreichen will, und hat ein gemeinsames Verständnis darüber entwickelt, wie sie zusammenarbeiten möchte. Es entsteht eine Art Flow, ein Zustand, in dem Aufgaben und Beziehungen in einer produktiven Balance stehen. Die Gruppe erlebt sich als wirksam, als fähig, als kooperativ und zugleich individuell anschlussfähig. Unterschiede werden nicht als Bedrohung, sondern als Ressource erlebt. Kritik wird als Möglichkeit zur Verbesserung verstanden, nicht als Angriff. Die Mitglieder identifizieren sich mit der Gruppe, ohne sich in ihr aufzulösen. Diese Qualität der Zusammenarbeit entsteht nicht von allein. Sie ist das Ergebnis von Auseinandersetzung, Reflexion und dem Mut, sich in Beziehung zu begeben. Gruppen, die das Stadium des Performing erreichen, verfügen über ein hohes Maß an Selbststeuerung. Sie brauchen keine intensive äußere Führung mehr, weil sie gelernt haben, ihre Prozesse eigenverantwortlich zu gestalten. Die Leitung wird zur Begleiterin, zur Impulsgeberin, zur strukturellen Sicherung. Ihre Rolle verschiebt sich von der aktiven Steuerung hin zur unterstützenden Moderation. Sie greift nur noch ein, wenn es notwendig ist, beobachtet aufmerksam, gibt Rückmeldung, stellt Reflexionsräume bereit und achtet darauf, dass Prozesse nicht stagnieren. Sie übernimmt Verantwortung für das System, nicht für jedes Detail.

Ein zentraler Aspekt dieser Phase ist die zunehmende Prozesssicherheit der Gruppe. Abläufe sind eingespielt, Zuständigkeiten bekannt, Erwartungen geklärt. Die Gruppe hat Routinen entwickelt, die ihre Zusammenarbeit effizient machen, ohne dabei an Flexibilität zu verlieren. Gerade weil sie sich ihrer Struktur sicher ist, kann sie auf neue Anforderungen beweglich reagieren. Performing bedeutet nicht Starrheit, sondern Anpassungsfähigkeit. Die Gruppe weiß, was sie kann, ist sich ihrer Kompetenzen bewusst und nutzt diese auf produktive Weise. Es entsteht eine Atmosphäre, in der Kreativität gedeiht, Innovationen möglich werden und auch schwierige Themen angstfrei angesprochen werden können.

Ein weiteres Kennzeichen dieser Phase ist die emotionale Reife der Gruppe. Beziehungen sind tragfähig, Konflikte werden nicht vermieden, sondern offen bearbeitet. Es herrscht keine Harmonie um jeden Preis, sondern ein tiefes Verständnis dafür, dass Unterschiedlichkeit zum Prozess dazugehört. Emotionen dürfen sein, ohne den Prozess zu dominieren. Menschen zeigen sich in ihrer Individualität und werden in ihrer Verschiedenheit akzeptiert. Das bedeutet nicht, dass alle gleich viel Nähe suchen oder sich gleich stark beteiligen. Aber es bedeutet, dass alle ihren Platz in der Gruppe gefunden haben und wissen, wie sie mit den anderen in Beziehung treten können.

In der Performing-Phase entsteht häufig eine besondere Dynamik von Leichtigkeit. Prozesse, die in früheren Phasen noch mühsam und anstrengend waren, gelingen nun scheinbar mühelos. Absprachen funktionieren, ohne dass sie lange ausgehandelt werden müssen. Entscheidungen werden auf Basis gemeinsamer Werte und Zielvorstellungen getroffen. Fehler werden nicht tabuisiert, sondern als Lernchancen genutzt. Die Gruppe zeigt sich lernfähig, selbstkritisch, reflektiert und engagiert. Diese Leichtigkeit ist kein Zeichen von Oberflächlichkeit, sondern ein Ausdruck innerer Sicherheit. Die Gruppe weiß, dass sie Herausforderungen gemeinsam bewältigen kann. Dieses Vertrauen in die eigene Kompetenz wirkt motivierend, verbindend und stabilisierend zugleich.

Gerade weil die Performing-Phase ein so hohes Maß an Arbeitsfähigkeit mit sich bringt, besteht die Gefahr, sie als selbstverständlich zu betrachten. Doch Gruppen bleiben nicht automatisch in diesem Zustand. Neue Mitglieder, veränderte Rahmenbedingungen, externe Krisen oder interne Spannungen können dazu führen, dass die Gruppe zurückfällt in frühere Phasen. Deshalb ist es wichtig, die Qualität der Zusammenarbeit immer wieder bewusst wahrzunehmen, zu reflektieren und bei Bedarf auch neu zu gestalten. Eine reife Gruppe erkennt, wenn sie sich aus der Balance bewegt, und sucht nach Wegen, sich wieder zu stabilisieren. Performing ist kein endgültiger Zustand, sondern ein lebendiger Prozess, der Aufmerksamkeit und Pflege braucht. Die Leitung hat in dieser Phase die Aufgabe, nicht durch Übersteuerung zu stören, sondern Entwicklung zu ermöglichen. Sie kann neue Impulse setzen, kreative Prozesse anregen oder die Gruppe einladen, ihre Erfolge zu feiern und daraus Energie zu schöpfen. Gleichzeitig behält sie den Blick für mögliche Risiken. Wo entsteht neue Unsicherheit? Wo drohen Einzelne sich zu überfordern? Wo könnte die Gruppe in Selbstzufriedenheit verharren oder blinde Flecken entwickeln? Die Leitung begleitet den Prozess mit wachem Blick, mit Empathie und mit einer Haltung des Vertrauens in die Gruppe. Sie greift nicht ein, wenn es nicht nötig ist, bleibt aber präsent, um im richtigen Moment Orientierung zu geben.

In vielen Gruppen zeigt sich in der Performing-Phase auch ein wachsendes Verantwortungsbewusstsein gegenüber der Organisation oder dem größeren System, in dem sie agieren. Die Gruppe beginnt, nicht nur für sich selbst, sondern auch für ihr Umfeld mitzudenken. Sie entwickelt ein Bewusstsein für ihre Rolle im Ganzen, für die Wirkung ihrer Entscheidungen und für die Notwendigkeit, ihre Prozesse anschlussfähig zu halten. Dieses systemische Denken ist ein Zeichen gruppendynamischer Reife. Die Gruppe fragt nicht nur, was für sie selbst sinnvoll ist, sondern auch, wie sie ihre Kompetenzen verantwortungsvoll in größere Zusammenhänge einbringen kann. Auch in der Performing-Phase bleiben gruppendynamische Phänomene präsent. Es gibt nach wie vor informelle Rollen, emotionale Spannungen, unausgesprochene Normen und Dynamiken von Nähe und Distanz. Doch die Gruppe ist nun besser in der Lage, mit diesen Phänomenen umzugehen. Sie hat gelernt, sich selbst zu beobachten, sich zu regulieren und offen über ihre Prozesse zu sprechen. Diese Metakompetenz, also die Fähigkeit zur Reflexion über das eigene Handeln als Gruppe, ist einer der zentralen Erfolgsfaktoren in dieser Phase. Sie ermöglicht es der Gruppe, sich weiterzuentwickeln, ohne dabei ihre Stabilität zu verlieren.

Performing ist also keine Phase des Stillstands, sondern eine Phase der aktiven Gestaltung. Die Gruppe ist nicht nur funktional, sondern lebendig. Sie nutzt ihre Ressourcen, denkt voraus, lernt aus Fehlern und geht Herausforderungen gemeinsam an. Sie hat eine Kultur entwickelt, in der Beziehung und Aufgabe, Struktur und Freiheit, Individualität und Gemeinschaft in einem produktiven Spannungsverhältnis stehen. In dieser Phase wird das volle Potenzial einer Gruppe sichtbar. Sie kann mehr, als die Summe ihrer Teile. Sie wird zum sozialen Organismus, der denkt, fühlt, entscheidet und sich weiterentwickelt.

Reflexionsfragen:

- Woran erkenne ich, dass eine Gruppe sich in der Performing-Phase befindet?
- Welche Faktoren haben dazu beigetragen, dass eine Gruppe in diese Phase gekommen ist?
- Wie kann ich als Leitung Präsenz zeigen, ohne den Prozess zu übersteuern?
- Wie unterstütze ich Gruppen dabei, auch in der Performing-Phase reflexiv und wach zu bleiben?
- Was braucht eine Gruppe, um sich selbst wirksam steuern zu können?
- Welche Rituale oder Strukturen fördern Nachhaltigkeit in dieser Phase?
- Wie gestalte ich Anerkennung, Feedback und Wertschätzung in reifen Gruppen?
- Wie erkenne ich frühzeitig, wenn eine Performing-Gruppe in frühere Phasen zurückzufallen droht?

In der Performing-Phase entfaltet die Gruppe ihr volles Potenzial. Sie arbeitet effizient, kooperativ und reflektiert. Rollen, Normen und Prozesse sind geklärt, Vertrauen ist gewachsen, Verantwortung wird geteilt. Die Leitung begleitet eher unterstützend als steuernd. Die Gruppe ist in der Lage, sich selbst zu regulieren und gemeinsam weiterzuentwickeln. Performing ist kein Endpunkt, sondern ein dynamischer Zustand, der Aufmerksamkeit, Reflexion und gemeinsames Bewusstsein erfordert, um dauerhaft tragfähig zu bleiben.

Adjourning-Phase

Wenn Gruppen über einen längeren Zeitraum hinweg gemeinsam gearbeitet, gerungen, gelernt und sich entwickelt haben, steht irgendwann
ein Moment bevor, der in vielen Modellen sozialer Prozesse oft wenig
Beachtung findet, in der Realität jedoch große Bedeutung hat. Es ist der
Moment des Abschieds, der Auflösung, des Übergangs. Bruce Tuckman
ergänzte sein ursprüngliches Phasenmodell aus Forming, Storming, Norming und Performing später um genau diesen wichtigen Abschnitt, den
er Adjourning nannte. Die Adjourning-Phase beschreibt jene Phase, in
der sich eine Gruppe entweder vollständig auflöst oder in eine veränderte Form übergeht. Dabei geht es nicht nur um einen formalen Schluss-
punkt, sondern um einen Prozess, der emotional, sozial und strukturell
bedeutsam ist. Denn das Ende einer Gruppe ist niemals bloß ein organi-
satorischer Vorgang. Es ist immer auch ein psychodynamisches Ereignis.

Abschiede in Gruppen aktivieren tiefgreifende Prozesse. Sie berühren
Fragen der Zugehörigkeit, der Identität, der Beziehung, der Sinnhaftigkeit
und des Verlusts. Auch wenn der Anlass des Abschieds rational erklärbar
ist, etwa weil ein Projekt endet, eine Ausbildungsgruppe abgeschlossen
wird oder sich ein Gremium neu formiert, sind die emotionalen Reaktionen oft vielschichtig. Freude über das Erreichte mischt sich mit Wehmut
über das Ende. Erleichterung über das Loslassen steht neben Bedauern
über das Verlorengehende. Stolz auf die gemeinsame Entwicklung trifft
auf Trauer darüber, dass dieses Miteinander nun nicht mehr weiterbe-
stehen wird. Diese Ambivalenz ist ein natürlicher Bestandteil der Adjourning-Phase. Sie ernst zu nehmen bedeutet, den Gruppenerfahrungen einen würdigen Abschluss zu geben und den Beteiligten die Möglichkeit zu
eröffnen, das Erlebte zu integrieren.

In der Adjourning-Phase zeigt sich oft, wie tief die Gruppe zusammenge-
wachsen ist. Menschen, die sich zu Beginn fremd waren, blicken auf eine
gemeinsame Geschichte zurück. Sie haben Konflikte durchlebt, Vertrauen aufgebaut, Rollen gefunden und sich gemeinsam entwickelt.
Diese Erfahrungen verbinden. Auch wenn die Gruppe endet, bleibt sie als
innere Erfahrung bestehen. Wer sich in einer Gruppe zugehörig gefühlt

hat, nimmt diese Erfahrung mit. Wer in einer Gruppe gewachsen ist, trägt diese Entwicklung weiter. Und wer sich in einer Gruppe gesehen, gehört und anerkannt gefühlt hat, wird auch zukünftige Beziehungen auf dieser Grundlage gestalten. Abschied bedeutet daher nicht das Ende von Wirkung, sondern den Übergang in eine neue Form von Beziehung zum Erlebten.

Ein würdiger Abschied braucht Raum. Raum für Rückblick, für Anerkennung, für Dank, für persönliche Worte und für das gemeinsame Verabschieden. In der Hektik des Alltags wird dieser Raum oft übergangen. Gruppen lösen sich auf, weil der Kalender es vorgibt, nicht weil der Prozess es zulässt. Doch das, was nicht ausgesprochen wird, bleibt als unerledigter Rest bestehen. Menschen gehen auseinander, ohne das Erlebte gewürdigt zu haben. Unausgesprochene Verletzungen, unerfüllte Erwartungen oder unausgetragene Konflikte wirken nach. Ein achtsam gestalteter Adjourning-Prozess ermöglicht es, diese offenen Themen anzusprechen, den Kreis zu schließen und die gemeinsame Zeit bewusst zu beenden.

Für die Gruppenleitung stellt die Adjourning-Phase eine besondere Herausforderung dar. Oft hat sie selbst eine intensive Verbindung zur Gruppe aufgebaut, war Zeugin vieler Entwicklungen, Begleiterin durch Krisen und Impulsgeberin für Prozesse. Auch für sie bedeutet das Ende der Gruppe einen Abschied. Ihre Aufgabe besteht nun darin, diesen Prozess nicht nur zu moderieren, sondern ihn innerlich mitzugehen. Sie braucht die Fähigkeit, loszulassen, ohne sich zu distanzieren, präsent zu bleiben, ohne sich in Sentimentalität zu verlieren. Gleichzeitig ist sie gefragt, den Gruppenmitgliedern Orientierung zu geben, den Rahmen für den Abschied zu gestalten und dafür zu sorgen, dass Raum für persönliche und kollektive Reflexion bleibt.

Ein gelungener Adjourning-Prozess umfasst verschiedene Dimensionen. Auf der kognitiven Ebene geht es darum, das Erlebte gemeinsam zu reflektieren. Was haben wir erreicht? Was haben wir gelernt? Welche Prozesse waren bedeutsam? Was bleibt? Auf der emotionalen Ebene ist es wichtig, Platz für Gefühle zu schaffen. Was berührt mich? Was nehme ich mit? Was bedauere ich? Worauf bin ich stolz? Auf der sozialen Ebene geht es um das bewusste Lösen von Beziehungen. Wer möchte noch in Kontakt bleiben? Was verändert sich im Miteinander? Welche Begegnungen waren besonders prägend? Und auf der rituellen Ebene schließlich geht es darum, symbolisch Abschied zu nehmen. Dies kann durch Rituale, gemeinsame Erlebnisse, persönliche Worte oder kreative Formen geschehen. Entscheidend ist nicht die Form, sondern die bewusste Gestaltung des Übergangs.

In Gruppen, die sich abrupt oder ungeklärt auflösen, zeigen sich häufig Nachwirkungen. Menschen bleiben innerlich verbunden mit dem Ungesagten, mit dem Ungeklärten, mit dem Gefühl, etwas nicht abgeschlossen zu haben. Diese offenen Enden können sich in zukünftigen Gruppen wiederholen, in Form von Skepsis, Distanz oder Angst vor neuer Bindung. Umso wichtiger ist es, auch das Ende als integralen Bestandteil des Gruppenprozesses zu begreifen. Es geht nicht nur um das, was eine Gruppe tut, sondern auch darum, wie sie aufhört. Eine bewusst begleitete Adjourning-Phase schafft einen inneren Abschluss, der Entwicklung ermöglicht, statt sie zu blockieren.

Auch in organisationalen Kontexten ist die Bedeutung von Abschieden oft unterschätzt. Projektteams enden, Mitarbeitende wechseln, Arbeitsgruppen lösen sich auf. Wenn diese Übergänge nicht bewusst gestaltet werden, geht nicht nur Beziehung verloren, sondern oft auch Wissen, Erfahrung, Motivation und Identifikation. Menschen brauchen das Gefühl, dass ihr Beitrag gesehen und gewürdigt wird. Abschied ist nicht nur ein persönliches, sondern auch ein strukturelles Thema. Eine Kultur, die Übergänge achtsam gestaltet, stärkt die Bindung, die Resilienz und die Lernfähigkeit einer Organisation. Und sie zeigt, dass auch das Ende eines Prozesses Teil der gemeinsamen Verantwortung ist.

Die Adjourning-Phase bietet auch Raum für Integration. In ihr kann sichtbar werden, was eine Gruppe wirklich war. Welche Entwicklungen stattgefunden haben, welche Rollen entstanden sind, welche Veränderungen sich vollzogen haben. Manche Menschen erkennen erst im Rückblick, wie sehr sie sich verändert haben, welche Haltungen sie neu entwickelt oder welche Fähigkeiten sie in der Gruppe entfaltet haben. Das bewusste In-nehalten ermöglicht es, diese Entwicklungen nicht nur zu bemerken, son-dern zu verinnerlichen. Gruppen können in dieser Phase auch Rückmel-dungen austauschen, Anerkennung zeigen und sich gegenseitig spiegeln. Dies stärkt das Selbstbild und fördert die Bereitschaft, auch in Zukunft wieder Teil eines sozialen Prozesses zu sein.

Der Abschied ist auch ein Ort der Übergabe. In manchen Kontexten geht die Gruppe nicht vollständig auseinander, sondern verändert sich. Neue Mitglieder kommen hinzu, Aufgaben wechseln, Strukturen verändern sich. Auch hier ist es wichtig, bewusst mit dem Übergang umzugehen. Bestehendes muss nicht krampfhaft erhalten werden, aber es sollte ge-würdigt werden, bevor Neues beginnt. Übergänge, die nicht gestaltet werden, wirken sich häufig destruktiv aus. Wissen geht verloren, Bezie-hungen brechen ab, Verantwortung wird nicht übergeben. Ein bewusster Adjourning-Prozess schafft die Brücke zum Neuanfang, ohne das Alte ab-zuwerten oder das Neue zu überfordern.

In der Begleitung von Gruppen ist es hilfreich, schon frühzeitig den Blick auf den Abschluss zu richten. Nicht, um ihn zu beschleunigen, sondern um ihn von Anfang an als Teil des Prozesses zu begreifen. Wenn Gruppen wissen, dass ihre gemeinsame Zeit begrenzt ist, können sie bewusster damit umgehen. Sie lernen, Momente wertzuschätzen, Entwicklungen zu reflektieren und rechtzeitig mit wichtigen Themen in Kontakt zu kom-men. Gruppen, die wissen, dass auch der Abschied dazugehört, gehen offener mit Veränderungen um. Sie entwickeln eine Haltung, in der Los-lassen nicht als Verlust, sondern als Teil des Wachsens verstanden wird.

Die Adjourning-Phase ist keine Phase des Niedergangs, sondern eine Phase der Reifung. Sie verlangt Mut zur Auseinandersetzung, Bereit-schaft zum Innehalten und die Fähigkeit, Vergangenes zu würdigen, ohne sich daran festzuhalten. Sie eröffnet Räume für Dankbarkeit, für persön-liche Entwicklung und für den bewussten Übergang in neue Kontexte. Gruppen, die diese Phase ernst nehmen, geben ihren Mitgliedern nicht nur Erfahrung, sondern auch Haltung mit auf den Weg. Und sie hinterlas-sen Spuren, die weit über das Ende hinauswirken.

Reflexionsfragen:

- Welche persönlichen Erfahrungen habe ich mit Abschiedsprozessen in Gruppen gemacht?
- Wie gestalte ich als Leitung den Übergang vom gemeinsamen Arbeiten zum bewussten Abschied?
- Welche Rituale, Gesprächsformate oder Methoden unterstützen den Prozess des Loslassens?
- Was hilft Gruppen dabei, den Wert ihrer gemeinsamen Zeit zu erkennen und zu würdigen?
- Welche unausgesprochenen Themen bleiben oft im Raum, wenn Gruppen sich auflösen?
- Wie kann ich dafür sorgen, dass Abschiede nicht als Verlust, sondern als Entwicklung erlebt werden?
- In welchen Gruppen habe ich erlebt, dass ein Abschied verbindend und stärkend war?
- Wie integriere ich die Adjourning-Phase von Anfang an in meine Gruppenprozesse?

Die Adjourning-Phase ist ein essenzieller Teil der gruppendynamischen Entwicklung. Sie markiert den bewussten Abschied, das Loslassen, das Integrieren des Erlebten und den Übergang in neue Kontexte. Ein achtsam gestalteter Abschlussprozess würdigt das Gemeinsame, stärkt die Beteiligten und ermöglicht einen reifen Übergang. Gruppen, die lernen, gut zu enden, entwickeln eine Kultur der Verantwortung, der Reflexion und der inneren Verbundenheit über die gemeinsame Zeit hinaus.

Zusammenfassung des Modells

Wenn man Gruppen über längere Zeit hinweg beobachtet, erkennt man, dass sie sich nicht einfach nur entlang von Themen, Aufträgen oder Zielvorgaben entwickeln. Vielmehr folgt ihre Entwicklung einer inneren Dynamik, die tiefer reicht als das, was auf der Oberfläche sichtbar ist. Das Modell von Bruce Tuckman, das die fünf Phasen Forming, Storming, Norming, Performing und Adjourning beschreibt, hat über Jahrzehnte hinweg dabei geholfen, diese Dynamik in Worte zu fassen und für die Praxis der Gruppenbegleitung zugänglich zu machen. Es bietet eine Struktur, die Orientierung gibt, ohne zu vereinfachen, und die Entwicklung als Prozess sichtbar macht, ohne sie in ein starres Schema zu pressen. Wer das Modell nicht als Dogma, sondern als Denkangebot versteht, erkennt darin ein tiefes Verständnis für die lebendige Bewegung sozialer Systeme.

Das Phasenmodell beginnt mit dem Forming, jener vorsichtigen, oft etwas unsicheren Anfangsphase, in der sich Menschen in einer neuen Gruppenkonstellation zurechtfinden müssen. Es ist die Zeit des ersten Austestens, des höflichen Miteinanders, des Beobachtens. Man spricht über Aufgaben, über Ziele, über Strukturen, aber eigentlich geht es um Beziehung. Wer bin ich hier? Wer sind die anderen? Was darf ich zeigen? Was muss ich verbergen? Die Gruppe beginnt zu spüren, dass das, was zwischen den Menschen geschieht, mindestens genauso bedeutsam ist wie das, was sachlich verhandelt wird. Die Leitung übernimmt in dieser Phase eine stark strukturierende Rolle, gibt Orientierung, klärt Erwartungen und schafft Sicherheit. Doch unter der Oberfläche beginnt bereits ein Prozess, der im weiteren Verlauf an Dynamik gewinnen wird.

In der Storming-Phase bricht diese erste, fragile Ordnung auf. Spannungen, Differenzen, emotionale Ambivalenzen und Machtfragen treten in den Vordergrund. Konflikte, die vorher verdeckt geblieben sind, suchen sich ihren Ausdruck. Es wird gerungen, gezweifelt, gestritten. Die Gruppe zeigt nun ihre eigentliche Tiefe. Sie wird unruhiger, vielleicht auch verletzlicher, aber auch authentischer. Die Rollen, die im Forming vorschnell eingenommen wurden, werden infrage gestellt. Die Führung wird geprüft, teilweise provoziert, ihre Legitimation steht zur Debatte. Wer jetzt standhält, Spannungen nicht vermeidet, sondern aushält und begleitet, ermöglicht einen Reifungsprozess. Storming ist keine Störung, sondern ein notwendiger Entwicklungsschritt, der die Basis schafft für ein tragfähiges Miteinander.

Auf diese Auseinandersetzung folgt mit der Norming-Phase eine Phase der Integration. Die Gruppe beginnt, gemeinsame Regeln zu entwickeln, Rollen zu klären, Vereinbarungen zu treffen. Die Kommunikation wird strukturierter, das Vertrauen wächst, erste Rituale entstehen. Die Gruppe lernt, sich selbst zu organisieren, Verantwortung zu teilen und einander ernst zu nehmen. Es bildet sich eine Gruppenidentität, die nicht auf Gleichförmigkeit, sondern auf einem reflektierten Miteinander basiert. Die Leitung kann sich zunehmend zurücknehmen, wird zur Begleiterin, zur Moderatorin, zur Impulsgeberin, die nicht mehr steuert, sondern Prozesse unterstützt. Die Gruppe findet ihren Rhythmus, ihre eigene Ordnung, ihre eigenen Formen der Kooperation.

Wenn all das gelingt, kann die Gruppe in die Performing-Phase eintreten. Sie arbeitet effizient, vertrauensvoll und eigenverantwortlich. Unterschiedlichkeit wird nicht mehr als Bedrohung, sondern als Ressource erlebt. Konflikte werden konstruktiv bearbeitet, Entscheidungen im Konsens oder im Vertrauen auf geregelte Zuständigkeiten getroffen. Die Leitung bleibt präsent, ohne im Mittelpunkt zu stehen. Die Gruppe ist lernfähig, anpassungsfähig, kreativ und robust. Sie kann sich selbst reflektieren, Prozesse optimieren und auch mit Rückschlägen umgehen. Performing ist kein Dauerzustand, sondern ein erreichter Zustand, der jederzeit wieder herausgefordert werden kann. Es braucht Wachheit, Achtsamkeit und Pflege, damit die Gruppe in diesem Stadium verbleiben oder dorthin zurückkehren kann, wenn sie aus dem Gleichgewicht gerät.

Am Ende steht die Adjourning-Phase. Sie bringt die Erkenntnis, dass auch das Beste nicht ewig währt. Gruppen enden. Manche nach einer definierten Zeit, andere durch äußere Umstände, wieder andere durch innere Prozesse. Abschied braucht Raum. Er will gestaltet sein, reflektiert, gewürdigt. Die Adjourning-Phase macht deutlich, dass das Ende ebenso bedeutsam ist wie der Anfang. Ein gelungener Abschluss würdigt das

Erlebte, gibt der gemeinsamen Geschichte einen Rahmen und ermöglicht Integration. Gruppen, die gut abschließen, hinterlassen keine offenen Wunden, sondern bereichernde Erinnerungen. Sie ermöglichen Weiterentwicklung, weil sie das Vergangene bewusst loslassen.

Diese fünf Phasen bilden zusammen eine Art Entwicklungszyklus. Doch es wäre verkürzt zu glauben, Gruppen bewegten sich linear und automatisch von einer zur nächsten. Die Realität ist komplexer. Gruppen können zwischen Phasen hin- und herspringen, in früheren Mustern verharren, Phasen überspringen oder in Krisen zurückgeworfen werden. Manchmal erleben Gruppen mehrere Phasen gleichzeitig, etwa wenn alte Konflikte aus der Storming-Phase während des Performing wieder auftauchen oder wenn die emotionale Unsicherheit des Forming mitten in der Adjourning-Phase erneut spürbar wird. Das Modell hilft also nicht beim Festlegen, sondern beim Verstehen. Es ist ein Kompass, kein Fahrplan.

In der professionellen Gruppenbegleitung bietet das Phasenmodell eine fundierte Grundlage zur Prozessdiagnostik. Es hilft, Gruppenphänomene nicht vorschnell zu bewerten, sondern sie in ihrer Entwicklung einzuordnen. Eine als störend empfundene Phase kann sich als notwendiger Entwicklungsschritt entpuppen. Eine als harmonisch erlebte Gruppe kann sich als konfliktscheu entlarven, die ihre Storming-Phase nie durchlebt hat. Die Aufgabe der Leitung besteht nicht darin, die Gruppe möglichst schnell durch die Phasen zu bringen, sondern darin, sie auf ihrem Weg achtsam zu begleiten. Das bedeutet, Prozesse wahrzunehmen, zu benennen, zu reflektieren und zu gestalten, immer in der Balance zwischen Struktur und Offenheit.

Das Modell wird noch hilfreicher, wenn es in einen größeren gruppendynamischen Kontext gestellt wird. Gruppen entwickeln sich nicht im luftleeren Raum. Sie sind eingebettet in institutionelle, gesellschaftliche, kulturelle und organisationale Zusammenhänge. Diese Kontexte wirken auf die Phasenentwicklung ein. Eine autoritär geprägte Organisationskultur kann Storming-Prozesse unterdrücken. Ein hoher Zeitdruck kann dazu führen, dass das Forming übersprungen wird. Eine fehlende Abschlusskultur kann verhindern, dass das Adjourning wirklich bewusst gestaltet wird. Deshalb reicht es nicht, das Modell nur auf die Gruppe selbst zu beziehen. Es muss immer auch die Umwelten der Gruppe mitdenken, ihre Bedingungen, ihre Begrenzungen, ihre Ressourcen.

Außerdem lohnt es sich, das Modell mit psychodynamischen Perspektiven zu ergänzen. Hinter den äußeren Phänomenen der Phasen verbergen sich häufig unbewusste Prozesse. Angst vor Nähe, Abwehr von Kontrolle, Projektionen auf die Leitung, Übertragungen innerhalb der Gruppe – all das wirkt in jeder Phase mit. Wer das Modell mit dieser Tiefe liest, erkennt nicht nur, was geschieht, sondern auch, warum es geschieht. Und wer mit dieser Tiefe arbeitet, begegnet Gruppen mit mehr Empathie, mehr Respekt und mehr Geduld.

Nicht zuletzt lädt das Phasenmodell auch zur Selbstreflexion ein. Wer Gruppen begleitet, durchlebt diese Phasen nicht nur von außen, sondern ist selbst Teil des Geschehens. Auch Leitung verändert sich von Phase zu Phase. Auch Leitung wird herausgefordert, spürt Unsicherheit, erlebt Widerstand, erfährt Anerkennung und muss irgendwann Abschied nehmen. Wer die Phasen nicht nur als Prozess der Gruppe, sondern auch als eigenen Entwicklungsweg begreift, gewinnt eine zusätzliche Dimension. Leitung wird dann nicht zum Funktionieren gebracht, sondern zur persönlichen Erfahrung, zur Lernchance, zum Spiegel eigener Muster.

Die fünf Phasen nach Tuckman sind kein Allheilmittel, aber ein kraftvolles Werkzeug. Sie helfen, Komplexität zu strukturieren, Entwicklung sichtbar zu machen und Gruppenprozesse mit mehr Bewusstheit zu begleiten. Sie laden dazu ein, Gruppen als lebendige, sich entwickelnde Systeme zu begreifen, die Zeit, Aufmerksamkeit, Beziehung und Reflexion brauchen. Und sie erinnern uns daran, dass auch in Gruppen das gilt, was für alle Entwicklung gilt: dass sie nicht linear, aber dennoch sinnvoll verläuft. Dass sie nicht kontrollierbar, aber doch gestaltbar ist. Und dass in jedem Anfang ein Ende liegt, und in jedem Ende der Keim eines neuen Anfangs.

Reflexionsfragen:

- Welche Erfahrungen habe ich selbst mit Gruppen gemacht, die sich in unterschiedlichen Phasen befanden?
- Wie verhalte ich mich als Leitung in den verschiedenen Phasen? Wo bin ich besonders sicher, wo vielleicht herausgefordert?
- Wie erkenne ich, dass eine Gruppe nicht in der aktuellen Phase, sondern in einer früheren Dynamik steckt?
- Welche äußeren Faktoren beeinflussen den Verlauf von Gruppenphasen in meinem Arbeitsfeld?
- Wie kann ich das Modell in der Begleitung von Gruppen sinnvoll nutzen, ohne es zu schematisieren?
- Welche Aspekte der Gruppenentwicklung lassen sich mit dem Modell gut erklären? Wo braucht es Ergänzungen?
- Was hilft mir dabei, auch in schwierigen Phasen präsent, achtsam und handlungsfähig zu bleiben?
- Wie gestalte ich bewusst Übergänge zwischen Phasen, ohne sie zu forcieren?

Das Modell von Bruce Tuckman bietet einen hilfreichen Rahmen zur Beschreibung und Begleitung gruppendynamischer Entwicklungsprozesse. Es zeigt, wie Gruppen sich von vorsichtiger Orientierung über konflikthafte Auseinandersetzung und konstruktive Regelbildung hin zu leistungsfähiger Kooperation und schließlich zu bewusstem Abschied entwickeln können. Wer das Modell als Prozessverständnis nutzt, erkennt typische Muster, versteht gruppendynamische Herausforderungen besser und kann Gruppen bewusster durch ihre Entwicklung begleiten. Es ist ein Werkzeug für Praxis, Reflexion und Haltung zugleich, lebendig, tiefgründig und offen für Weiterentwicklung.

Gruppenphasen nach Bernstein & Lowy

Gruppenprozesse lassen sich nicht auf ein einziges Erklärungsmodell reduzieren. So nützlich das Phasenmodell von Bruce Tuckman für viele Situationen ist, so sehr lohnt es sich, auch andere Zugänge zu betrachten,
die gruppendynamische Entwicklungen aus einer anderen Perspektive
beleuchten. Besonders im psychosozialen, beratenden oder pädagogischen Kontext reicht ein lineares Modell nicht immer aus, um die oft ver-
schlungenen Wege von Gruppenprozessen zu erfassen. Alternative Phasenmodelle bieten hier eine wertvolle Ergänzung. Sie betonen
unterschiedliche Aspekte, stellen andere Fragen und machen Dynamiken
sichtbar, die sich in klassischen Modellen nur schwer abbilden lassen. Das
Modell von Bernstein und Lowy ist eines dieser alternativen Modelle, das
Gruppenentwicklung nicht nur als äußeren Prozess beschreibt, sondern
vor allem die psychodynamischen und beziehungsorientierten Ebenen in
den Mittelpunkt rückt. Es legt einen besonderen Fokus auf emotionale
Spannungen, auf Bindungs- und Autonomiethemen, auf Macht und Vertrauen, auf Nähe und Differenzierung.

Insgesamt beschreiben Bernstein und Lowy fünf Phasen, die Gruppen typischerweise durchlaufen. Dabei gehen sie nicht von einem starren Ablauf aus, sondern von einem Spannungsfeld, in dem jede Phase durch bestimmte Grundbedürfnisse, Konflikte und Entwicklungsmöglichkeiten
geprägt ist. Der Verlauf ist nicht zwangsläufig linear, vielmehr können
sich Gruppen auch rückwärts bewegen, Phasen überspringen oder in bestimmten Phasen verharren. Wichtig ist nicht, ob eine Gruppe sich „richtig" entwickelt, sondern ob sie mit ihren inneren Spannungen bewusst
umgehen kann. Jede Phase stellt spezifische Anforderungen an die Gruppenmitglieder und an die Gruppenleitung. Je besser diese Anforderungen
verstanden und begleitet werden, desto größer ist das Potenzial der
Gruppe für Reifung, Integration und nachhaltige Zusammenarbeit.

Die erste Phase wird Abhängigkeit und Orientierung genannt. In dieser
Anfangsphase ist das zentrale Bedürfnis der Gruppenmitglieder nach Sicherheit und Zugehörigkeit. Die neue Gruppensituation erzeugt Unsicherheit, da noch keine klaren Beziehungen, Rollen oder Regeln

bestehen. Die Beteiligten sind mit einer sozialen Situation konfrontiert, in der sie sich zunächst zurechtfinden müssen. Diese Unsicherheit aktiviert ein regressives Bedürfnis nach Orientierung und Führung. Die Gruppenleitung wird idealisiert, sie soll für Sicherheit sorgen, Struktur geben und den weiteren Weg weisen. Gruppenmitglieder verhalten sich oft eher passiv, höflich und konfliktscheu. Eigene Bedürfnisse werden zurückgestellt, persönliche Themen vermieden. Viele Teilnehmer:innen möchten zunächst unauffällig bleiben, um nicht anzuecken. Gleichzeitig sind sie sehr sensibel für Signale, wie sie von der Gruppe wahrgenommen werden. Die Angst vor Ablehnung oder Überforderung ist in dieser Phase besonders hoch. Die Gruppenleitung hat die Aufgabe, einen sicheren Rahmen zu schaffen, Orientierung zu geben und durch Präsenz, Klarheit und Empathie Vertrauen aufzubauen. Dabei geht es nicht darum, schnelle Lösungen zu präsentieren, sondern die Gruppe durch Transparenz, Struktur und Haltung in dieser fragilen Anfangsphase zu stabilisieren.

Auf die erste Phase folgt Konterabhängigkeit und Konflikt. Sie ist geprägt von der inneren Spannung zwischen dem Wunsch nach Autonomie und dem erlebten Gefühl von Abhängigkeit. Nachdem sich die Gruppenmitglieder in der ersten Phase an der Leitung orientiert haben, beginnen sie nun, ihre eigenen Vorstellungen, Werte und Bedürfnisse stärker zu spüren. Es entsteht der Wunsch nach Emanzipation, nach Mitbestimmung, nach Einfluss. Die idealisierte Leitung wird nun kritischer betrachtet. Enttäuschungen, die in der ersten Phase vielleicht noch verdrängt wurden, treten nun offen zutage. Es kommt zu Konfrontationen, Konflikten, Rollenklärungen und oft auch zu Abwertungen der Leitung oder einzelner Gruppenmitglieder. Die Dynamik dieser Phase ist intensiv. Manche ziehen sich zurück, andere übernehmen lautstark die Bühne, wieder andere entwickeln Widerstand gegen vereinbarte Regeln oder stellen Sinn und Nutzen des Gruppensettings infrage. Die Gruppe versucht, sich aus der empfundenen Abhängigkeit zu befreien. Für die Leitung bedeutet das, ihre bisherige Autorität zu relativieren, ohne sich zu verteidigen. Jetzt braucht es die Fähigkeit, Spannungen auszuhalten, Konflikte nicht vorschnell zu lösen, sondern als Entwicklungsimpulse zu begreifen. Die Kunst besteht darin, nicht in alte Machtspiele einzusteigen, sondern eine erwachsene, dialogfähige Haltung vorzuleben. Die Konterabhängigkeit ist keine Störung, sondern ein notwendiger Entwicklungsschritt hin zur Selbstverantwortung.

Erst wenn diese Auseinandersetzungen durchlebt wurden, kann sich die Gruppe auf eine neue Ebene der Zusammenarbeit bewegen. Diese dritte Phase nennt sich Vertrauen und Struktur. Die Gruppe beginnt nun, sich selbst zu regulieren. Das Bedürfnis nach Sicherheit wird nicht mehr ausschließlich auf die Leitung projiziert, sondern innerhalb der Gruppe verankert. Es entsteht eine tragfähige Struktur, in der Regeln nicht mehr als Einschränkung, sondern als Orientierung erlebt werden. Beziehungen stabilisieren sich, Rollen werden akzeptiert, Verantwortlichkeiten werden geklärt und übernommen. Die Gruppe erlebt sich zunehmend als gemeinsames System mit geteilter Verantwortung. Vertrauen entsteht nicht nur aus Sympathie oder Harmonie, sondern aus der Erfahrung, dass Konflikte bearbeitet, Vereinbarungen eingehalten und Unterschiede respektiert werden. Auch die Leitung wird nicht mehr idealisiert oder abgewertet, sondern als Teil der Gruppe mit besonderer Funktion gesehen. Diese Phase ist von hoher Produktivität geprägt, weil sich Energien, die bisher in Statuskämpfen gebunden waren, nun auf Inhalte, Aufgaben und kreative Prozesse richten können. Das Gruppengefüge wird stabiler, aber bleibt offen für Veränderung. Die Herausforderung in dieser Phase besteht darin, die Balance zu halten zwischen Struktur und Flexibilität, zwischen Klarheit und Offenheit, zwischen Führung und Partizipation.

Die vierte Phase ist besonders tiefgreifend. Sie wird von Bernstein als Intimität und Differenzierung beschrieben. In dieser Phase erreichen Gruppen ein hohes Maß an emotionaler Reife. Die Beteiligten zeigen sich nicht nur in ihren sozialen Rollen, sondern auch in ihrer persönlichen Identität. Themen wie Vertrauen, Verletzlichkeit, Wertschätzung und Respekt treten in den Vordergrund. Es entsteht Raum für persönliche Geschichten, für emotionale Tiefe, für echte Begegnung. Die Gruppe bietet einen sicheren Ort, an dem auch Unsicherheit, Angst, Wut oder Scham einen Platz haben dürfen. Gleichzeitig wird die Vielfalt der Gruppe nicht nivelliert, sondern sichtbar und akzeptiert. Unterschiede werden nicht mehr als Bedrohung empfunden, sondern als bereichernde Dimension des

Miteinanders. Die Gruppe entwickelt eine neue Qualität von Nähe, in der Individualität nicht verloren geht. Sie erlaubt Differenz, ohne die Zugehörigkeit infrage zu stellen. Das gemeinsame Erleben wird intensiver, persönlicher, oft auch stiller. Für die Leitung bedeutet diese Phase eine besondere Verantwortung: sie muss den Raum für Tiefe offenhalten, ohne ihn zu instrumentalisieren. Sie muss Schutz geben, ohne zu kontrollieren. Und sie muss mitunter aushalten, dass sich Menschen zeigen, wie sie sind – mit all ihrer Komplexität, Widersprüchlichkeit und ihrem Bedürfnis nach authentischem Kontakt.

Die fünfte Phase schließlich heißt Abschluss und Neubeginn. Sie markiert das Ende eines gemeinsamen Weges, aber zugleich auch einen Übergang. Gruppen lösen sich nicht nur äußerlich auf, sie lösen auch innere Bindungen, Erwartungen, Projektionen. Diese Phase ist oft begleitet von Trauer, von Dankbarkeit, von Wehmut und auch von Erleichterung. Menschen blicken zurück, erkennen ihren Weg, benennen Gelerntes, verabschieden sich voneinander und vom gemeinsamen Raum. Der Abschied wird nicht als Scheitern erlebt, sondern als Teil eines natürlichen Entwicklungszyklus. Die Gruppe hat einen Prozess durchlaufen, der sie geprägt hat, der sie verändert hat, der Spuren hinterlässt. Die Qualität dieser Phase zeigt sich daran, wie bewusst, wie achtsam und wie offen der Abschied gestaltet wird. Es braucht Zeit für Rückblick, Raum für persönliche Worte, Gelegenheit für Anerkennung und Austausch. Ein gelungener Abschluss ermöglicht Integration. Und er schafft die Grundlage dafür, dass das Erlebte in zukünftige soziale Kontexte mitgenommen werden kann. Der Neubeginn geschieht nicht nur äußerlich, sondern innerlich – als Haltung, als Erfahrung, als Ressource.

Reflexionsfragen:

- Wie nehme ich die Spannungen zwischen Abhängigkeit und Autonomie in Gruppen wahr?
- Welche persönlichen Erfahrungen habe ich mit der Konterabhängigkeitsphase gemacht?
- Wie gestalte ich die Balance zwischen Struktur und Vertrauen in der Gruppenleitung?

- Was bedeutet für mich echte Nähe in Gruppenprozessen und wie gehe ich mit Differenz um?
- Welche Übergänge zwischen den Phasen fallen mir leicht, welche empfinde ich als herausfordernd?
- Wie erkenne ich, dass eine Gruppe für Intimität bereit ist?
- In welcher Weise gestalte ich bewusste Abschiedsprozesse und was hilft mir dabei?
- Wie kann ich verschiedene Phasenmodelle miteinander verbinden, ohne mich auf eines festzulegen?

Das Phasenmodell von Bernstein und Lowy erweitert den gruppendynamischen Blick um emotionale, beziehungsbezogene und psychodynamische Dimensionen. Es beschreibt Gruppenentwicklung als Prozess zwischen Abhängigkeit, Emanzipation, Vertrauen, Intimität und Abschied. Jede Phase fordert Gruppenmitglieder und Leitung auf unterschiedliche Weise heraus. Wer Gruppen begleitet, profitiert von diesem differenzierten Zugang, weil er nicht nur Struktur, sondern auch Tiefe ermöglicht. Gruppenprozesse sind damit nicht bloß steuerbar, sondern lebendige Felder persönlicher und kollektiver Entwicklung.

Gruppenzyklen und die Dynamik der Wiederholung

Gruppenprozesse verlaufen nicht in geraden Linien. Auch wenn Modelle wie jenes von Tuckman oder Bernstein hilfreiche Orientierung geben, wird im gelebten Gruppenalltag schnell deutlich, dass Entwicklungen nicht einfach von einer Phase zur nächsten übergehen. Gruppen verhalten sich nicht wie Maschinen, die nach einem vorhersehbaren Ablaufplan funktionieren. Sie sind lebendige soziale Systeme, deren Dynamik von unzähligen Faktoren geprägt wird. Dazu zählen nicht nur äußere Einflüsse wie Zeitrahmen, Setting oder Auftrag, sondern vor allem die innere Bewegung der Gruppe selbst. Diese Bewegung folgt häufig zyklischen Mustern. Entwicklungen wiederholen sich, Themen kehren zurück, bestimmte Konflikte tauchen in neuer Form wieder auf. Was abgeschlossen schien, zeigt sich erneut. Was geklärt war, wird wieder infrage gestellt. Die Vorstellung, Gruppenprozesse ließen sich linear abwickeln, wird durch die Erfahrung solcher Wiederholungen deutlich relativiert. In Wirklichkeit verlaufen Gruppenprozesse in Zyklen, in Spiralen, in Schleifen.

Diese zyklische Dynamik ist nicht Ausdruck von Scheitern oder Unreife, sondern ein Zeichen dafür, dass Gruppen sich entwickeln. Entwicklung ist niemals ein einmaliger Schritt, sondern eine Bewegung, die immer wieder an den gleichen Punkten vorbeikommt, aber jedes Mal auf einer anderen Ebene. Es ist wie beim Durchwandern eines Bergpfades, der sich spiralförmig um den Hang windet. Der Wanderer kommt mehrfach an derselben Aussicht vorbei, aber jedes Mal aus einem anderen Blickwinkel, auf einer anderen Höhe, mit neuen Erfahrungen im Gepäck. So ist es auch in Gruppen: dieselben Themen werden erneut verhandelt, aber mit anderen Voraussetzungen, mit mehr Bewusstsein, mit größerer Differenzierung. Die Wiederholung ist nicht Rückfall, sondern Vertiefung. Sie ist ein integraler Bestandteil von Reifung und Integration.

Viele Gruppen erleben zum Beispiel, dass nach einer Phase der Stabilisierung erneut Spannungen auftauchen. Konflikte, die längst bearbeitet schienen, brechen wieder auf. Fragen nach Zugehörigkeit, Einfluss oder Rollenverteilung stehen plötzlich wieder im Raum. In der linearen Logik wirkt das wie ein Rückschritt. Doch tatsächlich geht es um eine neue

Qualität der Auseinandersetzung. Die Gruppe testet sich erneut, diesmal mit anderen Mitteln, auf einem anderen Reifegrad, mit mehr Vertrauen oder mehr Komplexität. Sie prüft, ob die geteilten Vereinbarungen auch unter veränderten Bedingungen Bestand haben. Diese zyklischen Prozesse dienen der Integration. Sie machen deutlich, dass Entwicklung nicht auf einmal abgeschlossen ist, sondern durch Wiederholung verankert wird.

Auch gruppenleitende Personen erleben diese Dynamik immer wieder. Sie stellen fest, dass bestimmte Themen in unterschiedlichen Gruppen immer wiederkehren. Abhängigkeit, Macht, Vertrauen, Nähe, Distanz, Abschied, diese Grundmotive des sozialen Miteinanders zeigen sich in vielfältigen Formen und Konstellationen. Sie werden in neuen Gruppen mit neuen Gesichtern erneut durchlebt. Leitung steht dabei nicht nur als Beobachterin außen vor, sondern wird selbst Teil dieser Wiederholungsbewegung. Manche Leitende erleben zum Beispiel immer wieder ähnliche Konfliktdynamiken in ihren Gruppen, bestimmte Rollenzuschreibungen oder wiederkehrende Schwierigkeiten mit einzelnen Gruppentypen. Auch hier zeigt sich ein zyklisches Muster, das zur Reflexion einlädt. Wiederholungen in Gruppen sind nicht nur kollektive Phänomene, sondern auch Resonanzräume für individuelle Themen.

In therapeutischen, pädagogischen und beratenden Kontexten sind solche Wiederholungsmuster besonders gut zu beobachten. Gruppen, in denen Menschen an sich arbeiten, durchlaufen häufig ähnliche emotionale Felder. Anfangsphase, Orientierung, erste Nähe, Konflikte, Rollenklärung, Bindung, Trennung, diese Stationen tauchen immer wieder auf. Sie können sich in kurzer Abfolge oder über einen langen Zeitraum hinweg entfalten. Entscheidend ist nicht die Geschwindigkeit, sondern die Tiefe. Wenn eine Gruppe bestimmte Themen mehrfach durchläuft, ist das ein Zeichen dafür, dass diese Themen für das kollektive Feld bedeutsam sind. Die Wiederholung bietet die Chance, das Erlebte zu vertiefen, neue Perspektiven zu gewinnen und individuelle Erfahrungen in einem sozialen Raum neu zu verarbeiten.

Die Idee der Gruppenzyklen knüpft auch an psychodynamische Konzepte an. In vielen Fällen sind es unbewusste Prozesse, die Wiederholungen in Gang setzen. Menschen bringen ihre Beziehungsmuster, ihre frühen Erfahrungen, ihre unbewältigten Konflikte mit in die Gruppe. Dort begegnen ihnen ähnliche Situationen wie in früheren Lebenskontexten. Die Gruppe wird so zum Resonanzraum für individuelle Lebensthemen. In der Psychodynamik spricht man von Wiederholungszwang, der Tendenz des Menschen, unverarbeitete Erfahrungen unbewusst zu rekonstruieren, um sie diesmal vielleicht besser bewältigen zu können. Gruppenprozesse machen solche Wiederholungen sichtbar. Sie ermöglichen es, nicht nur intellektuell über alte Muster zu sprechen, sondern sie im Hier und Jetzt emotional zu erleben, und gegebenenfalls neu zu gestalten.

Zyklische Gruppenprozesse lassen sich auch aus systemischer Perspektive gut erklären. Systeme tendieren dazu, stabil zu bleiben. Veränderung wird oft nicht linear erzeugt, sondern durch Irritation, Rückkopplung und Wiederholung. Systemische Muster verfestigen sich durch Wiederholung, und werden durch bewusste Unterbrechung oder kreative Reinszenierung veränderbar. In Gruppen bedeutet das, dass bestimmte wiederkehrende Dynamiken nicht zwangsläufig pathologisch sind, sondern Ausdruck systemischer Stabilität. Wenn eine Gruppe immer wieder in ähnliche Konstellationen gerät, lohnt es sich, diese Muster gemeinsam zu reflektieren. Wer ist immer wieder in der Rolle des Außenseiters? Wer übernimmt regelmäßig die Funktion der Vermittlung? Welche Themen führen verlässlich zu Spannungen? Gruppen, die solche Muster erkennen, benennen und bearbeiten, gewinnen an Reife und Gestaltungskraft.

Auch Entwicklungspsychologie und Lernforschung beschreiben zyklische Prozesse. Lernen verläuft in Schleifen. Erkenntnisse müssen wiederholt, angewendet, variiert und in unterschiedlichen Kontexten integriert werden, um wirklich wirksam zu sein. In Gruppen lernen Menschen nicht nur Inhalte, sondern Beziehungsfähigkeit, Reflexion, Perspektivenwechsel und Rollenflexibilität. Diese Lernprozesse brauchen Wiederholung, um zu reifen. Gruppen, die bereit sind, sich Zeit zu nehmen, um Themen erneut aufzugreifen, profitieren langfristig. Sie erkennen, dass Tiefe nicht durch Eile entsteht, sondern durch Wiederkehr. Die zweite oder dritte

Begegnung mit einem Thema ist oft die wirksamste, weil sie auf einem größeren Erfahrungshintergrund aufbaut.

In Gruppenzyklen liegt auch eine große Chance für Übergänge. Abschiede, Neuanfänge, personelle Veränderungen oder strukturelle Umbrüche wirken wie zyklische Einschnitte. Sie bieten Gelegenheit zur Reflexion, zur Neuausrichtung, zur bewussten Gestaltung von Veränderung. Gruppen, die gelernt haben, mit Wiederholungen umzugehen, sind besser vorbereitet auf Übergänge. Sie wissen, dass Abschiede oft alte Themen reaktivieren. Sie kennen die Dynamik, dass mit neuen Mitgliedern auch alte Muster wieder auftauchen können. Und sie haben erfahren, dass Rückfälle keine Katastrophe sind, sondern Einladung zur Vertiefung.

Zyklen können sich auch innerhalb einzelner Sitzungen zeigen. Jede Gruppensitzung durchläuft kleine Phasen: Ankommen, Orientieren, Öffnen, Konfrontieren, Klären, Abschließen. Diese Mikrozyklen ähneln den größeren Gruppenphasen. Auch innerhalb einer einzelnen Einheit kann sich ein Thema zeigen, zurückziehen und später erneut aufleben. Auch hier ist Wiederholung kein Mangel, sondern Ausdruck lebendiger Dynamik. Wer als Leitung diese Zyklen erkennt, kann feinfühliger intervenieren. Wer bemerkt, dass ein Thema noch nicht zu Ende verhandelt wurde, kann es im passenden Moment erneut einladen. Wer spürt, dass eine Gruppe sich wieder einem alten Muster nähert, kann es transparent machen und zur Reflexion nutzen.

Gruppenzyklen fordern Geduld. Sie verlangen eine Haltung, die Entwicklung nicht beschleunigen will. Wer Gruppenprozesse wirklich ernst nimmt, weiß, dass es Zeit braucht, um Dinge reifen zu lassen. Gruppen müssen Erfahrungen machen, sie wiederholen, sie deuten, sie verwerfen und neu einordnen. Es geht nicht darum, möglichst schnell Ergebnisse zu erzielen, sondern darum, Erfahrungsräume zu eröffnen, in denen Entwicklung möglich wird. In dieser Hinsicht ist gruppendynamische Begleitung immer auch ein Plädoyer für Langsamkeit, für Tiefe, für Wiederholung.

Die Leitung in zyklischen Prozessen braucht besondere Sensibilität. Sie darf nicht ungeduldig werden, wenn Themen erneut auftauchen. Sie muss erkennen, wann eine Wiederholung hilfreich ist und wann sie Ausdruck von Stagnation. Sie muss entscheiden, ob sie eingreift oder den Prozess geschehen lässt. Sie braucht Vertrauen in die Gruppe und in ihre eigene Intuition. Und sie braucht die Bereitschaft, sich selbst immer wieder mit den Mustern ihrer Gruppen auseinanderzusetzen. Gruppenprozesse sind nicht nur für die Gruppe ein Lernfeld, sondern auch für die Leitung. Zyklen wirken auf allen Ebenen.

Reflexionsfragen:

- Wie gehe ich mit Wiederholungen in Gruppenprozessen um?
- Welche Themen kehren in meinen Gruppen immer wieder zurück?
- Wie erkenne ich den Unterschied zwischen Regression und Vertiefung?
- Welche eigenen Muster zeigen sich mir in Gruppen, die sich zyklisch wiederholen?
- Was hilft mir, Geduld mit Gruppenentwicklungen zu haben?
- Wie gestalte ich Übergänge und Abschiede, damit sie Teil eines lebendigen Zyklus werden?
- In welchen Gruppen habe ich erlebt, dass Wiederholung zu mehr Tiefe geführt hat?
- Welche Haltung nehme ich ein, wenn Gruppen nicht linear „vorankommen"?

Gruppenprozesse verlaufen in Zyklen, nicht in geraden Linien. Wiederholungen sind kein Rückschritt, sondern Bestandteil von Entwicklung, Integration und Reifung. Themen kehren zurück, Konflikte zeigen sich erneut, Beziehungsmuster werden mehrfach durchlebt. Wer diese Dynamik erkennt und begleitet, unterstützt Gruppen dabei, sich tiefer zu entwickeln, Erfahrungen zu verankern und aus Wiederholungen neue Erkenntnisse zu gewinnen. Gruppenzyklen erfordern Geduld, Reflexion und die Bereitschaft, Prozesse nicht zu beschleunigen, sondern bewusst zu gestalten.

Rollen in Gruppen nach Belbin

In jeder Gruppe entwickeln sich Rollen. Sie sind wie das unsichtbare Gerüst, das das soziale Miteinander zusammenhält. Auch wenn sie oft nicht ausgesprochen oder bewusst vergeben werden, prägen sie doch maßgeblich die Dynamik einer Gruppe. Rollen strukturieren Erwartungen, erleichtern Kommunikation und ermöglichen Orientierung. Sie geben den Einzelnen einen Platz im Ganzen und der Gruppe eine Form. Doch gleichzeitig bringen sie auch Begrenzungen mit sich. Wer eine Rolle einnimmt, erfüllt bestimmte Erwartungen, lässt aber auch andere Möglichkeiten ungenutzt. Rollen können stabilisierend wirken, aber auch starr machen. Sie können helfen, Aufgaben zu bewältigen, aber auch Konflikte verdecken oder Verantwortung verschieben. Gerade in Arbeitsgruppen und Teams sind Rollen nicht nur ein Nebenprodukt sozialer Prozesse, sondern ein zentraler Faktor für Zusammenarbeit, Leistung und Entwicklung.

Der britische Forscher Meredith Belbin hat sich intensiv mit der Frage beschäftigt, welche Rollen Menschen in Teams übernehmen und welche Auswirkungen diese Rollen auf die Effektivität und das Zusammenspiel der Gruppe haben. Seine Forschung begann in den 1970er Jahren am Henley Management College in Großbritannien. Dort untersuchte er gemeinsam mit seinem Forschungsteam die Zusammensetzung und Leistung unterschiedlicher Managementteams. Die zentrale Erkenntnis dieser Arbeit war ebenso einfach wie bedeutsam: Nicht die individuelle Intelligenz oder das Fachwissen einzelner Personen entscheidet über den Erfolg eines Teams, sondern die Vielfalt und Passung ihrer sozialen Rollen. Ein Team ist dann besonders leistungsfähig, wenn es eine ausgewogene Mischung unterschiedlicher Teamrollen enthält, die sich ergänzen, herausfordern und gemeinsam ein funktionales Ganzes bilden.

Belbin entwickelte auf Basis seiner empirischen Beobachtungen ein Modell, das ursprünglich acht und später neun verschiedene Teamrollen unterscheidet. Diese Rollen sind keine festen Persönlichkeitsmerkmale, sondern beschreiben typische Verhaltensweisen und Funktionsmuster, die Menschen in Gruppen einnehmen können. Es geht also nicht darum, Menschen in Schubladen zu stecken oder sie auf eine Rolle zu reduzieren, sondern darum, ihre spezifischen Beiträge sichtbar zu machen und für die Teamarbeit nutzbar zu machen. Belbins Modell ist deshalb nicht nur ein Diagnoseinstrument, sondern auch ein Werkzeug für Reflexion, Teamentwicklung und Führung. Es hilft, blinde Flecken zu erkennen, Rollenerwartungen zu klären, Spannungen zu verstehen und Teams bewusster zu gestalten.

Die neun Teamrollen, die Belbin unterscheidet, lassen sich grob in drei Bereiche gliedern. Es gibt Rollen, die sich auf das Denken und die Ideenfindung konzentrieren. Dazu gehören Menschen, die kreative Impulse geben, unkonventionelle Lösungen finden oder analytisch-strategisch denken. Dann gibt es Rollen, die sich auf das Handeln und die Umsetzung beziehen. Diese Menschen übernehmen Verantwortung, strukturieren Prozesse oder treiben die Gruppe zu Entscheidungen. Und schließlich gibt es Rollen, die sich auf das soziale Miteinander fokussieren. Hierzu zählen diejenigen, die Beziehungen pflegen, Spannungen ausgleichen oder für ein gutes Klima sorgen. Jedes dieser drei Felder ist für die Funktionsfähigkeit eines Teams von entscheidender Bedeutung. Nur wenn alle drei Bereiche angemessen vertreten sind, kann ein Team dauerhaft effektiv, resilient und lernfähig bleiben.

Was Belbins Modell so wirkungsvoll macht, ist die Erkenntnis, dass nicht jede Person alles leisten muss. Im Gegenteil: Die Erwartung, dass ein Mensch gleichzeitig kreativ, strukturiert, führungsstark, empathisch und analytisch sein soll, ist unrealistisch und überfordernd. Vielmehr geht es darum, die unterschiedlichen Potenziale im Team zu erkennen und sie so zu kombinieren, dass sie sich gegenseitig ergänzen. Menschen bringen unterschiedliche Stärken mit, haben unterschiedliche Neigungen, Bedürfnisse und Handlungsmuster. Das Belbin-Modell erlaubt es, diese Unterschiede nicht als Problem, sondern als Ressource zu begreifen. Es schafft eine Sprache, mit der über Beiträge gesprochen werden kann, ohne sie zu bewerten oder zu hierarchisieren. Jede Rolle hat ihren Wert. Jede Rolle trägt zum Ganzen bei. Und jede Rolle ist in bestimmten Phasen eines Projekts besonders gefragt.

Dabei ist es wichtig zu betonen, dass Rollen im Belbin-Modell nicht dauerhaft fixiert sind. Menschen können unterschiedliche Rollen einnehmen, je nach Kontext, Teamzusammensetzung, Aufgabenstellung oder persönlicher Entwicklung. Dennoch haben viele Menschen ein oder zwei Rollen, in denen sie sich besonders wohlfühlen oder die sie häufig einnehmen. Belbin spricht in diesem Zusammenhang von bevorzugten Rollen. Daneben gibt es tragbare Rollen, die eine Person zwar einnehmen kann, aber nicht mit derselben Leichtigkeit. Und schließlich gibt es Rollen, die einer Person kaum liegen, weil sie nicht zu ihrer Persönlichkeit oder ihren Motiven passen. Diese Differenzierung hilft, realistische Erwartungen zu formulieren und Überforderungen zu vermeiden. Es ist weder notwendig noch sinnvoll, dass alle Teammitglieder in jeder Rolle brillieren. Viel wichtiger ist die wechselseitige Ergänzung.

Das Modell hat auch deshalb eine so weite Verbreitung gefunden, weil es sowohl in der Praxis als auch in der Forschung Anschluss gefunden hat. Es wird in Unternehmen ebenso verwendet wie in Trainings, in der Pädagogik, in Non-Profit-Organisationen oder in der Ausbildung von Führungskräften. Es bietet einen niedrigschwelligen Zugang zu komplexen gruppendynamischen Zusammenhängen und ermöglicht gleichzeitig tiefgreifende Reflexion. Besonders hilfreich ist es, wenn das Modell nicht nur zur Diagnose, sondern als Ausgangspunkt für Gespräche über Teamprozesse, Rollenerwartungen, Konflikte oder Weiterentwicklung genutzt wird. Es kann die Basis sein für Feedbackprozesse, für Rollenklärung, für Standortbestimmungen oder für bewusste Teamentwicklung. Und es kann Führungskräften helfen, ihre Teams nicht nach Funktionen, sondern nach Rollen zu gestalten.

Ein häufiges Missverständnis besteht darin, das Belbin-Modell mit Persönlichkeitsmodellen zu verwechseln. Doch während Persönlichkeitsmodelle typischerweise stabile, zeitlich weitgehend konstante Merkmale beschreiben, geht es bei den Teamrollen um situatives Verhalten in Gruppen. Die Frage lautet also nicht: Wie bin ich? Sondern: Wie verhalte ich mich typischerweise in Teams? Was bringe ich in eine Gruppe ein? Worauf konzentriere ich mich? Was treibt mich an? Und welche Wirkungen hat mein Verhalten auf andere? Diese Unterscheidung ist entscheidend.

Denn sie ermöglicht es, Rollen nicht als festgelegte Identität zu betrachten, sondern als Ausdruck von erlerntem, geübtem, vielleicht auch gewohnheitsmäßigem Verhalten. Und Verhalten ist veränderbar, entwickelbar, gestaltbar. Das macht das Modell besonders dynamisch und anwendungsfreundlich.

In der praktischen Arbeit mit dem Modell ist es wichtig, nicht nur auf die einzelnen Rollen zu schauen, sondern auch auf das Zusammenspiel im Team. Welche Rollen sind gut vertreten? Welche fehlen? Welche Rollen treten in Konkurrenz zueinander? Welche Rollen werden nicht anerkannt? Wer nimmt welche Rolle freiwillig ein, wer aus Notwendigkeit? Wo entstehen Rollenkonflikte? Wo entstehen Leerräume? Und wie geht das Team mit dieser Rollenverteilung um? Diese Fragen führen schnell zu den zentralen Dynamiken jeder Gruppe. Denn Rollen sind nicht nur funktionale Zuschreibungen, sondern auch Ausdruck von Macht, Status, Zugehörigkeit und Beziehung. Sie spiegeln, wie eine Gruppe sich selbst organisiert, wie sie mit Vielfalt umgeht, wie sie Spannung hält und wie sie Leistung erzeugt.

Für die Leitung bedeutet der bewusste Umgang mit Teamrollen, eine beobachtende, reflektierende und gestaltende Haltung einzunehmen. Sie ist dafür verantwortlich, ein Klima zu schaffen, in dem unterschiedliche Rollen sichtbar werden dürfen, in dem Rollenflexibilität möglich ist und in dem Rollenkonflikte bearbeitet werden können. Sie muss nicht jede Rolle selbst übernehmen, aber sie sollte in der Lage sein, zu erkennen, welche Rollen fehlen, welche überbetont sind und wo es Möglichkeiten zur Ergänzung gibt. Dabei geht es nicht um das Idealteam im Sinne eines perfekten Puzzles, sondern um einen realistischen und dynamischen Umgang mit dem, was vorhanden ist. Teams sind nie vollständig. Aber sie können lernen, mit ihrer eigenen Unvollständigkeit kreativ umzugehen.

Belbins Teamrollen bieten einen praxisnahen, tiefgründigen und erprobten Zugang zum Verständnis von Gruppendynamik. Sie eröffnen neue Perspektiven auf Zusammenarbeit, zeigen Entwicklungsmöglichkeiten auf und fördern ein respektvolles, wertschätzendes Miteinander. Im nächsten Schritt schauen wir uns die einzelnen Rollen im Detail an. Jede dieser Rollen trägt auf ihre Weise zum Gelingen von Teamarbeit bei. Und jede dieser Rollen kann uns helfen, besser zu verstehen, wie Gruppen funktionieren – und wie sie sich weiterentwickeln können.

Rollen in Gruppen sind zentrale Strukturelemente sozialer Dynamik. Das Teamrollenmodell nach Meredith Belbin beschreibt neun typische Rollen, die Menschen in Gruppen übernehmen können. Diese Rollen sind keine festen Persönlichkeitsmerkmale, sondern beschreiben bevorzugte Verhaltensmuster in Teams. Das Modell hilft, das Zusammenspiel im Team bewusster zu gestalten, Unterschiede wertzuschätzen und Rollenkonflikte zu reflektieren. Es fördert ein differenziertes Verständnis von Gruppenprozessen und ist ein wertvolles Werkzeug für Teamentwicklung, Führung und Selbstreflexion.

Macher:in (Shaper)

In vielen Teams gibt es eine Person, die unermüdlich vorangeht, die Herausforderungen annimmt, Hindernisse nicht als Problem, sondern als Ansporn sieht, und die andere dazu bringt, sich zu bewegen. Diese Person wird nicht selten als unbequem wahrgenommen, manchmal als anstrengend, oft auch als energisch und bestimmend. Doch gleichzeitig ist sie es, die das Team aus der Komfortzone bringt, Entscheidungen einfordert und Dynamik erzeugt. Im Belbin-Modell wird diese Rolle als Macherin oder Macher bezeichnet. Der englische Begriff lautet Shaper. Diese Rolle ist zentral für die Handlungsfähigkeit eines Teams. Ohne sie droht das Team in endlosen Diskussionen, harmonischen Zuständen oder strategischer Unentschlossenheit zu verharren. Die Macherin oder der Macher bringt das Team ins Tun.

Diese Teamrolle ist geprägt von einem hohen Maß an Energie, Zielorientierung und dem Wunsch nach Wirksamkeit. Menschen in dieser Rolle lassen sich ungern von Problemen entmutigen, sondern suchen aktiv nach Lösungen. Sie scheuen nicht die Konfrontation, wenn sie davon überzeugt sind, dass etwas vorangehen muss. Ihr Denken ist klar, direkt und pragmatisch. Ihre Sprache oft fordernd, manchmal sogar provokant. Sie stellen bestehende Strukturen infrage, hinterfragen Selbstverständlichkeiten und lassen sich nicht mit halbgaren Antworten zufriedenstellen. Sie wollen Resultate. Und sie wollen diese nicht irgendwann, sondern jetzt. In Gruppenprozessen sind sie häufig diejenigen, die nach dem Punkt in der Tagesordnung fragen, die auf Zeitmanagement achten, die Ziele konkretisieren und Umsetzung einfordern.

Die Stärke dieser Rolle liegt in ihrer Fähigkeit, Teams aus der Lethargie zu holen. In Momenten, in denen andere zaudern, die Stimmung gesunken ist oder der Fokus verloren geht, kann die Macherin oder der Macher neue Energie freisetzen. Sie übernehmen Verantwortung, treiben Prozesse an, formulieren klare Erwartungen und sind bereit, Entscheidungen zu treffen, auch wenn diese unpopulär sind. Ihre Präsenz ist oft nicht zu übersehen. Sie sind laut, direkt, präsent. Und sie machen sich dadurch nicht immer beliebt. Doch sie schaffen Fortschritt. Ihre innere Haltung ist von dem Glauben geprägt, dass Veränderung möglich ist, wenn man sich nur genug anstrengt.

Die Schattenseite dieser Rolle liegt genau in dieser Zielorientierung. Wer sich ausschließlich auf Ergebnisse konzentriert, läuft Gefahr, soziale Prozesse zu übergehen. Macher:innen sind oft ungeduldig mit Menschen, die langsamer denken, mehr Zeit brauchen oder emotionale Themen einbringen. Sie neigen dazu, Gefühle als hinderlich, Diskussionen als zeitraubend und Rücksichtnahme als Schwäche zu sehen. Ihre Konfrontationsbereitschaft kann verletzend wirken, ihre Direktheit überfordernd. Sie provozieren Widerstand, nicht selten in Teams, die sich auf ein harmonisches Miteinander verlassen. In einem übersteigerten Ausmaß kann diese Rolle destruktiv werden, wenn sie Dominanz ausübt, andere überrollt oder Teamprozesse mit zu viel Druck destabilisiert.

In funktionierenden Teams braucht es die Macherrolle, aber nicht als alleinige Kraft. Sie muss eingebettet sein in ein Netzwerk aus unterschiedlichen Rollen, die ihre Stärken ergänzen und ihre Schatten ausgleichen. Ein Team, das nur aus Macher:innen besteht, wird schnell unruhig, konfliktgeladen oder überfordert. Es braucht auch Menschen, die verbinden, reflektieren, organisieren und stabilisieren. Die Herausforderung für Macher:innen besteht darin, ihre Energie gezielt einzusetzen, sich selbst zu reflektieren und das richtige Maß zu finden zwischen Druck und Geduld. Ihre größte Entwicklungsmöglichkeit liegt in der Fähigkeit, sich selbst zurückzunehmen, wenn es der Prozess verlangt, und gleichzeitig präsent zu bleiben.

Für die Leitung eines Teams bedeutet die Anwesenheit einer Macherin oder eines Machers eine Chance und eine Herausforderung zugleich. Ihre Energie kann genutzt werden, um Projekte zu beschleunigen, Entscheidungen herbeizuführen und Verantwortung zu verteilen. Doch die Leitung muss auch sensibel sein für die sozialen Spannungen, die diese Rolle erzeugen kann. Sie braucht das Gespür dafür, wann Macher:innen andere übergehen, wann sie selbst unter Druck geraten oder wann sie Unterstützung benötigen, um ihre Wirkung ins Team zu integrieren. Es ist hilfreich, der Macherrolle Wertschätzung zu zeigen, ihre Funktion offen zu benennen und sie in ihrer Stärke zu bestätigen. Gleichzeitig muss sie lernen, dass nicht jede Bewegung sofort zur Lösung führt und dass manches auch über Beziehung und nicht über Beschleunigung gelingt.

In Teamentwicklungsprozessen kann es sehr produktiv sein, die Macherrolle sichtbar zu machen. Wer übernimmt in kritischen Situationen die Führung? Wer fordert Entscheidungen ein? Wer formuliert Ziele klar und setzt sich für die Umsetzung ein? Diese Beobachtungen helfen, Rollenmuster zu erkennen und gezielt zu reflektieren. Dabei sollte die Macherrolle nicht nur über ihre Wirksamkeit definiert werden, sondern auch über ihre Grenzen. Was geschieht, wenn die Gruppe sich gegen den Einfluss der Macherin oder des Machers stellt? Wie reagieren sie auf Ablehnung, auf Verlangsamung oder auf emotionale Rückmeldungen? Wie gehen sie mit eigenen Fehlern um? Und was brauchen sie, um sich in einer Gruppe nicht nur als Antreiber:in, sondern auch als Teil eines Teams zu erleben?

In der Selbstreflexion zeigt sich, dass Macher:innen oft mit hohen eigenen Ansprüchen unterwegs sind. Sie fordern nicht nur von anderen Leistung, sondern auch von sich selbst. Viele von ihnen haben gelernt, dass man sich Anerkennung durch Ergebnisse verdienen muss. Sie definieren sich stark über ihre Wirksamkeit und erleben Rückschläge als persönliche Niederlage. Diese innere Antreiberdynamik kann hilfreich sein, aber auch erschöpfend. Deshalb ist es wichtig, dass Macher:innen auch den Umgang mit sich selbst reflektieren. Woher kommt mein Drang, Dinge zu bewegen? Wann ist mein Einsatz hilfreich? Wann übergriffig? Und wie kann ich lernen, Einfluss zu nehmen, ohne andere unter Druck zu setzen?

Die Macherrolle ist eine tragende Säule funktionierender Teams. Ohne sie entsteht selten Bewegung. Sie sorgt für Tempo, für Richtung und für Entschlossenheit. Sie bricht durch Lähmung, formuliert Forderungen und bringt Dinge ins Rollen. Doch sie braucht Einbettung, Rückhalt und manchmal auch Begrenzung. Ihre größte Stärke liegt in ihrer Entschlossenheit. Ihre größte Herausforderung in der Entwicklung von Geduld, Empathie und der Fähigkeit, nicht nur Ziele, sondern auch Menschen zu sehen. Teams profitieren dann besonders, wenn die Macherin oder der

Macher als Teil des Ganzen agiert: kraftvoll, klar und zugleich verbunden mit den anderen.

Reflexionsfragen:

- Wann übernehme ich in Gruppen die Macherrolle und in welchen Situationen halte ich mich zurück?
- Welche Reaktionen löse ich aus, wenn ich fordernd, direkt oder konfrontativ auftrete?
- Wie gehe ich mit Menschen um, die weniger zielorientiert sind als ich?
- Was motiviert mich, voranzugehen, Verantwortung zu übernehmen und Entscheidungen zu fordern?
- Welche Wirkung hat mein Verhalten auf das Klima im Team?
- Wie kann ich lernen, meine Energie gezielter einzusetzen und dabei auch Rücksicht zu nehmen?
- Was passiert mit mir, wenn mein Einfluss nicht angenommen wird oder ich auf Widerstand stoße?
- Welche Ressourcen brauche ich, um meine Rolle im Team wirksam und zugleich empathisch zu gestalten?

Die Macherin oder der Macher ist die handlungsorientierte Kraft im Team. Diese Rolle bringt Dynamik, formuliert Ziele, fordert Entscheidungen und sorgt für Bewegung. Ihre Stärke liegt in der Zielorientierung, der Klarheit und der Bereitschaft, Verantwortung zu übernehmen. Ihre Herausforderung liegt im Umgang mit anderen Rollen, in der Entwicklung von Geduld und im achtsamen Umgang mit sozialen Spannungen. In funktionierenden Teams ist die Macherrolle unverzichtbar, solange sie eingebettet ist in eine reflektierte, wertschätzende und teamorientierte Kultur.

Umsetzer:in (Implementer)

In vielen Teams gibt es Personen, auf die man sich verlassen kann. Sie erscheinen pünktlich, machen, was sie ankündigen, behalten den Überblick und sorgen dafür, dass aus Ideen Realität wird. Sie wirken auf den ersten Blick vielleicht nicht spektakulär, nicht laut oder visionär, aber sie sind für das Funktionieren des Teams unverzichtbar. Ihre Stärke liegt in der Verlässlichkeit, in der strukturierten Herangehensweise, in der Ausdauer und in der Fähigkeit, auch bei Routineaufgaben die Motivation aufrechtzuerhalten. Im Belbin-Modell wird diese Rolle als Umsetzerin oder Umsetzer bezeichnet. Der englische Begriff lautet Implementer. Diese Rolle steht für Organisation, für Verlässlichkeit, für das Ordnen von Chaos und das systematische Herunterbrechen von Aufgaben in bearbeitbare Schritte. Sie verkörpert die Brücke zwischen Absicht und Wirklichkeit.

Menschen, die in dieser Rolle wirken, bringen Ordnung ins Team. Sie denken in Prozessen, in Abläufen, in To-do-Listen. Sie erfassen schnell, was getan werden muss, wie Aufgaben sinnvoll aufgeteilt werden können und welche Reihenfolge effizient ist. Sie sind nicht primär an theoretischen Konzepten interessiert, sondern an deren Umsetzbarkeit. Wenn eine neue Idee aufkommt, stellen sie als Erste die Frage, wie das konkret funktionieren soll. Sie schaffen Strukturen, prüfen Ressourcen, erstellen Pläne und sorgen dafür, dass das Rad sich weiterdreht. Sie übernehmen Verantwortung nicht aus dem Wunsch nach Einfluss, sondern aus dem Bedürfnis nach Verlässlichkeit. Sie wollen, dass Dinge funktionieren. Und sie wollen ihren Beitrag dazu leisten.

Die Umsetzerin oder der Umsetzer ist das organisatorische Rückgrat eines Teams. In der täglichen Arbeit übernehmen sie häufig koordinierende Aufgaben, führen Protokolle, überwachen Termine oder verwalten Informationen. Sie halten Prozesse am Laufen, auch wenn andere abgelenkt oder erschöpft sind. Sie behalten die Übersicht, wenn Projekte komplex werden, und sind in der Lage, auch unter Druck ruhig und sachlich zu bleiben. Ihre Loyalität gegenüber dem Team und den gemeinsamen Zielen ist hoch. Sie identifizieren sich mit der Aufgabe, manchmal sogar mehr als mit der Gruppe selbst. Ihre Motivation speist sich aus der

Erfahrung, dass sie gebraucht werden und dass ihre Arbeit konkrete Ergebnisse erzeugt.

Diese Stärke bringt jedoch auch Herausforderungen mit sich. Die Umsetzerrolle neigt dazu, an Bekanntem festzuhalten. Veränderungen werden nicht automatisch begrüßt, sondern erst einmal kritisch geprüft. Menschen in dieser Rolle mögen es, wenn Dinge funktionieren. Sie haben oft über Jahre hinweg Routinen entwickelt, die sich bewährt haben. Wenn neue Ideen oder Veränderungen diese Routinen infrage stellen, reagieren sie häufig mit Skepsis. Nicht aus Sturheit, sondern aus dem Bedürfnis nach Stabilität. Sie fürchten, dass Unklarheit zu Ineffizienz führt, dass Ungeklärtes den Fortschritt behindert. Diese Haltung kann im Team als Bremswirkung empfunden werden, insbesondere von kreativen oder impulsiven Persönlichkeiten. Die Umsetzerin oder der Umsetzer stellt sich in solchen Fällen nicht gegen Neues, aber sie will wissen, wie es geht, wie es sich in den Alltag integrieren lässt und was es für die bestehenden Abläufe bedeutet.

Eine weitere Herausforderung liegt in der Neigung zur Systemfixierung. Die Umsetzerrolle kann dazu führen, dass das System wichtiger wird als die Menschen darin. Wer sehr strukturiert denkt, kann sich schwer tun mit emotionalen, chaotischen oder unklaren Situationen. Spontaneität, kreative Umwege oder individuelle Bedürfnisse werden dann eher als Störung denn als Ressource erlebt. Das führt manchmal zu Spannungen mit anderen Teamrollen, insbesondere mit Visionär:innen oder Impulsgeber:innen. Die Stärke der Umsetzerin oder des Umsetzers liegt in der Realisierung. Doch dafür braucht es die Fähigkeit, mit Vielfalt umzugehen, ohne dabei die Ordnung zu verlieren. Es geht darum, Struktur nicht als Dogma, sondern als Dienst am Prozess zu verstehen.

In einem gut funktionierenden Team sind Umsetzer:innen Gold wert. Sie übernehmen nicht nur Aufgaben, sondern geben durch ihre Haltung auch ein Gefühl von Stabilität. Ihre Verlässlichkeit wirkt beruhigend, ihre Zielorientierung motivierend. Sie stehen dafür, dass Ideen nicht in der Luft hängenbleiben, sondern in konkretes Handeln übersetzt werden. Sie bringen die Dinge auf den Boden. Gerade in komplexen oder langwierigen Projekten sind sie es, die durchhalten, die für Kontinuität sorgen und dafür, dass das Team nicht aus der Spur gerät. Ihre ruhige Präsenz, ihre Klarheit und ihre strukturelle Stärke schaffen Vertrauen.

Für die Leitung bedeutet die Zusammenarbeit mit einer Umsetzerin oder einem Umsetzer eine große Entlastung, aber auch eine gewisse Herausforderung. Denn diese Rolle bringt oft einen hohen Anspruch an Ordnung und Struktur mit. Wenn der Gruppenprozess nicht klar erscheint, wenn Ziele schwammig bleiben oder Verantwortlichkeiten diffus sind, kann dies bei Umsetzer:innen Unruhe oder Unmut erzeugen. Sie brauchen klare Rahmenbedingungen, eine nachvollziehbare Struktur und einen realistischen Zeitplan. Leitung tut gut daran, diese Bedürfnisse ernst zu nehmen, ohne sich ihnen vollständig zu unterwerfen. Denn auch Umsetzer:innen profitieren davon, wenn sie lernen, mit Unsicherheit umzugehen, Flexibilität zu entwickeln und den Raum für Kreativität zuzulassen. Sie brauchen Ermutigung, nicht nur das Bekannte zu verwalten, sondern auch das Neue zu ermöglichen.

In der Selbstreflexion erleben sich viele Menschen mit dieser Rollenpräferenz als verlässlich, bodenständig und praktisch veranlagt. Sie definieren sich über ihr Tun, nicht über große Worte oder ideelle Ziele. Sie wollen Ergebnisse, keine endlosen Debatten. Ihre größte Entwicklungschance liegt darin, die eigene Struktur nicht als Abgrenzung, sondern als Angebot zu verstehen. Sie können lernen, dass Struktur auch ein Raum sein kann, in dem Vielfalt entsteht. Dass Ordnung nicht Kontrolle bedeutet, sondern Sicherheit. Und dass Umsetzer:innen nicht nur dafür sorgen, dass etwas funktioniert, sondern dass andere ihre Ideen verwirklichen können. Ihre Rolle ist dienend, aber nicht untergeordnet. Sie ist stabilisierend, aber nicht statisch.

In der Teamentwicklung kann es sehr hilfreich sein, die Umsetzerrolle sichtbar zu machen. Wo werden Strukturen gehalten? Wer sorgt dafür, dass Aufgaben erledigt werden? Wer denkt in Abläufen, wer dokumentiert, wer erinnert an Vereinbarungen? Diese Beobachtungen zeigen, wie wichtig diese Rolle ist. Gleichzeitig kann auch sichtbar werden, wo diese Rolle fehlt. Teams ohne Umsetzer:innen verlieren sich oft in Ideen, in

Diskussionen oder in spontanen Einfällen. Sie starten Projekte mit Begeisterung, scheitern aber an der Umsetzung. Der Mangel an Struktur führt zu Frust, zu Schuldzuweisungen oder zum Abbruch. Die Umsetzerrolle ist deshalb nicht optional, sondern essenziell. Sie ist das Fundament, auf dem alles andere aufbauen kann.

Teams profitieren besonders dann von der Umsetzerrolle, wenn sie diese nicht als selbstverständlich betrachten. Zu oft werden Menschen in dieser Rolle übersehen, weil ihre Arbeit im Hintergrund geschieht. Sie machen, was gemacht werden muss, ohne großes Aufsehen. Sie halten den Laden am Laufen. Doch gerade deshalb verdienen sie Anerkennung. Ihre Arbeit ist leise, aber tragend. Ihre Beiträge sind nicht laut, aber unverzichtbar. Wer in der Lage ist, diese Rolle zu würdigen, stärkt nicht nur einzelne Personen, sondern das gesamte Team.

Reflexionsfragen:

- In welchen Situationen übernehme ich selbst die Rolle der Umsetzerin oder des Umsetzers?
- Wie gehe ich mit Veränderungen um, die bestehende Strukturen infrage stellen?
- Welche Reaktionen zeigen sich bei mir, wenn Prozesse unklar oder chaotisch verlaufen?
- Wie gelingt es mir, zwischen Ordnung und Offenheit zu balancieren?
- Welche Beiträge bringe ich im Team ein, die vielleicht zu wenig gesehen oder anerkannt werden?
- Wie kann ich meine strukturelle Stärke nutzen, ohne andere zu dominieren?
- Welche Unterstützung brauche ich, um auch in bewegten Prozessen handlungsfähig zu bleiben?
- Was hilft mir, mit Menschen zusammenzuarbeiten, die ganz anders ticken als ich?

Die Umsetzerin oder der Umsetzer bringt Struktur, Verlässlichkeit und Ordnung in das Team. Ihre Stärke liegt in der Organisation, in der konsequenten Umsetzung von Aufgaben und in der Fähigkeit, Projekte durch klare Prozesse zum Ziel zu führen. Ihre Herausforderung besteht darin, offen für Neues zu bleiben, mit Unklarheit umzugehen und nicht in starren Routinen zu verharren. Teams profitieren von ihrer Präsenz, weil sie Stabilität und Orientierung schaffen. In der richtigen Balance mit anderen Rollen ermöglicht die Umsetzerrolle nachhaltige, realistische und verlässliche Zusammenarbeit.

Perfektionist (Completer Finisher)

In vielen Teams gibt es Menschen, die erst dann zufrieden sind, wenn wirklich alles stimmt. Sie haben einen untrüglichen Blick für Details, für Unstimmigkeiten, für das, was noch nicht ganz rund ist. Sie prüfen, verbessern, optimieren. Was andere als fertig betrachten, sehen sie oft als vorläufig. Wo andere längst zum nächsten Thema übergehen, bleiben sie noch einmal stehen, lesen ein Dokument ein drittes Mal, überarbeiten Formulierungen, überprüfen die Zahlen. Diese Menschen übernehmen im Belbin-Modell die Rolle der Perfektionistin oder des Perfektionisten. Im englischen Original heißt diese Rolle Completer Finisher, was wörtlich übersetzt so viel bedeutet wie jemand, der Dinge vollständig und fehlerfrei zu Ende bringt. Ihre Aufgabe im Team ist es, die Qualität zu sichern, die Standards hochzuhalten und dafür zu sorgen, dass nichts übersehen wird.

Die Perfektionistin oder der Perfektionist denkt in Vollendung. Sie empfinden eine tiefe Befriedigung, wenn etwas präzise, stimmig und vollständig abgeschlossen ist. Ihre Motivation entspringt nicht einem äußeren Druck, sondern einem inneren Anspruch. Sie wollen es richtig machen. Ihr Blick für Details ist dabei nicht oberflächlich oder pedantisch, sondern Ausdruck eines tiefen Bedürfnisses nach Sorgfalt, Genauigkeit und Verlässlichkeit. Sie prüfen nicht, weil sie anderen misstrauen, sondern weil sie sich selbst nur dann wohlfühlen, wenn sie sicher sein können, dass alles so ist, wie es sein soll. Fehler belasten sie, auch wenn sie nicht selbst dafür verantwortlich sind. Ungenauigkeit wirkt auf sie wie ein Störfaktor. Sie sind unermüdlich im Streben nach Optimierung und wollen nicht nur abliefern, sondern Qualität garantieren.

In der Zusammenarbeit sind sie deshalb oft diejenigen, die sich in der Endphase eines Projekts besonders engagieren. Während andere sich bereits entspannen oder innerlich abschließen, geben sie noch einmal alles. Sie kontrollieren das Layout, korrigieren Schreibfehler, prüfen die Zahlen, verfeinern die Präsentation, stimmen Formulierungen ab. Sie denken an all die Kleinigkeiten, die am Ende über Erfolg oder Misserfolg entscheiden können. Sie achten auf Formalitäten, auf Form und Inhalt gleichermaßen.

Ihre Sorgfalt bringt dem Team eine besondere Form der Sicherheit. Sie garantieren, dass das Ergebnis nicht nur inhaltlich stimmig, sondern auch sauber ausgeführt ist. Sie stehen dafür, dass das, was nach außen geht, den höchsten Standards entspricht.

Diese besondere Form der Akribie bringt dem Team große Vorteile. Gerade in der Endphase eines Projekts, wenn die Energie sinkt, die Zeit knapp wird oder die Konzentration nachlässt, sind es oft die Perfektionist:innen, die durchhalten, die noch einmal konzentriert arbeiten und den Blick auf das Wesentliche nicht verlieren. Sie bewahren das Team davor, sich mit Mittelmaß zufrieden zu geben. Sie erinnern daran, dass Details wichtig sind, dass Nachlässigkeit langfristig schadet und dass Qualität kein Zufall ist. Sie schützen das Team vor Fehlern, peinlichen Pannen oder unüberlegten Schnellschüssen. In Bereichen wie Qualitätsmanagement, Abschlussarbeiten, Abschlusspräsentationen oder Öffentlichkeitsarbeit ist ihre Rolle besonders bedeutsam.

Gleichzeitig ist diese Rolle mit bestimmten Herausforderungen verbunden. Perfektionist:innen neigen dazu, sich selbst unter großen Druck zu setzen. Sie haben hohe Ansprüche, die sich oft nicht nur auf ihre Arbeit, sondern auch auf ihre eigene Person beziehen. Viele von ihnen erleben innere Unruhe, wenn sie wissen, dass etwas noch nicht ganz fertig ist. Es fällt ihnen schwer, Aufgaben loszulassen oder zu delegieren. Sie überprüfen lieber selbst, ob alles passt. Das führt mitunter dazu, dass sie überarbeitet sind, sich überfordert fühlen oder mit anderen in Konflikt geraten, die ihre Sorgfalt als übertrieben empfinden. Die Grenze zwischen gesundem Qualitätsbewusstsein und übersteigertem Kontrollbedürfnis ist fließend. Wenn Perfektionist:innen den Anspruch entwickeln, dass nur sie Fehler erkennen oder vermeiden können, entsteht Spannung. Sie laufen Gefahr, ihre Kolleg:innen durch übertriebene Korrekturen oder ständige Nachfragen zu verunsichern.

Ein weiteres Spannungsfeld ergibt sich aus der zeitlichen Dimension. Wer auf Perfektion achtet, braucht Zeit. Doch Teams stehen häufig unter Zeitdruck. Termine rücken näher, Entscheidungen müssen gefällt, Projekte abgeschlossen werden. In solchen Situationen geraten

Perfektionist:innen leicht in innere Konflikte. Sie wissen, dass etwas abgeschlossen werden muss, erleben aber gleichzeitig, dass noch Details offen sind. Diese Spannung führt zu Stress, zu innerer Unzufriedenheit und manchmal auch zu Unverständnis im Team. Die Herausforderung besteht darin, gute Kompromisse zu finden. Es muss nicht alles perfekt sein, aber vieles sollte sorgfältig durchdacht und geprüft werden. Die Kunst besteht darin, zu unterscheiden, was wesentlich ist und was überarbeitet werden kann, wenn es die Zeit erlaubt.

Auch im Umgang mit anderen zeigt sich eine Herausforderung. Perfektionist:innen reagieren empfindlich auf Fehler, auch wenn sie nicht gravierend sind. Sie neigen dazu, Kritik zu äußern, auch wenn der Kontext nicht immer passt. Ihre Beobachtungen sind oft korrekt, aber ihre Art, sie zu äußern, wirkt auf andere manchmal besserwisserisch oder kleinlich. Umgekehrt sind sie selbst oft sehr empfindlich gegenüber Kritik. Sie erleben Rückmeldungen schnell als Angriff, da sie selbst hohe Ansprüche an sich stellen und Kritik als Infragestellung ihrer Sorgfalt erleben. Für die Teamleitung besteht die Aufgabe darin, dieses Spannungsfeld bewusst zu begleiten. Perfektionist:innen brauchen Rückmeldung, aber in einer Form, die sie nicht verletzt. Sie brauchen Anerkennung, aber auch Grenzen. Sie brauchen klare Absprachen, damit ihre Rolle nicht zu einer Belastung für sie selbst oder das Team wird.

In der Selbstreflexion erleben sich viele Perfektionist:innen ambivalent. Auf der einen Seite sind sie stolz auf ihre Genauigkeit, ihre Zuverlässigkeit und ihre Fähigkeit, Dinge zu Ende zu bringen. Auf der anderen Seite spüren sie, dass sie sich manchmal selbst im Weg stehen, dass sie sich zu wenig entspannen können oder dass sie selten wirklich zufrieden sind. Die Arbeit ist nie ganz fertig, immer bleibt etwas zu verbessern. Diese innere Haltung kann auf Dauer zermürbend sein. Deshalb ist es hilfreich, auch die eigenen Motive zu hinterfragen. Woher kommt mein hoher Anspruch? Was bedeutet es für mich, etwas nicht perfekt zu machen? Wovor schützt mich mein Drang zur Kontrolle? Und wie kann ich lernen, mit dem Gedanken zu leben, dass manches gut genug ist?

Teams profitieren besonders von der Perfektionist:innenrolle, wenn sie als ergänzende Ressource und nicht als alleiniges Qualitätsmaß verstanden wird. Sie sorgt für Stabilität, für Endkontrolle und für hohe Standards, darf aber nicht zum Maßstab für alle anderen werden. Die Verantwortung für Qualität liegt nicht bei einer Person, sondern beim ganzen Team. Wenn Perfektionist:innen in einem Klima arbeiten, das sie unterstützt, ihnen Vertrauen schenkt und ihnen Rückmeldung auf Augenhöhe gibt, können sie ihre Stärke voll entfalten. Sie bringen den letzten Schliff, die Präzision, das Feintuning – all das, was am Ende den Unterschied machen kann.

Reflexionsfragen:

- In welchen Situationen übernehme ich die Rolle der Perfektionistin oder des Perfektionisten?
- Wie gehe ich mit Fehlern um – bei mir selbst und bei anderen?
- Welche Auswirkungen hat mein Qualitätsanspruch auf meine Zusammenarbeit im Team?
- Wo gelingt es mir, mit einem „gut genug" zufrieden zu sein – und wo nicht?
- Welche Rückmeldungen bekomme ich auf mein Verhalten in der Endphase von Projekten?
- Wie kann ich meine Sorgfalt nutzen, ohne mich selbst unter Druck zu setzen?
- Was bedeutet es für mich, Verantwortung für Qualität zu tragen?
- Wie gehe ich mit Zeitdruck und knappen Ressourcen um, wenn meine Standards hoch sind?

Die Perfektionistin oder der Perfektionist sorgt für Qualität, Sorgfalt und präzise Umsetzung. Ihre Stärke liegt in der Endkontrolle, im Blick für Details und in der Fähigkeit, Aufgaben zuverlässig und fehlerfrei abzuschließen. Ihre Herausforderung liegt in der Balance zwischen Anspruch und Realität, in der Bereitschaft, loszulassen, und in der Zusammenarbeit mit anderen Rollen. In einem unterstützenden Teamumfeld wird diese Rolle zu einem wichtigen Faktor für nachhaltigen Erfolg und professionelles Auftreten nach außen.

Koordinator:in (Coordinator)

Manche Menschen in Teams wirken auf den ersten Blick unspektakulär, aber auf den zweiten Blick unverzichtbar. Sie drängen sich nicht in den Vordergrund, präsentieren sich nicht als glänzende Ideengeber:innen oder besonders durchsetzungsstarke Persönlichkeiten. Stattdessen gelingt es ihnen, mit ruhiger Präsenz, klarer Haltung und hoher sozialer Sensibilität das Miteinander im Team zu gestalten. Sie sind da, wenn Orientierung fehlt, fassen zusammen, wenn Diskussionen sich verlieren, und fragen nach, wenn wichtige Stimmen überhört werden. Es sind genau diese Menschen, die im Belbin-Modell als Koordinatorin oder Koordinator bezeichnet werden. Ihre Rolle ist geprägt von einer besonderen Fähigkeit, ein Team als Ganzes zu denken und zu begleiten. Sie übernehmen nicht die Führung im klassischen Sinn, sondern verstehen sich als Prozessverantwortliche, als Fördernde der gemeinsamen Zusammenarbeit.

Die besondere Qualität dieser Rolle zeigt sich in der Art und Weise, wie Koordinator:innen Einfluss nehmen. Sie lenken nicht, indem sie steuern, sondern indem sie strukturieren. Sie entscheiden nicht für andere, sondern helfen der Gruppe, tragfähige Entscheidungen selbst zu treffen. Ihre Stärke liegt im Bündeln von Vielfalt, im Fördern von Kooperation und in der Fähigkeit, Klarheit in komplexe Situationen zu bringen. Koordinator:innen sehen nicht nur die Einzelpersonen im Team, sondern auch die Beziehungen zwischen ihnen, die impliziten Regeln, die unausgesprochenen Erwartungen, die Muster, die sich wiederholen. Sie wirken wie ein inneres Rückgrat der Gruppe, das nicht durch Dominanz, sondern durch Vertrauen und Übersicht Stabilität erzeugt.

Menschen, die diese Rolle bevorzugen, verfügen meist über ein hohes Maß an sozialer Reife. Sie erleben ihre eigene Position nicht als Ausgangspunkt für Macht, sondern als Verantwortung gegenüber dem Teamprozess. Sie sehen sich nicht als alleinige Entscheidungsträger:innen, sondern als Ermöglicher:innen kollektiver Intelligenz. Dabei bringen sie durchaus eine eigene Haltung ein, doch sie achten darauf, dass auch andere gehört werden. Sie wissen, dass gute Entscheidungen dann entstehen, wenn unterschiedliche Perspektiven berücksichtigt werden und wenn die Gruppe sich in einem Klima der Offenheit und Wertschätzung bewegt. Deshalb achten sie nicht nur auf Ergebnisse, sondern auch auf den Weg dorthin.

Ein zentrales Merkmal der Koordinatorrolle ist die Fähigkeit zur Reflexion. Koordinator:innen sind in der Lage, sich selbst in Beziehung zur Gruppe wahrzunehmen. Sie beobachten nicht nur, was im Team geschieht, sondern auch, welche Rolle sie selbst darin spielen. Diese Selbstbeobachtung ermöglicht es ihnen, mit Spannungen umzugehen, ohne sich persönlich angegriffen zu fühlen, und gleichzeitig handlungsfähig zu bleiben. Sie erkennen, wann sie eingreifen müssen und wann es klüger ist, sich zurückzunehmen. Ihre Präsenz ist nicht aufdringlich, aber spürbar. Sie vermitteln Sicherheit, ohne Kontrolle auszuüben, und geben Orientierung, ohne den Prozess zu dominieren.

Im Alltag eines Teams übernehmen Koordinator:innen häufig die Moderation von Besprechungen, die Klärung von Zuständigkeiten, die Koordination von Schnittstellen oder die Begleitung von Entscheidungsprozessen. Sie halten die Kommunikation am Laufen, sorgen für Transparenz und achten darauf, dass niemand übersehen wird. Gerade in Gruppen mit starken Individualist:innen oder hoher Heterogenität ist ihre Rolle von zentraler Bedeutung. Sie verhindern, dass das Team in Einzelinteressen zerfällt oder sich in Konflikten aufreibt. Stattdessen bauen sie Brücken, fördern Verbindlichkeit und stärken den gemeinsamen Fokus.

Ihre Leistung ist dabei oft weniger sichtbar als die anderer Rollen. Sie glänzen nicht durch spektakuläre Ideen oder durch schnelles Handeln, sondern durch ihre Fähigkeit, Prozesse tragfähig zu gestalten. Ihre Wirkung entfaltet sich nicht punktuell, sondern kontinuierlich. Sie bauen Vertrauen auf, stabilisieren Beziehungen und fördern eine Arbeitsweise, die von gegenseitiger Anerkennung geprägt ist. In einer Zeit, in der Teams immer häufiger aus Fachleuten mit unterschiedlichen Hintergründen bestehen, ist diese Rolle besonders gefragt. Sie hilft, komplexe Strukturen zu navigieren, Schnittstellen zu verbinden und kollektive Lernprozesse zu ermöglichen.

Gleichzeitig bringt die Koordinatorrolle auch spezifische Risiken mit sich. Wer zu stark auf Konsens bedacht ist, läuft Gefahr, Entscheidungen zu verzögern oder Konflikte zu vermeiden. Die Fähigkeit zur Moderation kann in bestimmten Situationen auch zur Falle werden, wenn sie dazu führt, dass Unklarheiten nicht angesprochen oder Machtfragen nicht benannt werden. Koordinator:innen müssen lernen, nicht nur auszugleichen, sondern auch zuzuspitzen. Sie müssen erkennen, wann der Wunsch nach Harmonie zu Lasten der Klarheit geht, und wann es notwendig ist, sich klar zu positionieren. Ihre Stärke liegt in der Balance zwischen Dialog und Entscheidung, zwischen Offenheit und Struktur.

Ein weiteres Spannungsfeld ergibt sich aus der hohen Verantwortung, die diese Rolle mit sich bringt. Wer für das Miteinander sorgt, wer moderiert, koordiniert und den Überblick hält, gerät leicht in eine Überfunktion. Viele Koordinator:innen neigen dazu, Verantwortung zu übernehmen, die eigentlich im Team verteilt werden sollte. Sie springen ein, wenn andere sich entziehen, gleichen aus, wenn Spannungen entstehen, halten zusammen, wenn alles auseinanderzufallen droht. Diese Bereitschaft ist wertvoll, aber sie kann auch zur Belastung werden. Deshalb ist es wichtig, dass Koordinator:innen ihre eigenen Grenzen kennen und darauf achten, nicht selbst zur unsichtbaren Projektleitung zu werden.

Die Zusammenarbeit mit anderen Rollen gestaltet sich dann besonders fruchtbar, wenn die Koordinatorin oder der Koordinator nicht als Kontrolleinheit, sondern als unterstützende Struktur erlebt wird. Macher:innen profitieren von der Ausgleichsfunktion, kreative Köpfe von der Orientierung, Umsetzer:innen von der Klarheit der Prozesse. Die Kunst besteht darin, unterschiedliche Rollen zu würdigen, ohne sie gegeneinander auszuspielen. Koordinator:innen können Brücken bauen, wo andere Mauern errichten würden. Sie schaffen Räume, in denen Unterschiedlichkeit nicht nur erlaubt, sondern produktiv wird.

In der Leitungspraxis ist diese Rolle ein Modell für ein dialogisches Führungsverständnis. Sie zeigt, dass Leitung nicht auf Anweisung und Kontrolle basieren muss, sondern auf Präsenz, Klarheit und Beziehung. Koordinator:innen führen, ohne zu dominieren. Sie steuern, indem sie

Strukturen schaffen. Sie sichern Qualität, indem sie Prozesse transparent machen. Und sie fördern Entwicklung, indem sie Vielfalt nicht nur zulassen, sondern aktiv integrieren.

Reflexionsfragen:

- In welchen Teams habe ich erlebt, dass eine Koordinatorrolle besonders wirksam war?
- Wie gelingt es mir, die Balance zwischen Moderation und Klarheit zu halten?
- Welche Situationen bringen mich als Koordinatorin oder Koordinator an meine Grenzen?
- Wo übernehme ich zu viel Verantwortung für den Prozess – und warum?
- Wie gehe ich mit Spannungen um, die sich nicht durch Ausgleich lösen lassen?
- Wie erkenne ich, dass ich meine eigenen Bedürfnisse in meiner Rolle vernachlässige?
- Welche Ressourcen helfen mir, meine Rolle langfristig gesund und wirkungsvoll auszufüllen?
- Was kann ich tun, um meine Fähigkeit zur Koordination im Team bewusst zu stärken?

Die Koordinatorin oder der Koordinator verbindet, bündelt und strukturiert. Diese Rolle schafft Verbindung zwischen Menschen, fördert Kooperation, sorgt für Transparenz und hält den Gruppenprozess in einer produktiven Balance. Ihre Stärke liegt in der Fähigkeit, das Ganze zu sehen, ohne sich selbst in den Mittelpunkt zu stellen. Ihre Herausforderung liegt im Umgang mit Spannungen, in der Gefahr der Selbstüberforderung und im Mut, auch unbequeme Entscheidungen zu treffen. Koordinator:innen gestalten Räume, in denen Zusammenarbeit gelingt – ruhig, wirksam und verlässlich.

Teamarbeiter:in (Teamworker)

In der Vielfalt menschlicher Teamarbeit braucht es nicht nur Menschen, die führen, koordinieren, entscheiden oder umsetzen, sondern auch jene, die dafür sorgen, dass sich alle wohlfühlen, dass Spannungen sich nicht verhärten, dass Beziehungen stabil bleiben und dass aus Einzelnen ein echtes Wir-Gefühl entsteht. Diese Menschen bringen soziale Intelligenz, Empathie, Einfühlungsvermögen und eine hohe Bereitschaft zur Zusammenarbeit mit. Im Belbin-Modell wird diese Rolle als Teamarbeiterin oder Teamarbeiter bezeichnet. Im englischen Original lautet die Bezeichnung Teamworker. Diese Rolle ist für das soziale Gefüge eines Teams von zentraler Bedeutung. Sie wirkt im Zwischenmenschlichen, sie stabilisiert die Gruppe emotional, sie vermittelt zwischen Positionen und unterstützt stille Stimmen. Sie ist das emotionale Netz, das ein Team zusammenhält, wenn es anstrengend wird, wenn Konflikte entstehen oder wenn Rücksicht gefragt ist.

Die Teamarbeiterrolle ist geprägt von einer tiefen Orientierung an Beziehungen. Menschen, die diese Rolle einnehmen, sind oft besonders aufmerksam gegenüber der Stimmung in der Gruppe. Sie spüren früh, wenn Spannungen entstehen, auch wenn sie noch nicht offen ausgesprochen werden. Sie nehmen Zwischentöne wahr, erkennen nonverbale Signale und reagieren auf feine Veränderungen im sozialen Klima. Ihr Ziel ist es, das Miteinander im Team so zu gestalten, dass sich alle sicher, gesehen und respektiert fühlen. Sie bringen Verständnis für unterschiedliche Sichtweisen auf, versuchen zu vermitteln, hören aktiv zu, fragen nach und vermeiden unnötige Konfrontationen. Sie sind selten die Ersten, die das Wort ergreifen, aber oft die Letzten, die ein offenes Gespräch möglich machen.

Diese Rolle zeichnet sich nicht durch Dominanz oder Führung aus, sondern durch Begleitung und Beziehungspflege. Teamarbeiter:innen streben nicht nach Einfluss oder Macht, sondern nach Harmonie und gegenseitiger Unterstützung. Ihre Stärke liegt darin, das Gemeinsame zu betonen, Verbindungen herzustellen und Differenzen nicht als Trennung, sondern als Teil der Vielfalt im Team zu verstehen. Sie nehmen andere ernst, zeigen Respekt vor individuellen Bedürfnissen und tragen dazu bei, dass auch Menschen mit leisen Stimmen gehört werden. Gerade in Teams mit starken Meinungsführer:innen oder kontroversen Positionen sind sie es, die zwischen den Fronten stehen bleiben, ohne sich auf eine Seite zu schlagen. Ihre Loyalität gilt nicht einer bestimmten Richtung, sondern dem Zusammenhalt der Gruppe.

Teamarbeiter:innen leisten oft viel, ohne viel Aufhebens darum zu machen. Sie springen ein, wenn jemand ausfällt, helfen mit, wo Unterstützung gebraucht wird, übernehmen unauffällige, aber wichtige Aufgaben und sorgen dafür, dass sich niemand allein fühlt. Sie fragen nicht, was in der Jobbeschreibung steht, sondern was gebraucht wird. Ihre Bereitschaft zur Kooperation ist hoch, ihre Flexibilität ausgeprägt. Sie stellen das Team über das eigene Ego, ohne sich selbst zu verleugnen. Ihre Haltung ist geprägt von Verantwortung gegenüber dem sozialen Ganzen. In schwierigen Situationen behalten sie einen kühlen Kopf, versuchen, deeskalierend zu wirken, und vermeiden Eskalationen durch behutsames, klärendes Verhalten.

Gerade in herausfordernden Projektphasen, wenn Fristen drängen oder Entscheidungen polarisieren, zeigt sich der Wert dieser Rolle besonders deutlich. Sie sind diejenigen, die zum Gespräch einladen, auch wenn der Ton bereits rau geworden ist. Sie fragen nach, wenn jemand still wird, und holen Menschen zurück ins Boot, die sich innerlich schon verabschiedet haben. Sie tragen zur psychologischen Sicherheit im Team bei, weil sie ein Klima schaffen, in dem Fehler besprechbar, Unsicherheiten erlaubt und Rückfragen erwünscht sind. Ihre Wirkung entfaltet sich nicht auf der Bühne, sondern im Raum zwischen den Zeilen. Sie machen nicht laut auf sich aufmerksam, aber sie sorgen dafür, dass niemand übersehen wird.

Diese Stärke hat jedoch auch ihre Schattenseite. Die hohe Beziehungsorientierung kann dazu führen, dass Teamarbeiter:innen sich schwer damit tun, klare Positionen zu beziehen oder unangenehme Themen anzusprechen. In ihrer Bemühung um Harmonie vermeiden sie mitunter notwendige Konfrontationen. Sie neigen dazu, Konflikte eher zu entschärfen als zu klären, Spannungen lieber zu glätten als auszuhalten. Das kann in bestimmten Phasen eines Projekts oder in bestimmten Teamkonstellationen dazu führen, dass ungelöste Konflikte weiterwirken oder dass wichtige Entscheidungen vertagt werden. Teamarbeiter:innen müssen lernen, dass Beziehung nicht immer nur über Einvernehmen entsteht, sondern manchmal auch über die bewusste Auseinandersetzung mit Differenz.

Ein weiteres Risiko besteht in der Gefahr der Selbstaufgabe. Wer sich stark über das soziale Miteinander definiert, läuft Gefahr, die eigenen Bedürfnisse zu vernachlässigen. Viele Teamarbeiter:innen haben eine ausgeprägte Fähigkeit zur Selbstzurücknahme. Sie wollen nicht stören, wollen nicht im Mittelpunkt stehen, wollen niemandem zur Last fallen. Diese Haltung kann dazu führen, dass sie ihre eigene Meinung nicht äußern, ihre Grenzen nicht benennen oder ihre Belastung nicht sichtbar machen. Auf Dauer kann dies zu innerem Frust, zu Erschöpfung oder zur inneren Kündigung führen. Die Herausforderung besteht darin, auch für sich selbst einzustehen, ohne die eigene Rolle zu verlieren. Teamarbeiter:innen brauchen ein starkes inneres Gleichgewicht, um für andere da sein zu können, ohne sich selbst zu verlieren.

In der Zusammenarbeit mit anderen Teamrollen sind Teamarbeiter:innen eine wertvolle Ergänzung. Sie gleichen die Direktheit von Macher:innen aus, geben kreativen Köpfen Halt und Stabilität, schaffen Anschlussfähigkeit für Umsetzer:innen und entlasten Koordinator:innen durch ihre Beziehungsarbeit. Sie bringen Ruhe in stürmische Prozesse, weiche Töne in laute Gespräche und Menschlichkeit in technokratische Diskussionen. Sie sind die tragenden Hände des Teams, nicht sichtbar, aber spürbar. Ihre Wirkung entfaltet sich oft im Rückblick, wenn das Projekt geschafft ist und alle feststellen, dass es jemanden gab, der den sozialen Kitt geliefert hat, den es gebraucht hat.

Für Teamleitungen ist es wichtig, diese Rolle aktiv wahrzunehmen und zu stärken. Teamarbeiter:innen dürfen nicht als selbstverständlich betrachtet werden. Ihre Beiträge wirken leise, aber nachhaltig. Sie brauchen Anerkennung, keine Bewunderung. Sie brauchen Vertrauen, keine

Kontrolle. Und sie brauchen die Einladung, auch ihre eigene Position deutlich zu machen. Leitung kann dazu beitragen, dass Teamarbeiter:innen sich nicht nur als Unterstützende, sondern auch als Mitgestaltende erleben. Sie sind nicht nur das soziale Polster des Teams, sondern tragen aktiv zur Qualität von Prozessen und Ergebnissen bei.

Auch in der Teamentwicklung spielt die Teamarbeiterrolle eine zentrale Rolle. Teams, in denen keine solche Rolle präsent ist oder in denen diese Rolle nicht anerkannt wird, neigen zu Polarisierung, zu emotionaler Kälte oder zu innerer Fragmentierung. Der Zusammenhalt leidet, die Kommunikation wird funktional, das Vertrauen bröckelt. Umgekehrt zeigt sich in starken Teams immer eine Form von Teamarbeit, die über die bloße Aufgabenerfüllung hinausgeht. Es braucht Menschen, die spüren, was im Raum ist, die sich um das kümmern, was sonst niemand sieht, und die bereit sind, auch ohne Auftrag Verantwortung für das soziale Ganze zu übernehmen.

In der Selbstreflexion erleben sich viele Teamarbeiter:innen als unterstützend, zuverlässig und freundlich. Sie mögen das Gefühl, Teil eines Ganzen zu sein, schätzen es, wenn Menschen miteinander gut auskommen, und freuen sich, wenn aus Arbeit Beziehung wird. Ihre größte Entwicklungschance liegt in der Balance zwischen Rücksichtnahme und Klarheit. Sie dürfen lernen, dass ihre Meinung zählt, auch wenn sie nicht laut ist. Dass ihre Bedürfnisse legitim sind, auch wenn sie nicht im Vordergrund stehen. Und dass Konflikte nicht das Ende von Beziehung bedeuten, sondern oft der Beginn von echter Verbindung.

Reflexionsfragen:

- In welchen Situationen übernehme ich die Rolle der Teamarbeiterin oder des Teamarbeiters?
- Wie gehe ich mit Spannungen im Team um? Spreche ich sie an oder versuche ich, sie zu vermeiden?
- Wo nehme ich mich selbst zu sehr zurück, um anderen nicht zur Last zu fallen?

- Was hilft mir, meine eigene Meinung klar zu vertreten, ohne Beziehungen zu gefährden?
- Wie erkenne ich, wann meine Unterstützung gebraucht wird und wann nicht?
- Welche Grenzen setze ich, um nicht in eine überfordernde Helferrolle zu geraten?
- Welche Rückmeldungen bekomme ich auf meine Art, im Team präsent zu sein?
- Wie kann ich meine Stärke in der Beziehungspflege gezielt und gesund einbringen?

Die Teamarbeiterin oder der Teamarbeiter sorgt für Zusammenhalt, Kommunikation und soziale Stabilität im Team. Diese Rolle bringt Empathie, Ausgleich und Unterstützung in die Gruppe und stärkt das Vertrauen zwischen den Mitgliedern. Ihre Herausforderung liegt in der Balance zwischen Rücksichtnahme und Klarheit, zwischen Hilfsbereitschaft und Selbstfürsorge. Teams profitieren besonders dann von dieser Rolle, wenn sie nicht nur als freundliche Ergänzung, sondern als tragende Säule des sozialen Miteinanders verstanden wird.

Wegbereiter:in (Ressource Investigator)

Es gibt Teammitglieder, deren besondere Stärke nicht im Inneren der Gruppe liegt, sondern in ihrer Beziehung zur Außenwelt. Sie richten ihren Blick über den Tellerrand hinaus, sind stets auf der Suche nach neuen Möglichkeiten, denken vernetzt und bewegen sich mit Leichtigkeit zwischen Menschen, Organisationen und Ideen. Sie sind nicht darauf fokussiert, Dinge zu Ende zu führen oder bestehende Prozesse zu optimieren, sondern sie widmen sich der Aufgabe, neue Wege zu entdecken, Impulse von außen hereinzutragen und Chancen zu erkennen, bevor sie offensichtlich sind. Im Belbin-Modell verkörpern sie die Rolle der Wegbereiterin oder des Wegbereiters. Diese Menschen bringen Bewegung in das System, sie weiten den Horizont und geben Gruppen eine dynamische Anbindung an ihre Umwelt. Ihr Talent ist es, in Möglichkeiten zu denken, wo andere sich in vorhandenen Strukturen verlieren.

Wegbereiter:innen sind von Natur aus offen für Veränderungen. Sie schätzen Vielfalt, lieben das Neue und haben wenig Scheu, mit Menschen in Kontakt zu treten, die sie noch nicht kennen. Sie fühlen sich wohl in informellen Gesprächen, bei spontanen Begegnungen oder in Netzwerken, die nicht durch starre Regeln definiert sind. Ihr Kommunikationsstil ist direkt, neugierig und interessiert. Sie fragen nicht aus Höflichkeit, sondern weil sie wirklich wissen wollen, was andere denken, fühlen oder wissen. Diese Grundhaltung macht sie zu natürlichen Kontaktpersonen, zu Grenzgänger:innen zwischen Innen und Außen, zu Brückenbauer:innen, die Potenziale erkennen, die sich anderen noch nicht erschlossen haben.

In der konkreten Teamarbeit äußert sich diese Rolle durch eine hohe Aktivität in der Ideenfindung, durch das Einbringen externer Impulse und durch die Bereitschaft, neue Partnerschaften oder Ressourcen zu erschließen. Sie sind es, die eine innovative Software vorschlagen, weil sie davon bei einem Branchentreffen gehört haben. Sie sind es, die ein anderes Team zur Zusammenarbeit einladen, weil sie eine synergetische Verbindung erkennen. Und sie sind es, die den Mut haben, gewohnte Wege zu verlassen, auch wenn diese sich bewährt haben. Ihr Beitrag besteht darin, das System zu irritieren, nicht um zu stören, sondern um es beweglich zu halten. Sie bringen Relevanz in Form von Aktualität und Veränderung.

Ihr Denken ist oft schneller als das ihrer Kolleg:innen. Sie erfassen Zusammenhänge intuitiv, formulieren Ideen, bevor sie vollständig ausgearbeitet sind, und sind bereit, Risiken einzugehen. Dabei sind sie selten auf eine Idee fixiert. Sie lassen Gedanken wieder los, wenn sich bessere Optionen zeigen, und wechseln leicht von einer Spur zur nächsten. Diese Flexibilität kann für manche Teammitglieder verwirrend sein, vor allem für solche, die Klarheit, Struktur und Verbindlichkeit schätzen. Wegbereiter:innen lieben das Offene, das Unklare, das Werdende. Ihre Stärke liegt nicht in der Stabilität, sondern in der Bewegung.

Ein weiterer zentraler Aspekt dieser Rolle ist ihre Fähigkeit, Begeisterung zu erzeugen. Wegbereiter:innen können andere mitreißen, sie schaffen Aufbruchsstimmung, motivieren zum Weiterdenken. Ihre Energie ist oft das, was Teams zu Beginn eines Projekts oder in Phasen der Stagnation dringend benötigen. Sie sind wie ein kräftiger Windstoß, der ein festgefahrenes Segelboot wieder in Bewegung bringt. Doch dieser Wind ist nicht steuernd. Er muss gelenkt werden, sonst verpufft er. Genau hier zeigt sich die Notwendigkeit, dass diese Rolle nicht isoliert steht, sondern im Zusammenspiel mit anderen Teamrollen wirkt.

So sehr Wegbereiter:innen inspirieren, so wichtig ist es, dass ihre Impulse aufgenommen, geprüft, gefiltert und schließlich in geordnete Bahnen gelenkt werden. Ohne diese Ergänzung besteht die Gefahr, dass ein Team zwar viele Ideen generiert, aber in der Umsetzung unklar bleibt. Hier braucht es die Zusammenarbeit mit Umsetzer:innen, Perfektionist:innen und Koordinator:innen. Diese Rollen sorgen dafür, dass aus Inspiration Struktur wird, dass aus Möglichkeiten reale Prozesse entstehen. Wegbereiter:innen müssen lernen, ihre Vorschläge nicht nur zu präsentieren, sondern auch in den Kontext des Teams zu integrieren. Dazu gehört Geduld, Selbstreflexion und die Bereitschaft, sich an Gruppenprozesse zu binden, auch wenn sie dadurch verlangsamt werden.

Nicht selten erleben sich Wegbereiter:innen im Team als diejenigen, die anderen vorausdenken. Sie spüren manchmal eine Frustration, wenn ihre Impulse nicht sofort verstanden oder umgesetzt werden. Sie reagieren darauf unterschiedlich – manche ziehen sich zurück, andere erhöhen den Druck, wieder andere suchen Bestätigung im Außen. In der Selbstreflexion liegt hier ein großes Potenzial. Wegbereiter:innen dürfen lernen, ihre Stärke so einzusetzen, dass sie anschlussfähig bleibt. Nicht jede Idee muss umgesetzt werden, nicht jede Verbindung ist hilfreich, nicht jedes Neue ist automatisch besser. Qualität entsteht aus dem Dialog zwischen Innen und Außen, zwischen Alt und Neu, zwischen Impuls und Umsetzung.

Ein weiteres Entwicklungsfeld ist die Auseinandersetzung mit Tiefe und Dauer. Wegbereiter:innen sind oft stark auf das Aktuelle fokussiert. Sie lieben die Gegenwart, planen selten langfristig, weil sie sich von der Fülle des Jetzt begeistern lassen. Langwierige Projekte, strukturierte Abläufe oder formalisierte Prozesse sind ihnen oft zu eng. Doch gerade hier zeigt sich die Möglichkeit, ihre Rolle zu erweitern. Wer das Neue hereinträgt, kann auch lernen, es mit dem Bestehenden zu verknüpfen. Wer für Bewegung sorgt, kann auch dazu beitragen, dass Stabilität entsteht. Wegbereiter:innen, die diese Balance finden, entfalten eine besonders kraftvolle Wirkung im Team.

In der Gruppendynamik wirken sie oft als belebendes Element. Ihre Präsenz wirkt anregend, ihre Worte bringen Schwung, ihr Verhalten animiert zur Offenheit. Doch sie dürfen darauf achten, nicht zu viel Raum zu nehmen. Ihre Rolle ist wichtig, aber nicht übergeordnet. Wenn sie es schaffen, ihre Impulse in einem Rhythmus einzubringen, der dem Team entspricht, können sie langfristig Vertrauen aufbauen. Wenn sie jedoch ständig neue Ideen fordern, ohne auf Resonanz zu achten, entsteht Unruhe oder Ablehnung. Die Kunst besteht darin, präsent zu sein, ohne sich aufzudrängen. Zu initiieren, ohne zu überrollen. Und anzuregen, ohne zu überfordern.

Leitungspersonen profitieren besonders, wenn sie das Potenzial von Wegbereiter:innen bewusst wahrnehmen und in passende Kontexte lenken. Es ist sinnvoll, ihnen Aufgaben zu geben, die Kontakt, Vernetzung und Ideenfindung erfordern. Sie blühen dort auf, wo sie auf andere Menschen treffen, neue Impulse aufnehmen dürfen und im Austausch ihre Kreativität entfalten können. Gleichzeitig brauchen sie die Rückmeldung, welche ihrer Ideen hilfreich waren, was aufgenommen wurde und was nicht. Dadurch entsteht nicht nur Wertschätzung, sondern auch die Gelegenheit zur Weiterentwicklung ihrer Wirkung.

In der langfristigen Teamentwicklung sollten Wegbereiter:innen ermutigt werden, nicht nur Ideen zu bringen, sondern sie auch zu begleiten. Wenn sie Verantwortung für den gesamten Prozess mittragen, wachsen sie in eine neue Rolle hinein. Dann werden sie nicht nur als Impulsgeber:innen wahrgenommen, sondern als vollwertige Mitgestaltende, die Ideen mit Haltung und Beharrlichkeit zu nachhaltigem Wandel führen können.

Reflexionsfragen:

- Welche Formen von Kontakt und Vernetzung bereichern mein Team?
- Wie häufig bringe ich neue Ideen ein, und wie werden sie aufgenommen?
- Was hilft mir, meine Begeisterung für das Neue gezielt einzusetzen?
- In welchen Situationen verliere ich den Anschluss an den Teamprozess?
- Wie reagiere ich, wenn meine Impulse nicht sofort umgesetzt werden?
- Wie kann ich meine Außenorientierung mit innerer Gruppenbindung verbinden?
- Welche Rolle spielt Geduld in meiner Teamarbeit?
- Wo liegt meine persönliche Balance zwischen Bewegung und Stabilität?

Wegbereiterin oder der Wegbereiter bringt Impulse von außen, eröffnet neue Möglichkeiten, knüpft Kontakte und sorgt für frischen Wind im Team. Ihre Stärke liegt in der Offenheit, Kreativität und Kontaktfreude. Ihre Herausforderung besteht darin, sich nicht zu verzetteln, ihre Impulse in das Team zu integrieren und auch Prozesse mitzutragen, die über die ersten Schritte hinausgehen. In gut eingebetteten Teams leisten sie einen entscheidenden Beitrag zur Innovationskraft und Beweglichkeit der Gruppe.

Neuererin (Plant)

Manche Menschen wirken in Gruppen wie ein Funke, der zündet, wo vorher Routine herrschte. Sie denken anders, stellen Gewohntes infrage, verlassen bekannte Pfade und erschaffen aus scheinbar unvereinbaren Elementen etwas Neues. Diese Menschen bringen kreative Kraft, originelle Perspektiven und oft eine überraschende Leichtigkeit in das gemeinsame Denken. Im Belbin-Modell werden sie als Neuererin oder Neuerer bezeichnet. Der englische Begriff lautet Plant, was sich auf das Bild einer Pflanze bezieht, die in ein Team gesetzt wird, um frische Ideen wachsen zu lassen. Ihre Hauptfunktion besteht darin, innovative Lösungen zu entwickeln, Denkgrenzen zu verschieben und dort neue Wege zu eröffnen, wo andere sich im Altbewährten eingerichtet haben.

Die Neuererrolle ist stark von Kreativität geprägt, doch es geht dabei nicht nur um das Erzeugen von Ideen im Sinne von Brainstorming, sondern um tiefgreifende Denkprozesse, die neue Strukturen, Modelle oder Herangehensweisen hervorbringen. Menschen mit dieser Rollenpräferenz sind häufig visionär, unkonventionell und gedanklich schnell. Sie sind nicht unbedingt analytisch im klassischen Sinn, sondern kombinieren Intuition mit einem inneren Drang zur Innovation. Sie bringen in das Team eine Denkdynamik ein, die auf Gestaltung, Erneuerung und geistiger Originalität basiert. Ihre Gedanken wandern frei, sie folgen ihren inneren Impulsen, hinterfragen scheinbar Selbstverständliches und scheuen sich nicht davor, auch einmal unpopuläre Thesen aufzustellen.

Neuerer:innen denken oft in Assoziationen, springen gedanklich zwischen verschiedenen Themenfeldern hin und her und erzeugen dadurch einen kreativen Spannungsbogen, der das Team mitreißen kann – wenn es offen dafür ist. Sie sind in der Lage, auch in scheinbar ausweglosen Situationen neue Perspektiven zu finden. Wenn ein Projekt stagniert, wenn der Markt sich verändert, wenn die Erwartungen von außen nicht mehr erfüllbar erscheinen, sind sie es, die mit einem Geistesblitz eine überraschende Alternative ins Spiel bringen. Ihr Denken ist selten linear, sondern bewegt sich in Schleifen, Querverbindungen und gedanklichen

Sprüngen. Gerade in der frühen Phase eines Projekts oder bei strategischen Fragestellungen ist ihre Rolle von unschätzbarem Wert.

Dabei sind Neuerer:innen in der Regel weniger an der konkreten Umsetzung interessiert. Sie liefern die Idee, nicht die Struktur. Sie inspirieren, aber sie organisieren selten. Ihre Stärke liegt nicht im Feilen an Details, sondern im Entwerfen von Alternativen. Sie arbeiten gern im geschützten Denkraum, sind häufig zurückgezogen, unabhängig und nicht immer an den sozialen Aspekten der Gruppenarbeit interessiert. Sie wollen denken dürfen, ohne Einschränkungen, ohne sofortige Bewertung, ohne zeitliche Begrenzung. Sie brauchen Freiheit, um kreativ sein zu können, und empfinden zu viel Struktur, Formalisierung oder Gruppenregeln oft als einengend. Ihre Ideen entstehen aus inneren Prozessen, nicht aus gruppendynamischem Konsens.

Das kann im Team zu Spannungen führen. Neuerer:innen wirken mitunter abgehoben, unnahbar oder sogar arrogant, besonders wenn sie wenig Rücksicht auf die Bedürfnisse anderer nehmen oder sich nicht in die soziale Dynamik der Gruppe integrieren. Sie erscheinen dann als Einzelgänger:innen, die sich aus Diskussionen heraushalten, an Sitzungen nicht teilnehmen oder sich nur dann äußern, wenn sie sich sicher fühlen, dass ihre Gedanken verstanden werden. Diese Distanz ist kein Ausdruck von Desinteresse, sondern oft eine Strategie zum Schutz der eigenen schöpferischen Energie. Kreative Prozesse benötigen Raum, und dieser Raum ist für Neuerer:innen meist nicht der Gruppenkreis, sondern der Rückzug ins Eigene.

Eine besondere Herausforderung liegt in der Anschlussfähigkeit ihrer Ideen. Weil ihre Vorschläge manchmal ungewöhnlich oder weit von der aktuellen Realität entfernt sind, werden sie nicht immer sofort verstanden. Teams, die stark auf Pragmatismus, Effizienz oder bestehende Abläufe fokussiert sind, tun sich schwer damit, neue Denkmodelle zu akzeptieren, wenn sie den Rahmen des Gewohnten sprengen. Neuerer:innen erleben deshalb nicht selten Ablehnung, Unverständnis oder eine vorschnelle Bewertung ihrer Ideen als unrealistisch. Dies kann dazu führen, dass sie sich frustriert zurückziehen oder ihre Gedanken nicht mehr einbringen. Umgekehrt besteht die Gefahr, dass sie selbst ihre Ideen überhöhen, nicht mehr zur Diskussion stellen oder andere als rückständig empfinden.

Für die Leitung eines Teams bedeutet dies, einen Raum zu schaffen, in dem kreative Prozesse möglich werden, ohne dass sie das Gruppengefüge sprengen. Neuerer:innen brauchen Wertschätzung, aber auch Rückmeldung. Sie brauchen Schutzräume für ihre Ideen, aber auch die Einladung zur Anbindung. Leitung sollte darauf achten, dass ihre Impulse nicht im luftleeren Raum verbleiben, sondern aufgenommen, weiterentwickelt und mit der Realität des Teams verknüpft werden. Es geht darum, kreative Energie in Bahnen zu lenken, ohne sie zu begrenzen. Die Kunst liegt darin, die Originalität zu erhalten, ohne die Anschlussfähigkeit zu verlieren.

Im Zusammenspiel mit anderen Rollen ist die Neuererrolle besonders fruchtbar, wenn das Team bereit ist, Denkvielfalt zuzulassen. Koordinator:innen helfen dabei, die Ideen in Prozesse zu überführen, Umsetzer:innen prüfen sie auf Realisierbarkeit, Perfektionist:innen sichern die Qualität. Die Teamarbeiter:innen wiederum sorgen dafür, dass die Beziehungsebene nicht leidet, wenn neue Ideen Konflikte auslösen. Wichtig ist, dass die Neuererin oder der Neuerer nicht isoliert wird, sondern als integraler Bestandteil des Teams wahrgenommen wird. Nur wenn sie sich als Teil des Ganzen erleben, sind sie bereit, ihre Kreativität einzubringen, ohne sich abzuschotten.

In der Selbstreflexion erleben sich Neuerer:innen oft als originell, aber auch als unverstanden. Sie wissen um ihre Ideen, aber nicht immer um deren Wirkung. Sie erleben innere Fülle, aber auch die Schwierigkeit, sich mitzuteilen. Ihre größte Entwicklungschance liegt in der Integration ihrer Gedanken in die soziale Realität. Sie dürfen lernen, dass ihre Ideen nur dann Wirkung entfalten, wenn sie gehört, aufgegriffen und weitergedacht werden. Sie müssen nicht alles allein denken, sondern können Impulsgeber:innen für kollektive Kreativität sein. Die Fähigkeit, andere mitzunehmen, ist ebenso wichtig wie die Fähigkeit, Neues zu schaffen.

Teams profitieren besonders dann von der Neuererrolle, wenn sie bereit sind, bestehende Muster zu hinterfragen, wenn sie offen sind für Experimente und wenn sie kreative Impulse nicht als Bedrohung, sondern als Bereicherung erleben. In einer Zeit, in der Wandel die Norm ist, werden Denkbeweglichkeit, Innovationsfähigkeit und geistige Unabhängigkeit zu Schlüsselkompetenzen. Die Neuererin oder der Neuerer verkörpert genau diese Dimension. Sie zeigen, dass Denken mehr ist als Problemlösen. Es ist Schöpfung, Inspiration und die Fähigkeit, Wirklichkeit neu zu gestalten.

Reflexionsfragen:

- Wie gehe ich mit Menschen um, die anders denken als ich?
- Welche Haltung habe ich gegenüber ungewöhnlichen Ideen oder Vorschlägen?
- Wie gestalte ich Räume, in denen Kreativität möglich wird?
- Wie gehe ich mit meiner eigenen Kreativität um – teile ich sie oder schütze ich sie?
- Wo erlebe ich meine Ideen als bereichernd, wo als störend?
- Wie gelingt es mir, Anschlussfähigkeit für meine Gedanken zu schaffen?
- Welche Rückmeldungen erhalte ich auf meine originellen Beiträge im Team?
- Wie kann ich lernen, meine Impulse mit der Realität zu verbinden, ohne mich einengen zu lassen?

Die Neuererin oder der Neuerer ist die kreative Kraft im Team. Diese Rolle bringt originelle Ideen, inspiriert andere, denkt in neuen Bahnen und hinterfragt das Bestehende. Ihre Stärke liegt in der schöpferischen Freiheit, ihre Herausforderung in der sozialen Anbindung und der Anschlussfähigkeit ihrer Gedanken. Teams profitieren dann besonders, wenn sie die Neuererrolle nicht nur tolerieren, sondern gezielt einbinden, fördern und in den gemeinsamen Prozess integrieren.

Beobachter (Monitor Evaluator)

In Teams braucht es nicht nur Energie, Kreativität oder Engagement, sondern auch die Fähigkeit zur Distanz, zur Analyse und zur nüchternen Beurteilung. Es braucht Menschen, die sich nicht sofort von Ideen begeistern lassen, die nicht mit der Gruppe mitschwingen, nur um des Friedens willen, sondern die das Geschehen mit einem kühlen, klaren Blick betrachten. Diese Menschen nehmen im Belbin-Modell die Rolle der Beobachterin oder des Beobachters ein. Im englischen Original ist von Monitor Evaluators die Rede. Sie bringen in Gruppenprozesse eine analytische Qualität ein, die weniger auf Gefühl, sondern auf Rationalität basiert. Ihre Aufgabe ist es, Ideen, Vorschläge und Entscheidungen kritisch zu hinterfragen, Alternativen sorgfältig abzuwägen und langfristige Konsequenzen realistisch einzuschätzen.

Beobachter:innen verfügen über eine hohe kognitive Präsenz, ohne sich in den Vordergrund zu drängen. Sie sind aufmerksam, reflektiert und wach. Ihre Stärke liegt im Abwägen, im Vergleichen, im Prüfen. Sie folgen nicht der Mehrheit, sondern ihrem eigenen Urteil. Sie hören zu, analysieren das Gesagte und reagieren erst dann, wenn sie sich eine fundierte Meinung gebildet haben. Häufig sind sie diejenigen, die in einer hitzigen Diskussion mit einem einzigen Satz das Wesentliche auf den Punkt bringen oder eine Idee relativieren, die zuvor von allen begeistert aufgenommen wurde. Sie sind weder destruktiv noch ablehnend, sondern rational prüfend. Sie übernehmen Verantwortung für die geistige Qualität des Gruppenprozesses, nicht durch lautstarke Kritik, sondern durch kluge Zurückhaltung und präzise Beiträge.

Menschen in dieser Rolle sind häufig eher introvertiert als extrovertiert. Sie fühlen sich nicht wohl in lauten, emotional aufgeladenen Debatten. Ihre Sprache ist sachlich, klar und frei von Übertreibung. Sie vermeiden Pathos, meiden Polemik und lassen sich selten zu vorschnellen Urteilen hinreißen. In der Regel äußern sie sich erst dann, wenn sie wirklich etwas beizutragen haben. Ihre Meinung ist oft gut begründet, durchdacht und frei von emotionaler Überfrachtung. Das macht sie zu wertvollen Gesprächspartner:innen, gerade in Gruppen, die zu impulsivem oder affektivem Verhalten neigen. Ihre Ruhe wirkt stabilisierend, ihre Differenziertheit erhellend. Sie helfen, Perspektiven zu erweitern, ohne dabei das Wesentliche aus dem Blick zu verlieren.

Dabei liegt die Qualität dieser Rolle nicht in der reinen Kritik. Beobachter:innen sind keine Nörgler:innen oder Prinzipienreiter:innen. Ihre Aufgabe ist es, dem Team ein geistiges Korrektiv zu sein. Sie sollen nicht lähmen, sondern vertiefen. Sie sollen nicht verhindern, sondern absichern. Ihre Reflexion schützt vor Kurzschlussentscheidungen, ihre analytische Schärfe vor Selbsttäuschung. Besonders in Situationen, in denen viel auf dem Spiel steht oder in denen Entscheidungen langfristige Folgen haben, ist ihre Stimme unverzichtbar. Sie fragen: Was ist die Grundlage für diesen Vorschlag? Welche Risiken übersehen wir gerade? Haben wir wirklich alle Alternativen bedacht? Diese Fragen sind unbequem, aber notwendig.

Eine Herausforderung der Beobachterrolle liegt darin, dass sie leicht missverstanden wird. Ihre Zurückhaltung wird manchmal als Desinteresse interpretiert, ihre analytische Distanz als Kälte. Wenn sie eine Idee kritisieren, wird ihnen unterstellt, sie seien gegen den oder die Ideengeber:in. Wenn sie sich nicht sofort begeistern, gelten sie als Spielverderber:innen. Diese Zuschreibungen beruhen jedoch meist auf einem Missverständnis. Beobachter:innen wollen nicht bremsen, sondern bewahren. Sie wollen nicht ablehnen, sondern prüfen. Sie wollen nicht verlangsamen, sondern vertiefen. Ihre innere Haltung ist nicht negativ, sondern sorgsam. Sie fühlen sich verantwortlich für die Substanz des Prozesses, für dessen gedankliche Qualität und für die Tragfähigkeit der Entscheidungen.

Ein weiteres Spannungsfeld besteht darin, dass Beobachter:innen selten enthusiastisch wirken. Ihre Beiträge sind sachlich, oft kritisch, selten emotional positiv. Sie klatschen nicht bei guten Ideen, sie stimmen nicht euphorisch zu, sie machen keine großen Worte. Das führt dazu, dass ihr Beitrag leicht übersehen wird, vor allem in Gruppen, die stark auf emotionale Zustimmung angewiesen sind. Sie gelten als nüchtern, manchmal als langweilig, selten als inspirierend. Doch gerade in ihrer Nüchternheit liegt ein unschätzbarer Wert. Sie helfen dem Team, nicht nur zu träumen, sondern auch zu rechnen. Nicht nur zu hoffen, sondern zu hinterfragen. Nicht nur zu planen, sondern zu prüfen.

Für Leitungspersonen ist diese Rolle oft eine stille, aber wichtige Stütze. Beobachter:innen helfen, das große Ganze im Blick zu behalten, ohne sich in Details zu verlieren. Sie können eine Gesprächsrunde mit einem präzisen Kommentar erden, einen Entscheidungsprozess durch eine kluge Frage neu ausrichten oder eine Gruppendynamik durch ihre Ruhe beruhigen. Leitung kann von dieser Rolle profitieren, wenn sie ihr Raum gibt, ohne sie zu überfordern. Beobachter:innen brauchen Zeit, um zu denken. Sie brauchen die Sicherheit, dass ihre Beiträge ernst genommen werden. Und sie brauchen ein Klima, in dem auch leise Stimmen gehört werden.

Im Zusammenspiel mit anderen Teamrollen wirken sie oft ausgleichend. Sie relativieren den Enthusiasmus der Wegbereiter:innen, gleichen die Emotionalität der Teamarbeiter:innen aus, reflektieren die Ideen der Neuerer:innen und prüfen die Zielorientierung der Macher:innen auf Plausibilität. Ihre Beiträge sind selten der Ausgangspunkt für neue Ideen, aber oft der notwendige Schritt zur Entscheidung. Sie sorgen dafür, dass das Team nicht über seine Verhältnisse plant, dass es sich nicht in Wunschdenken verliert oder dass es nicht aus Bequemlichkeit vorschnelle Wege geht. Ihre Stärke ist die zweite Meinung, das kritische Mitdenken, das Korrektiv zur kollektiven Euphorie.

In der Selbstwahrnehmung erleben sich Beobachter:innen häufig als ruhig, bedacht und manchmal auch ein wenig abseitsstehend. Sie mögen keine lauten Konflikte, keine emotionalen Auseinandersetzungen, keine Inszenierungen. Sie suchen Klarheit, Logik, Verlässlichkeit. Ihre größte Entwicklungschance liegt darin, ihre Zurückhaltung nicht mit Unsichtbarkeit zu verwechseln. Sie dürfen lernen, ihre Meinung nicht erst dann zu äußern, wenn sie hundertprozentig sicher sind. Sie dürfen lernen, dass auch unvollständige Gedanken wertvoll sein können. Und sie dürfen erleben, dass ihre Beiträge dann am besten wirken, wenn sie im Dialog eingebracht werden, nicht nur als abschließendes Urteil.

Teams profitieren besonders dann von der Beobachterrolle, wenn sie in der Lage sind, zwischen kritischem Denken und destruktivem Verhalten zu unterscheiden. Beobachter:innen brauchen ein Umfeld, in dem ihr Beitrag als wertvoll erlebt wird, auch wenn er nicht bejubelt wird. Ihre Rolle wird oft erst im Rückblick deutlich, wenn sich zeigt, dass ihre Einwände berechtigt waren oder dass ihr Zögern vor einem Fehler bewahrt hat. Sie sind keine Stars der Bühne, sondern ruhige Stabilisator:innen im Hintergrund. Ihre Präsenz ist leise, aber wirksam. Ihre Haltung ist zurückhaltend, aber tragfähig. Und ihre Beiträge sind selten laut, aber oft klug.

Reflexionsfragen:

- Wie gehe ich mit kritischen Stimmen im Team um – höre ich sie oder übergehe ich sie?
- In welchen Situationen verhalte ich mich eher zurückhaltend und analysierend?
- Wie kann ich meine Fähigkeit zur Reflexion gezielt einbringen, ohne andere zu entmutigen?
- Welche Wirkung hat meine Art zu kommunizieren auf das Gruppengeschehen?
- Wie reagiere ich auf Euphorie im Team – lasse ich mich anstecken oder bleibe ich skeptisch?
- Wie gelingt es mir, meine Gedanken zu teilen, auch wenn sie noch nicht perfekt formuliert sind?
- Welche Rückmeldungen erhalte ich zu meiner Rolle als Beobachter:in?
- Wo wünsche ich mir mehr Resonanz auf meine Beiträge?

Die Beobachterin oder der Beobachter bringt kritisches Denken, geistige Distanz und analytische Tiefe in das Team. Ihre Aufgabe ist es, Entscheidungen zu prüfen, Alternativen abzuwägen und Prozesse mit rationaler Klarheit zu begleiten. Ihre Herausforderung besteht darin, Anschluss zu finden, sich nicht zu sehr zurückzuziehen und ihre Beiträge als wertvollen Teil der Teamarbeit zu begreifen. In funktionierenden Gruppen sorgt diese Rolle für Stabilität, Substanz und langfristige Qualität im Denken und Handeln.

Spezialist:in (Specialist)

In vielen Teams gibt es Menschen, die sich durch ein tiefes, oft beeindruckendes Fachwissen auszeichnen. Sie sind Expert:innen auf ihrem Gebiet, verfolgen neue Entwicklungen in ihrem Fachbereich mit großer Leidenschaft, besuchen Fortbildungen, lesen Fachliteratur, sprechen mit Kolleg:innen und setzen sich intensiv mit ihrem Spezialthema auseinander. Diese Menschen verkörpern im Belbin-Modell die Rolle der Spezialistin oder des Spezialisten. Im englischen Original heißt diese Rolle Specialist. Sie steht für fachliche Tiefe, für fundiertes Wissen und für die Bereitschaft, sich intensiv mit einem klar umrissenen Themenfeld auseinanderzusetzen. Die Stärke dieser Rolle liegt in der Exzellenz, im Know-how und in der Verlässlichkeit, wenn es um anspruchsvolle inhaltliche Fragestellungen geht.

Spezialist:innen sind in der Regel hochmotiviert, wenn sie sich mit ihrer Materie beschäftigen dürfen. Ihre Energie fließt in das Vertiefen, das Forschen, das Verstehen. Sie wollen nicht alles wissen, sondern etwas sehr gut wissen. Sie interessieren sich nicht für oberflächliche Einblicke, sondern für substanzielle Erkenntnisse. Ihre Haltung zum Wissen ist respektvoll und gleichzeitig leidenschaftlich. Sie erleben ihre Expertise nicht als bloße Kompetenz, sondern als Teil ihrer Identität. Oft bezeichnen sie sich selbst über ihren Fachbereich, etwa als Juristin, als Softwareentwickler, als Biologin oder als Projektcontroller. Ihre Rolle im Team ist eng verbunden mit der inhaltlichen Dimension der gemeinsamen Arbeit.

In Teamprozessen zeigen sich Spezialist:innen meist zurückhaltend, solange keine fachliche Frage diskutiert wird. Sie mischen sich selten in übergeordnete strategische oder gruppendynamische Diskussionen ein. Ihre Aufmerksamkeit ist selektiv auf das gerichtet, was sie wirklich interessiert und worin sie einen Beitrag leisten können. Wird jedoch ein Thema angesprochen, das ihrem Fachgebiet entspricht, zeigen sie Präsenz, Engagement und Tiefe. Dann blühen sie auf, geben detaillierte Auskünfte, weisen auf Fallstricke hin, stellen Zusammenhänge her und tragen zur inhaltlichen Qualität des Projekts entscheidend bei. Sie sind die

Wissensquelle im Team, die man anzapft, wenn es darauf ankommt, fundierte Informationen zu erhalten.

Die Spezialist:innenrolle bringt eine besondere Form von Verlässlichkeit ins Team. Sie steht für Klarheit, Kompetenz und Genauigkeit. In einer Zeit, in der Wissen oft inflationär verfügbar ist, liefern sie geprüfte Inhalte, präzise Aussagen und differenzierte Einschätzungen. Sie helfen, Entscheidungen auf eine solide Basis zu stellen, sie sichern die Qualität von Arbeitsergebnissen, sie machen auf inhaltliche Lücken aufmerksam und tragen durch ihre Expertise zur Glaubwürdigkeit des Teams bei. Diese Leistung ist von zentraler Bedeutung, insbesondere in komplexen Projekten, in denen Fachwissen über Erfolg oder Misserfolg entscheidet.

Gleichzeitig bringt diese Rolle Herausforderungen mit sich. Spezialist:innen neigen dazu, ihren Fokus sehr eng zu halten. Ihre Konzentration auf das eigene Themenfeld kann dazu führen, dass sie andere Aspekte des Teamprozesses ausblenden. Sie interessieren sich mitunter wenig für soziale Dynamiken, für zwischenmenschliche Spannungen oder für organisatorische Rahmenbedingungen. Für sie zählt die inhaltliche Arbeit, nicht das Gruppengefüge. Das kann zu Isolation führen. Wenn sie sich nicht gehört fühlen, wenn ihre Beiträge nicht genügend gewürdigt werden oder wenn sie fachlich nicht gefordert sind, ziehen sie sich zurück. Ihr Engagement ist eng gekoppelt an das Erleben von Sinn durch Fachlichkeit.

Ein weiteres Spannungsfeld besteht in der Kommunikation. Spezialist:innen sprechen oft in ihrer Fachsprache, nutzen Begriffe, die für andere unverständlich sind, oder gehen davon aus, dass bestimmte Grundlagen bekannt sind. Diese Form der Kommunikation kann andere Teammitglieder ausschließen oder verunsichern. Es entsteht der Eindruck, dass Spezialist:innen abgehoben oder arrogant seien, obwohl sie meist einfach in ihrer Sprache und Denkweise verwurzelt sind. Hier liegt eine wichtige Entwicklungsaufgabe: die Fähigkeit, komplexe Inhalte so zu kommunizieren, dass sie anschlussfähig bleiben. Die Kunst besteht darin, zwischen Expertenwissen und Teamkommunikation zu vermitteln.

Auch die Fähigkeit zur Integration ist gefragt. Spezialist:innen müssen lernen, dass Wissen allein nicht genügt, sondern eingebunden werden muss in einen gemeinsamen Prozess. Sie dürfen ihre Expertise nicht als Monopol verstehen, sondern als Ressource für das Team. Das bedeutet, nicht nur Fachantworten zu geben, sondern auch zu verstehen, wie diese im Gesamtkontext wirken. Welche Auswirkungen hat meine Empfehlung auf andere Arbeitsbereiche? Welche Schnittstellen sind betroffen? Wo braucht es Absprachen, damit mein Beitrag wirklich integriert werden kann? Die Bereitschaft zur Kooperation ist eine wichtige Ergänzung zur fachlichen Kompetenz.

In Teams mit hoher Diversität ist die Spezialist:innenrolle besonders wertvoll. Sie stellt sicher, dass nicht nur über Themen gesprochen wird, sondern dass sie inhaltlich fundiert bearbeitet werden. Gerade bei innovationsgetriebenen Projekten, technischen Herausforderungen oder juristischen Fragestellungen ist diese Rolle oft entscheidend. Sie bringt Sicherheit, Sachverstand und Tiefe. Doch sie darf nicht isoliert bleiben. Die Qualität der Zusammenarbeit hängt davon ab, wie gut Spezialist:innen in den sozialen Prozess eingebunden sind, wie gut sie sich mit anderen Rollen abstimmen und wie sehr sie bereit sind, auch außerhalb ihres Fachbereichs am Teamprozess teilzunehmen.

Für Leitungspersonen ist es wichtig, diese Rolle aktiv zu stärken. Spezialist:innen benötigen Anerkennung, aber auch Herausforderung. Sie brauchen Aufgaben, die ihrem Kompetenzniveau entsprechen, und sie brauchen ein Umfeld, in dem fachliche Tiefe gewünscht und gefördert wird. Gleichzeitig benötigen sie Unterstützung bei der Kommunikation und bei der Einbindung in Teamprozesse. Leitung kann Brücken bauen, indem sie Übersetzungsarbeit leistet, die Bedeutung der Fachbeiträge sichtbar macht und dafür sorgt, dass auch leise Beiträge Gehör finden. Denn nicht alle Spezialist:innen sind durchsetzungsstark oder rhetorisch geschult. Ihre Leistung liegt im Inhalt, nicht in der Form.

In der Selbstreflexion erleben sich viele Spezialist:innen als verlässlich, gründlich und kompetent. Sie schätzen es, wenn sie gefragt werden, und ziehen sich zurück, wenn ihr Wissen nicht gefragt ist. Ihre größte

Entwicklungschance liegt darin, ihre Expertise nicht nur als eigene Stärke, sondern als gemeinschaftliche Ressource zu begreifen. Sie dürfen lernen, dass Wissen dann besonders wirksam wird, wenn es geteilt, erklärt und eingebunden wird. Dass Kommunikation nicht nur eine Pflicht, sondern auch eine Brücke sein kann. Und dass sie als Menschen geschätzt werden, nicht nur als Fachpersonen.

Reflexionsfragen:

- In welchen Bereichen empfinde ich mich selbst als Spezialistin oder Spezialist?
- Wie oft und wie gern teile ich mein Wissen im Team?
- Wie gelingt es mir, mein Fachwissen so zu kommunizieren, dass es verstanden und angenommen wird?
- Welche Wirkung hat mein Beitrag auf andere – fachlich und zwischenmenschlich?
- In welchen Situationen ziehe ich mich zurück – und warum?
- Wie gut bin ich mit anderen Rollen im Team vernetzt?
- Was hilft mir, mich nicht nur als Expertin oder Experte, sondern als Teammitglied zu erleben?
- Welche Form von Wertschätzung brauche ich, um mich motiviert und eingebunden zu fühlen?

Die Spezialistin oder der Spezialist bringt fachliche Tiefe, fundiertes Wissen und zuverlässige Expertise ins Team. Ihre Stärke liegt im inhaltlichen Beitrag, ihre Herausforderung in der sozialen Integration und anschlussfähigen Kommunikation. Teams profitieren besonders von dieser Rolle, wenn sie bereit sind, Fachwissen zu schätzen, aber auch Wege finden, dieses Wissen in gemeinsame Prozesse einzubinden. Die Spezialist:innenrolle ist ein unverzichtbarer Baustein für Qualität, Substanz und Professionalität.

Zusammenfassung des Modells

Teams sind keine rein funktionalen Gebilde, in denen Aufgaben nur auf Basis von Fachkompetenz verteilt werden. Sie sind soziale Systeme, in denen unterschiedliche Persönlichkeiten, Arbeitsstile, Motivationen und Potenziale miteinander in Beziehung treten. Was in einem Team gelingt oder misslingt, hängt nicht allein von der Qualifikation der Einzelnen ab, sondern vor allem von der Art und Weise, wie diese Menschen zusammenwirken. Das Belbin-Modell macht deutlich, dass Teamarbeit weit mehr ist als das Zusammenzählen individueller Leistungen. Es eröffnet einen differenzierten Blick auf die Vielfalt menschlicher Arbeits- und Verhaltenspräferenzen und bietet eine Landkarte für das Zusammenspiel neun unterschiedlicher Rollen, die in funktionierenden Teams in variabler Gewichtung vertreten sein sollten.

Die große Stärke des Belbin-Modells liegt darin, dass es nicht von festen Persönlichkeitskategorien ausgeht, sondern von beobachtbarem Rollenverhalten. Eine Person ist nicht per se eine Neuererin, ein Macher oder eine Koordinatorin. Vielmehr zeigt sich eine Rollenpräferenz in bestimmten Kontexten, in bestimmten Aufgabenstellungen, in bestimmten Gruppen. Menschen können verschiedene Rollen einnehmen, je nach Situation, Reife und Teamzusammensetzung. Auch wechseln sich Rollen im Verlauf eines Projekts ab. Das Modell ist deshalb dynamisch und prozessorientiert. Es unterstützt dabei, Stärken zu erkennen, Entwicklungsfelder zu benennen und bewusste Entscheidungen für die Teamzusammensetzung zu treffen.

Im Zentrum der Teamarbeit steht nicht die möglichst gleichmäßige Verteilung von Aufgaben, sondern das produktive Zusammenspiel unterschiedlicher Qualitäten. Jede Rolle im Belbin-Modell trägt zu einem gelingenden Teamprozess bei, aber keine Rolle ist für sich allein ausreichend. Erst das Zusammenspiel macht ein Team handlungsfähig. Der Macher bringt Energie und Umsetzungswille ein, ohne die Koordinatorin fehlt jedoch die Struktur. Die Neuererin liefert Impulse und Perspektivwechsel, doch ohne den kritischen Blick des Beobachters können ihre Ideen in Luftblasen zerfallen. Der Spezialist liefert Fachwissen, aber erst durch die Teamarbeiterin wird daraus ein gemeinsamer Prozess. Jede Rolle hat eine Stärke, jede eine Kehrseite. Die Kunst besteht darin, diese bewusst wahrzunehmen, wertzuschätzen und aktiv zu gestalten.

In der Realität sind Teams oft unausgewogen. Manche Rollen sind überrepräsentiert, andere fehlen vollständig. Häufig sind Macher:innen oder Umsetzer:innen stark präsent, weil Organisationen Wert auf Durchsetzungsfähigkeit und Ergebnisorientierung legen. Kreative oder kommunikative Rollen wie die Neuererin oder der Wegbereiter bleiben dabei unterbelichtet, weil ihre Beiträge schwieriger messbar sind. Ebenso fehlen in vielen Teams die leisen, reflektierenden Rollen wie die Beobachterin, deren Wirkung sich erst im längeren Verlauf zeigt. Eine funktionierende Teamentwicklung beginnt deshalb mit einer ehrlichen Auseinandersetzung: Welche Rollen sind im Team tatsächlich vertreten, welche fehlen, welche werden übersehen oder unterschätzt?

Es braucht Räume für Beobachtung, Selbstreflexion und gegenseitige Rückmeldung. Rollen sind keine festen Etiketten, sondern Angebote, die es zu prüfen, zu entwickeln und manchmal auch zu wechseln gilt. Menschen verändern sich, entwickeln sich weiter, passen sich an neue Aufgaben an oder entdecken in sich Fähigkeiten, die zuvor kaum sichtbar waren. Das Belbin-Modell kann dabei helfen, diese Prozesse zu strukturieren und zu begleiten. Es ermöglicht einen Dialog über Rollen, ohne in starre Typologien zu verfallen. Es fördert ein differenziertes Verständnis von Unterschiedlichkeit und ermöglicht einen respektvollen, konstruktiven Umgang mit Spannungen, die sich aus Rollenunterschieden ergeben.

Entscheidend ist die Erkenntnis, dass Rollen nicht nur individuell, sondern relational wirksam werden. Eine Person wirkt nicht als Wegbereiterin, weil sie extrovertiert ist, sondern weil sie im Team einen Beitrag leistet, der andere Perspektiven einbringt. Ein Koordinator ist nicht allein durch Führungsfunktion definiert, sondern durch seine Fähigkeit, Prozesse zu strukturieren und Menschen miteinander zu verbinden. Eine Teamarbeiterin entfaltet ihre Wirkung nicht, weil sie freundlich ist, sondern weil sie eine Atmosphäre schafft, in der Zusammenarbeit möglich wird. Rollen entstehen im Wechselspiel. Sie brauchen Resonanz, Akzeptanz und Kontext.

In einer zunehmend dynamischen Arbeitswelt wird diese Vielfalt immer bedeutsamer. Teams bestehen heute nicht mehr aus hierarchisch strukturierten Einheiten mit klaren Befehlsketten, sondern oft aus temporären, interdisziplinären, hybriden Gruppen, die in wechselnden Konstellationen arbeiten. Hier sind Rollenflexibilität, soziale Sensibilität und die Fähigkeit zur Selbst- und Fremdwahrnehmung gefragt. Das Belbin-Modell kann dabei als Navigationshilfe dienen, um sich in dieser Komplexität zu orientieren. Es bietet keine Patentrezepte, aber eine Sprache, um über Teamdynamiken ins Gespräch zu kommen.

Dabei ist zu betonen, dass jede Rolle Licht und Schatten hat. Der Macher kann antreiben, aber auch überfordern. Die Neuererin kann inspirieren, aber auch destabilisieren. Der Beobachter kann präzise analysieren, aber auch lähmen. Die Teamarbeiterin kann Zusammenhalt fördern, aber auch Konflikte vermeiden. Der Spezialist kann Wissen einbringen, aber sich isolieren. Es gibt keine perfekte Rolle, aber es gibt passende Konstellationen. Teams brauchen nicht Harmonie, sondern funktionale Spannung. Die produktive Differenz ist die Quelle von Innovation, Entwicklung und Leistung.

Leitung hat in diesem Kontext die Aufgabe, nicht nur Ziele zu setzen, sondern Rollen zu erkennen, zu benennen und weiterzuentwickeln. Sie sollte nicht nur Arbeit organisieren, sondern Zusammenarbeit gestalten. Führung bedeutet in diesem Sinne nicht Kontrolle, sondern Ermöglichung. Wer Teams führen will, muss Rollendynamiken erkennen, Rückmeldung geben und dafür sorgen, dass nicht nur Aufgaben, sondern auch Menschen zusammenpassen. Das Belbin-Modell kann hier als Reflexionshilfe dienen – nicht um zu klassifizieren, sondern um Potenziale sichtbar zu machen.

Auch für die Einzelperson bietet das Modell einen Mehrwert. Es unterstützt die Selbstreflexion, stärkt das Bewusstsein für die eigene Wirkung im Team und hilft dabei, neue Handlungsspielräume zu entdecken. Wer weiß, in welchen Rollen er oder sie sich wohlfühlt, kann bewusster entscheiden, wo Weiterentwicklung möglich ist. Wer die Stärken und Schwächen der eigenen Rolle kennt, kann gezielter kooperieren, Konflikte besser verstehen und konstruktiver kommunizieren. Das stärkt nicht nur das eigene Profil, sondern auch die Qualität der Zusammenarbeit im Team.

Die abschließende Integration der neun Rollen zeigt, dass sie nicht in Konkurrenz zueinander stehen, sondern einander bedingen und ergänzen. Kein Team braucht neun Menschen mit identischen Kompetenzen, sondern eine ausgewogene Mischung, die sich gegenseitig ergänzt, ausgleicht und inspiriert. Die Stärke eines Teams liegt nicht in der Homogenität, sondern in der Fähigkeit zur Integration von Unterschiedlichkeit. Das Belbin-Modell bietet dafür ein solides Fundament, eine gemeinsame Sprache und ein praktikables Werkzeug, um Teamprozesse bewusst, wertschätzend und wirksam zu gestalten.

Reflexionsfragen:

- Welche Rolle(n) nehme ich in meinem aktuellen Team am häufigsten ein – bewusst oder unbewusst?
- Welche Rollen fehlen in unserem Team – und wie wirkt sich das auf die Zusammenarbeit aus?
- Wie gehe ich mit Kolleg:innen um, die sehr anders arbeiten oder denken als ich?
- Welche Rückmeldungen bekomme ich zu meiner Wirkung im Team – und wie gehe ich damit um?
- Wie offen bin ich für Rollenerweiterung – wo liegt mein Potenzial zur Weiterentwicklung?
- Wie wirkt sich das Zusammenspiel der Rollen auf unsere Ergebnisse und die Stimmung im Team aus?
- Welche Verantwortung trage ich selbst für die Qualität des Miteinanders in der Gruppe?
- Was kann ich konkret tun, um zur Rollenvielfalt und zur Balance im Team beizutragen?

Die neun Teamrollen nach Belbin sind keine starre Typologie, sondern ein dynamisches Modell für das Zusammenspiel menschlicher Potenziale in Gruppen. Jede Rolle bringt spezifische Stärken mit, aber auch Herausforderungen. Erst in der Kombination entfalten sie ihre volle Wirksamkeit. Teams profitieren nicht von Gleichförmigkeit, sondern von der bewussten Integration von Unterschiedlichkeit. Das Belbin-Modell bietet eine praxisnahe Orientierung für gelingende Zusammenarbeit, reflektierte Führung und nachhaltige Teamentwicklung.

Die funktionale Perspektive auf Gruppenverhalten nach Eunson

In der Auseinandersetzung mit Gruppenrollen bietet das Modell von Meredith Belbin einen wertvollen Zugang zu den individuellen Präferenzen und Persönlichkeitsmerkmalen von Teammitgliedern. Es zeigt auf, welche Rolle jemand typischerweise in einem Team einnimmt, was ihm oder ihr leichtfällt, wo Stärken liegen und welche Verhaltensweisen situativ auftreten. Das Belbin-Modell ist besonders hilfreich, um Selbstreflexion zu fördern, Teamvielfalt zu verstehen und Potenziale im Zusammenspiel von Persönlichkeiten sichtbar zu machen. Es ist differenziert, praxisnah und in vielen professionellen Kontexten bewährt. Doch trotz seiner Stärken bleibt es in einem Punkt begrenzt: Es richtet den Fokus primär auf die Person, weniger auf die soziale Funktion, die ihr Verhalten im Gruppensystem erfüllt.

Hier setzt das funktionale Rollenmodell von David Eunson an. Es verlagert den Blick von der individuellen Disposition hin zur situativen Funktion. Während Belbin fragt, welche Rolle zu welcher Person passt, fragt Eunson, welche Rolle die Gruppe gerade braucht, unabhängig davon, wer sie übernimmt. Das funktionale Modell interessiert sich nicht in erster Linie für Persönlichkeitsmerkmale, sondern für Aufgaben, Prozesse und Wechselwirkungen. Rollen sind hier keine feststehenden Muster, sondern flexible Verhaltensweisen, die einem bestimmten Zweck im Gruppengeschehen dienen. Sie entstehen aus den Anforderungen der Situation, aus impliziten Erwartungen der Gruppe und aus der Dynamik der Interaktion.

Diese funktionale Perspektive bietet einen entscheidenden Mehrwert für die professionelle Gruppenarbeit. Sie löst sich von der Vorstellung fester Rollenzuschreibungen und ermöglicht stattdessen eine dynamische Betrachtung dessen, was Menschen in Gruppen tatsächlich tun, bewirken und auslösen. Es geht nicht darum, was jemand ist, sondern welche Funktion das Verhalten dieser Person für die Gruppe erfüllt. Damit wird deutlich: Auch dieselbe Person kann je nach Kontext, Gruppenphase oder Bedarf unterschiedliche Rollen übernehmen. Diese Flexibilität macht das Modell anschlussfähig für vielfältige berufliche Kontexte, von Beratung und Supervision über Teamentwicklung und Führung bis hin zu pädagogischen, psychosozialen und therapeutischen Settings.

Gruppen sind keine statischen Gebilde, sondern lebendige Systeme, die sich im Zusammenspiel ihrer Mitglieder kontinuierlich verändern. Sobald mehrere Menschen sich zusammentun, um ein gemeinsames Ziel zu erreichen, entfaltet sich ein dynamisches Geschehen, das weit über die bloße Addition individueller Beiträge hinausgeht. Gruppen erzeugen Spannungen und Synergien, schaffen Struktur und Chaos, fördern Entwicklung und fordern Anpassung. Damit Gruppen ihre Ziele erreichen, braucht es mehr als Motivation und gute Absichten. Es braucht Rollen – nicht im Sinne starrer Positionen, sondern im Sinne funktionaler Aufgabenverteilungen, die dafür sorgen, dass eine Gruppe arbeitsfähig bleibt. Das Modell der funktionalen Rollen nach David Eunson liefert hierzu eine fundierte, praxisnahe und differenzierte Betrachtungsweise.

Im Zentrum des Modells steht nicht die Frage, welche Persönlichkeit jemand mitbringt, sondern welche Funktion eine bestimmte Verhaltensweise im Gruppenzusammenhang erfüllt. Eunsons Konzept basiert auf der Beobachtung, dass Gruppen erfolgreicher agieren, wenn bestimmte Rollen besetzt oder zumindest verfügbar sind. Diese Rollen lassen sich nicht durch fixe Zuschreibungen definieren, sondern ergeben sich aus dem Bedarf der Gruppe, aus der jeweiligen Situation und aus der Art, wie einzelne Mitglieder auf diese Situation reagieren. Rollen sind in diesem Verständnis keine Etiketten, sondern situative Antworten auf Anforderungen, Erwartungen und Dynamiken. Sie können sich verändern, verschieben oder neu entstehen, je nachdem, welche Themen gerade im Vordergrund stehen und wie die Gruppe sich entwickelt.

Die funktionalen Rollen nach Eunson lassen sich in drei grundlegende Kategorien einteilen: aufgabenorientierte Rollen, beziehungsorientierte Rollen und selbstbezogene Rollen. Diese Einteilung eröffnet einen systematischen Zugang zur Analyse von Gruppenverhalten, ohne in Stereotypen zu verfallen. Aufgabenorientierte Rollen fokussieren auf Zielerreichung, Struktur, Problemlösung und Entscheidungsfindung. Beziehungsorientierte Rollen fördern das soziale Klima, unterstützen

Kooperation, bringen Empathie ein und stärken das Gruppengefüge. Selbstbezogene Rollen hingegen zielen vorwiegend auf individuelle Bedürfnisse ab, die oft auf Kosten des Gruppenziels gehen und sich in Formen von Rückzug, Dominanz, Ablenkung oder Störung zeigen können.

In der Praxis zeigt sich, dass Gruppen dann besonders produktiv arbeiten, wenn zwischen diesen drei Rollenbereichen eine ausgewogene Balance besteht. Eine Gruppe, die ausschließlich aus aufgabenorientierten Mitgliedern besteht, verliert leicht die soziale Anbindung. Eine Gruppe, die sich ausschließlich auf Beziehungspflege konzentriert, verliert womöglich die Zielorientierung. Und eine Gruppe, die von selbstbezogenen Verhaltensweisen dominiert wird, kann dauerhaft blockiert oder destabilisiert werden. Das Modell von Eunson macht diese Spannungsverhältnisse sichtbar und ermöglicht eine gezielte Reflexion der Rollenkonstellationen in Gruppen.

Ein entscheidender Vorteil dieses Modells liegt in seiner Dynamik. Rollen werden nicht als festen Personenmerkmalen zugeschrieben, sondern als flexible, wechselbare, beobachtbare Funktionen verstanden. Eine Person kann zu Beginn einer Sitzung die Strukturierung übernehmen, später die Beziehung moderieren und in einem nächsten Moment durch Rückzug eine selbstbezogene Haltung einnehmen. Rollen sind Ausdruck situativen Verhaltens, sie ergeben sich aus dem Zusammenspiel von innerer Haltung, äußeren Anforderungen und gruppendynamischen Prozessen. Genau deshalb eignet sich das Modell hervorragend für die Arbeit mit Gruppen in sich wandelnden Kontexten, etwa in Projektteams, in der Sozialpädagogik, in der Supervision, in therapeutischen Gruppen oder in partizipativen Entscheidungsprozessen.

Das Wissen um funktionale Rollen kann sowohl für Gruppenmitglieder als auch für Gruppenleitungen oder externe Begleiter:innen einen erheblichen Unterschied machen. Wer versteht, dass Verhalten in Gruppen auch eine Funktion erfüllen kann, ist eher bereit, sich auf unterschiedliche Rollen einzulassen und fremdes Verhalten nicht vorschnell zu bewerten. Wer erkennt, dass Rollen situativ entstehen und nicht zwingend Ausdruck von Persönlichkeit sind, kann sich selbst leichter weiterentwickeln und bewusster steuern. Und wer erkennt, dass Rollenverteilungen in Gruppen dysfunktional werden können, wenn sie starr, unausgewogen oder unbewusst verlaufen, kann gezielt intervenieren, unterstützen oder Impulse für Veränderung setzen.

Auch aus systemischer Perspektive lässt sich das Modell gewinnbringend betrachten. Rollen entstehen nicht im luftleeren Raum, sondern sind Ausdruck und zugleich Verstärker gruppendynamischer Muster. Eine Person, die immer die Verantwortung übernimmt, tut dies oft nicht nur aus Eigenmotivation, sondern auch, weil andere sie in dieser Rolle bestätigen oder weil das System diese Funktion unbewusst delegiert hat. Eine Person, die sich häufig zurückzieht, tut dies nicht zwingend aus Schwäche, sondern möglicherweise als Reaktion auf ein dominantes Kommunikationsverhalten anderer. Funktionale Rollen reflektieren daher immer auch die Struktur der Gruppe, ihre unausgesprochenen Regeln, ihre impliziten Erwartungen und ihre inneren Spannungen.

Ein besonderes Augenmerk verdient die Rolle der Leitung in der funktionalen Rollenanalyse. Leitung hat nicht die Aufgabe, alle Rollen selbst zu übernehmen oder zuzuweisen, sondern vielmehr, für Ausgewogenheit, Rollenklarheit und Beweglichkeit zu sorgen. Eine gute Gruppenleitung erkennt, welche Rollen gerade fehlen, welche überbetont sind, wo Potenziale schlummern und welche Interventionen notwendig sein könnten, um das Rollengefüge wieder in Balance zu bringen. Dabei geht es nicht um Kontrolle, sondern um Ermöglichung. Die Leitung wird zum Spiegel, zum Impulsgeber und zur Unterstützung dafür, dass sich die Gruppe ihrer eigenen Strukturen bewusster wird und daran wachsen kann.

In der pädagogischen Praxis kann dieses Modell ein Schlüssel sein für die Gestaltung von Gruppenprozessen, für die Reflexion von Gruppendynamiken und für die Förderung von sozialer Kompetenz. Kinder, Jugendliche oder Erwachsene, die lernen, dass es unterschiedliche Rollen braucht, dass alle wichtig sind und dass Verhalten eine Funktion hat, entwickeln ein differenzierteres Verständnis von Gemeinschaft. Sie lernen, Verantwortung für ihr eigenes Rollenverhalten zu übernehmen, andere Rollen zuzulassen und sich gegenseitig in ihren Beiträgen zu würdigen.

Dieses Verständnis kann auch zur Prävention beitragen, gegen Mobbing, gegen Ausgrenzung und gegen die Fixierung auf einseitige Rollenbilder.

Für die kollegiale Beratung und Supervision bietet das Modell ebenfalls einen großen Mehrwert. Es ermöglicht einen präzisen Blick auf Gruppenprozesse, auf verdeckte Konflikte, auf blockierende Verhaltensweisen und auf Ressourcen, die bislang ungenutzt geblieben sind. Wenn Gruppenmitglieder beginnen, sich selbst und andere nicht nur im Licht von Sympathie oder Antipathie zu betrachten, sondern in ihrer funktionalen Rolle, wird ein anderer Dialog möglich. Dann geht es nicht mehr darum, wer schuld ist oder wer sich durchsetzt, sondern darum, was die Gruppe gerade braucht und wie jede:r dazu beitragen kann.

Schließlich ist auch in der Organisationsentwicklung das funktionale Rollenmodell ein hilfreiches Instrument. Gerade in komplexen, dynamischen oder agilen Arbeitskontexten kommt es nicht auf festgeschriebene Rollen an, sondern auf die Fähigkeit, flexibel Funktionen zu übernehmen, Verantwortung zu teilen und Rollen bewusst zu gestalten. Das Modell hilft dabei, diese Prozesse zu beobachten, zu strukturieren und gezielt weiterzuentwickeln – im Sinne einer lebendigen, anpassungsfähigen und resilienten Organisationskultur.

Reflexionsfragen:

- In welchen Gruppen erlebe ich mich als eher aufgaben-, beziehungs- oder selbstbezogen handelnd?
- Welche funktionalen Rollen übernehme ich gern, welche vermeide ich eher?
- Wie bewusst ist mir mein Rollenverhalten – reagiere ich eher automatisch oder reflektiert?
- Wo beobachte ich in Gruppen, dass bestimmte Rollen zu dominant oder zu schwach vertreten sind?
- Wie reagiere ich, wenn meine Rolle in einer Gruppe nicht gesehen oder nicht gewürdigt wird?
- Welche Rolle spielt mein eigenes Verhalten für die Gesamtbalance in einer Gruppe?

- Wie kann ich funktionale Rollen gezielter gestalten, wechseln oder unterstützen?
- Welche Bedeutung hat Rollenbewusstsein in meinem beruflichen Alltag, und wie möchte ich es weiterentwickeln?

Das Modell der funktionalen Rollen nach Eunson eröffnet einen tiefgehenden, praxisorientierten Zugang zum Verständnis von Gruppenverhalten. Es macht sichtbar, wie unterschiedliche Rollen zum Gelingen oder Scheitern von Gruppenprozessen beitragen, ohne Personen festzulegen oder zu bewerten. Statt starrer Zuschreibungen geht es um dynamische Funktionen, um situatives Verhalten und um das Zusammenspiel von Aufgabe, Beziehung und persönlichem Ausdruck. Wer funktionale Rollen erkennt, kann Gruppen bewusster begleiten, produktiver steuern und menschlicher gestalten.

Aufgabenorientierte Rolle

Wenn Gruppen zusammenkommen, um ein Ziel zu verfolgen, braucht es mindestens eine Person, die dieses Ziel nicht aus den Augen verliert. Eine Person, die hilft, die Richtung zu halten, die Aufgaben zu strukturieren und die Gruppe wieder auf den Weg bringt, wenn sie sich verliert. In der funktionalen Rollensystematik nach Eunson ist diese Rolle eine der zentralen Säulen der aufgabenorientierten Kategorie. Sie beschreibt das Verhalten von Menschen, die Klarheit schaffen, Prioritäten setzen, Arbeitsprozesse ordnen und die Zielorientierung der Gruppe sicherstellen. Diese Rolle wird im Deutschen häufig als Strukturierende oder Strukturierender bezeichnet. Sie steht für die Fähigkeit, Gedanken zu ordnen, Aktivitäten zu koordinieren und Gruppen durch komplexe Aufgabenstellungen zu navigieren.

Menschen, die diese Rolle übernehmen, haben einen Blick für das Wesentliche. Sie können Informationen schnell verarbeiten, Zusammenhänge erkennen und aus einem unübersichtlichen Input eine nachvollziehbare Struktur entwickeln. Sie hören zu, sortieren, fragen nach, bringen Klarheit in diffuse Gespräche und lenken die Aufmerksamkeit der Gruppe immer wieder zurück auf die Frage, worum es im Kern geht. Sie übernehmen nicht zwangsläufig die Leitung der Gruppe, doch ihre Beiträge wirken oft leitend, weil sie Orientierung bieten. In der Anfangsphase einer Gruppe helfen sie bei der Zielklärung, in der Mitte eines Prozesses sorgen sie für Kohärenz, und gegen Ende erinnern sie an offene Aufgaben, Termine und Vereinbarungen.

Diese Rolle ist nicht unbedingt laut oder dominant. Oft sind es ruhige Menschen, die durch ihre Klarheit wirken. Ihre Fragen sind präzise, ihre Beiträge fokussiert, ihre Sprache strukturiert. Sie bringen Ordnung in komplexe Diskussionen, indem sie Zwischenergebnisse benennen, Zusammenfassungen anbieten oder Zwischenstände visualisieren. Sie vermeiden es, sich in Details zu verlieren, sondern steuern das Gespräch auf eine Entscheidung oder auf den nächsten Schritt hin. Dabei achten sie darauf, dass alle relevanten Aspekte berücksichtigt werden, ohne sich im Kreis zu drehen. Ihre Wirksamkeit entsteht durch Übersicht,

Verbindlichkeit und Konsequenz. In der Praxis ist diese Rolle von unschätzbarem Wert, besonders in Gruppen mit vielen kreativen, beziehungsorientierten oder selbstbezogenen Rollen. Sie bringt Balance in das System, indem sie dafür sorgt, dass der Rahmen nicht verloren geht. Wenn Gruppen sich in Diskussionen verlieren, wenn Ziele verschwimmen, wenn Themen endlos kreisen oder Entscheidungen aufgeschoben werden, wird die strukturierende Rolle zum entscheidenden Faktor. Sie unterbricht freundlich, aber bestimmt, sie fasst zusammen, sie stellt Rückfragen, sie schlägt eine Vorgehensweise vor oder erinnert an die Zeit. Dabei bleibt sie sachlich und lösungsorientiert.

Herausfordernd kann diese Rolle dann werden, wenn sie zu stark ausgeprägt ist oder sich verselbstständigt. Struktur ist hilfreich, solange sie flexibel bleibt. Wird sie zum Selbstzweck, entsteht das Risiko der Übersteuerung. Die Gruppe wird dann nicht mehr unterstützt, sondern eingeschränkt. Spontane Impulse, kreative Ideen oder emotionale Prozesse werden möglicherweise unterdrückt, weil sie nicht ins Schema passen. Die strukturierende Rolle verliert dann ihre funktionale Qualität und wird zu einem dominierenden Steuerungsinstrument. Es ist daher wichtig, dass Menschen in dieser Rolle lernen, zwischen Klarheit und Kontrolle zu unterscheiden, zwischen Orientierung und Zwang, zwischen Struktur und Starrheit.

Ein weiteres Spannungsfeld ergibt sich aus dem Verhältnis zu anderen Rollen. Besonders kreative oder beziehungsorientierte Gruppenmitglieder fühlen sich manchmal von der Strukturierung eingeschränkt. Sie erleben die Rolle als ungeduldig, kritisch oder dominierend. Umgekehrt empfinden Menschen in der strukturierenden Rolle andere oft als unklar, zu emotional oder zu zerstreut. Diese Wahrnehmungsdifferenz kann zu Spannungen führen, wenn sie nicht reflektiert wird. Deshalb ist es zentral, dass Menschen in dieser Rolle lernen, ihre Funktion transparent zu machen, ihre Intention zu erklären und ihr Verhalten flexibel auf die Gruppendynamik abzustimmen.

Eine besondere Herausforderung stellt sich in Gruppen, in denen die strukturierende Rolle nicht besetzt ist. Dann fehlen Übersicht, Klarheit

und Richtung. Die Gruppe verliert sich in Details, springt zwischen Themen, hat Schwierigkeiten, Entscheidungen zu treffen oder bleibt in endlosen Diskussionen stecken. In solchen Fällen kann eine Intervention von
außen helfen, etwa durch eine Gruppenleitung, eine Moderation oder
durch kollegiale Reflexion. Die strukturierende Rolle kann auch gezielt
eingeladen werden, etwa durch Fragen wie: Was ist unser Ziel? Was haben wir schon? Was fehlt noch? Was ist der nächste Schritt? Durch solche
Impulse kann die Strukturierung wieder aktiviert werden, auch wenn niemand die Rolle dauerhaft übernimmt.

Auch in pädagogischen, therapeutischen oder beraterischen Kontexten
ist diese Rolle bedeutsam. Gruppenprozesse brauchen nicht nur Beziehung und Inhalt, sondern auch einen Rahmen. Wer Gruppen begleitet,
ist oft aufgerufen, genau diesen Rahmen zu schaffen: durch klare Absprachen, durch das Setzen von Themen, durch Zeitmanagement, durch die
Strukturierung von Diskussionen oder durch die Dokumentation von Ergebnissen. Die strukturierende Rolle ist hier nicht nur eine Frage der Persönlichkeit, sondern eine professionelle Kompetenz, die erlernt, geübt
und reflektiert werden kann. Menschen, die diese Rolle regelmäßig übernehmen, erleben sich oft als verlässlich, fokussiert und lösungsorientiert.
Sie schätzen Klarheit, Effizienz und Ergebnisorientierung. Ihre größte Entwicklungschance liegt in der Erweiterung ihrer Wahrnehmung. Sie dürfen
lernen, auch Prozesse zuzulassen, die nicht sofort ein Ergebnis haben,
auch Emotionen zuzulassen, die nicht logisch erscheinen, und auch in der
Unsicherheit einen Wert zu erkennen. Ihre Stärke liegt in der Ordnung,
doch manchmal entsteht Entwicklung gerade in der Unordnung. Strukturierende Menschen dürfen lernen, wann Struktur hilfreich ist – und wann
es klüger ist, sie loszulassen.

Für Gruppen bedeutet die Anwesenheit einer funktional agierenden
Strukturierungskraft nicht nur bessere Ergebnisse, sondern auch eine
emotionale Entlastung. Wenn Aufgaben klar sind, Abläufe transparent
und Entscheidungen nachvollziehbar, entsteht Sicherheit. Diese Sicherheit erlaubt es anderen, sich auf ihre eigenen Rollen zu konzentrieren,
ohne Angst vor Chaos, Unklarheit oder Überforderung. Die strukturierende Rolle ist deshalb nicht nur eine kognitive, sondern auch eine soziale

Funktion. Sie gibt Halt, sie reduziert Stress, sie ermöglicht Fokus. Und genau darin liegt ihre tiefere Wirkung auf die Gruppenentwicklung.

Reflexionsfragen:

- Wann übernehme ich in Gruppen die strukturierende Rolle, bewusst oder unbewusst?
- Wie wirke ich mit meiner Strukturierungsfähigkeit auf andere, unterstützend oder kontrollierend?
- Was hilft mir, zwischen hilfreicher Ordnung und übermäßiger Steuerung zu unterscheiden?
- Welche Reaktionen erlebe ich auf mein strukturierendes Verhalten? Zustimmung, Widerstand oder Rückzug?
- In welchen Gruppensituationen fehlt es aus meiner Sicht an Struktur, und wie kann ich damit umgehen?
- Wie kann ich Struktur mit Offenheit, Klarheit mit Flexibilität verbinden?
- Was lerne ich über mich, wenn ich in Gruppen keine strukturierende Rolle übernehmen darf oder will?
- Welche Bedingungen brauche ich, um diese Rolle kraftvoll, sensibel und bewusst auszufüllen?

Die strukturierende Rolle ist ein zentrales Element funktionaler Gruppenarbeit. Sie sorgt für Klarheit, Orientierung und Zielorientierung. Menschen in dieser Rolle ordnen Gedanken, strukturieren Prozesse und geben der Gruppe Halt. Ihre Stärke liegt in der Übersicht und im Fokussieren. Ihre Herausforderung besteht darin, nicht zu dominieren, sondern zu ermöglichen. In der Balance von Klarheit und Offenheit entfaltet diese Rolle ihre volle Wirksamkeit für das Gelingen von Gruppenprozessen.

Die umsetzende oder aktivierende Rolle

Wenn Gruppen nicht nur in der Planung verharren, sondern zu konkretem Handeln übergehen wollen, braucht es Menschen, die Initiativen setzen, Verantwortung übernehmen und den ersten Schritt tun. In der funktionalen Rollensystematik nach Eunson spricht man hier von der umsetzenden oder aktivierenden Rolle. Diese Rolle ist entscheidend dafür, dass Ideen nicht bloß diskutiert, sondern auch verwirklicht werden. Menschen, die diese Rolle einnehmen, zeichnen sich durch Tatkraft, Entschlossenheit und eine gewisse Zielstrebigkeit aus. Sie bringen Energie in die Gruppe, treiben Prozesse voran und lassen sich nicht durch langwierige Debatten aufhalten, wenn es darum geht, ins Tun zu kommen.

Diese Rolle erfordert Mut zur Entscheidung und eine hohe Bereitschaft, Verantwortung zu übernehmen. Wer sie lebt, verlässt als Erste oder Erster den sicheren Raum des Redens und betritt das Feld des Handelns. Diese Menschen haben ein Gespür für günstige Zeitpunkte, sie erkennen, wann eine Entscheidung notwendig ist, und sie wissen, wann es an der Zeit ist, aus dem Denken ins Handeln zu kommen. Dabei handeln sie nicht blind, sondern aufgrund eines inneren Drangs zur Wirksamkeit. Sie wollen Ergebnisse sehen, etwas bewegen, etwas auf den Weg bringen. Ihre Stärke liegt nicht im Planen, sondern im Machen.

Die umsetzende Rolle ist in vielen Gruppen unerlässlich. Sie hilft, Dynamik zu erzeugen, sie gibt dem Prozess einen Schub, sie schafft Verbindlichkeit. In der Praxis zeigt sich diese Rolle durch konkrete Vorschläge, durch das Übernehmen von Aufgaben, durch das Vorangehen in schwierigen Situationen oder durch das Einfordern von Ergebnissen. Menschen in dieser Rolle übernehmen Verantwortung, ohne sich zu drücken, sie packen an, wo andere noch zögern, und sie schaffen dadurch oft eine Orientierung für das gesamte Team. Ihr Verhalten signalisiert: Wir meinen es ernst. Wir gehen los. Wir handeln.

Gleichzeitig bringt diese Rolle auch Risiken mit sich. Wer ständig vorangeht, läuft Gefahr, andere zu überfahren. Die umsetzende Rolle kann schnell zur dominierenden Kraft werden, die andere Rollen verdrängt oder unter Druck setzt. Wenn sie zu stark ausgeprägt ist, ohne Rücksicht auf Gruppendynamik oder Befindlichkeiten, entstehen Spannungen, Widerstand oder Rückzug. Deshalb braucht es für diese Rolle nicht nur Tatkraft, sondern auch Feingefühl. Wer etwas umsetzt, sollte wissen, wie das auf andere wirkt, welche Ängste es auslöst, welche Reaktionen es provoziert. Verantwortung zu übernehmen heißt nicht, sich über andere hinwegzusetzen, sondern sie mitzunehmen.

Ein weiteres Spannungsfeld ergibt sich aus dem Zusammenspiel mit anderen funktionalen Rollen. Die aktivierende Rolle braucht die strukturierende, um ihre Energie in geordnete Bahnen zu lenken. Sie braucht die beziehungsorientierten Rollen, um Rückhalt zu finden, und sie braucht die reflexiven Stimmen, um blinde Flecken zu erkennen. Wird sie isoliert gelebt, kann sie in blinden Aktionismus kippen. Wird sie jedoch eingebettet in ein balanciertes Rollenfeld, wird sie zur treibenden Kraft für Wandel, Entwicklung und konkrete Ergebnisse.

Auch für Gruppenleitungen ist diese Rolle relevant. Sie können durch ihr Vorangehen ein Modell für Umsetzungsbereitschaft bieten, sie können durch klare Entscheidungen Verbindlichkeit schaffen und durch konkretes Handeln Prozesse in Gang bringen. Gleichzeitig müssen sie sensibel dafür bleiben, wann sie diese Rolle ausüben und wann sie Raum für andere Rollen schaffen. Nicht jede Leitung muss immer umsetzen. Manchmal reicht es, die Umsetzung zu ermöglichen.

Menschen, die diese Rolle häufig übernehmen, erleben sich oft als handlungsstark, pragmatisch und zielorientiert. Sie neigen dazu, Dinge in die Hand zu nehmen, bevor sie vollständig durchdacht sind, und geraten dadurch manchmal in Konflikt mit eher analytischen oder abwägenden Rollen. Ihre größte Entwicklungsaufgabe liegt darin, Geduld zu entwickeln, andere mit ins Boot zu holen und die Kraft ihrer Initiative mit Achtsamkeit zu verbinden. Dann entsteht aus Bewegung nicht nur Aktion, sondern echte Transformation.

In Gruppen, in denen niemand die aktivierende Rolle übernimmt, bleiben gute Ideen oft folgenlos. Projekte werden diskutiert, geplant, reflektiert, aber nicht umgesetzt. Hier liegt das große Potenzial dieser Rolle: Sie macht den Unterschied zwischen Theorie und Praxis. Sie bringt das Team in Kontakt mit der Realität, sie erzeugt Wirkung und sie macht Gruppen wirksam. Deshalb braucht es Menschen, die bereit sind, ins Risiko zu gehen, den ersten Schritt zu machen, Verantwortung zu übernehmen – und den Mut haben, andere dabei nicht zu verlieren.

Reflexionsfragen:

- In welchen Situationen übernehme ich gern die aktivierende oder umsetzende Rolle?
- Wie wirke ich auf andere, wenn ich Verantwortung übernehme und Dinge anstoße?
- Wo liegt die Grenze zwischen Handlungsfähigkeit und Dominanz?
- Was hilft mir, mein Tempo an das der Gruppe anzupassen?
- Welche Rollen brauche ich, um meine Umsetzungsstärke sinnvoll einzubetten?
- Wie gehe ich mit Widerstand oder Passivität in Gruppen um?
- Wie erlebe ich mich, wenn niemand die Umsetzung übernimmt – warte ich oder handle ich?
- Was brauche ich, um meine Initiative mit Achtsamkeit zu verbinden?

Die umsetzende oder aktivierende Rolle ist ein zentraler Motor in Gruppen. Sie bringt Ideen ins Handeln, schafft Verbindlichkeit und erzeugt Bewegung. Menschen in dieser Rolle übernehmen Verantwortung, gehen voran und zeigen, dass Veränderung möglich ist. Ihre Herausforderung liegt in der Balance zwischen Tempo und Rücksicht, zwischen Entschlossenheit und Einfühlungsvermögen. In ihrer reifen Form ist sie die Kraft, die Gruppen vom Denken ins Tun führt.

Die moderierende oder klärende Rolle

Neben der Umsetzung, Strukturierung und Aktivierung braucht es in Gruppen immer auch Menschen, die vermitteln, verständlich machen und dafür sorgen, dass Kommunikation gelingt. Die moderierende oder klärende Rolle erfüllt genau diese Funktion. Sie bringt Ordnung in Diskussionen, klärt Missverständnisse, sorgt für einen respektvollen Dialog und achtet darauf, dass alle gehört werden. Menschen, die diese Rolle übernehmen, sind oft sprachlich gewandt, geduldig, aufmerksam und diplomatisch. Sie erfassen Zwischentöne, erkennen Spannungen und übersetzen zwischen unterschiedlichen Sichtweisen. Ihre Beiträge helfen der Gruppe, sich zu orientieren, ohne festzulegen, sich zu einigen, ohne zu vereinheitlichen. Diese Fähigkeit zur Vermittlung und Klärung macht sie zu einem stabilisierenden Element in dynamischen Gruppenkontexten.

Die Stärke dieser Rolle liegt in ihrer vermittelnden Kraft. Sie erlaubt es, Meinungen nebeneinander stehen zu lassen, ohne den Zusammenhalt zu gefährden. Moderierende Menschen achten auf das Gesprächsklima, unterbrechen respektvoll, wenn jemand dominiert, und ermutigen stille Stimmen, sich einzubringen. Sie spiegeln, fassen zusammen, stellen Rückfragen und bringen Themen auf den Punkt. Dabei bleiben sie möglichst neutral und urteilsfrei. Ihre Haltung ist geprägt von Respekt, Geduld und einer tiefen Überzeugung, dass Verständigung möglich ist – auch bei unterschiedlichen Positionen. In Meetings und Besprechungen sind sie oft diejenigen, die darauf achten, dass Redebeiträge nicht untergehen, dass Emotionen angesprochen und Missverständnisse ausgeräumt werden. Ihre Präsenz gibt Sicherheit, ohne autoritär zu wirken.

In konfliktbelasteten Gruppen wird diese Rolle besonders wichtig. Hier ist sie oft die Brücke zwischen Fronten, der sichere Raum für Spannendes und Verletzliches. Sie lädt ein zur Klärung, ohne zu konfrontieren, sie öffnet Räume, ohne Druck auszuüben. Moderierende Rollen können Eskalationen vorbeugen, Konflikte deeskalieren und Gruppen helfen, wieder in einen produktiven Dialog zu kommen. Ihre Wirkung ist oft subtil, aber tiefgreifend. Sie verändern nicht unbedingt Inhalte, aber sie verändern den Ton, das Miteinander, die Atmosphäre. In Teams, die durch

Machtkämpfe oder Unsicherheiten geprägt sind, bringen sie eine Atmosphäre des Vertrauens und der Offenheit zurück. Sie zeigen, dass es möglich ist, auch in schwierigen Situationen im Gespräch zu bleiben.

Diese Rolle bringt auch Herausforderungen mit sich. Wer sie übernimmt, läuft Gefahr, zwischen die Fronten zu geraten, wenn es keine gemeinsame Gesprächsbasis mehr gibt. Die Balance zwischen Allparteilichkeit und Klarheit, zwischen Mitgefühl und Führung, ist anspruchsvoll. Auch besteht das Risiko, dass die moderierende Rolle zu viel Verantwortung für das Gruppenklima übernimmt und dadurch andere entlastet oder unbemerkt zur Projektionsfläche wird. Umso wichtiger ist es, dass diese Rolle durch Selbstreflexion, Rückhalt und klare Abgrenzung gestärkt wird. Eine weitere Herausforderung besteht darin, nicht in eine passive Haltung zu verfallen, sondern gleichzeitig Orientierung zu geben. Gute Moderator:innen halten die Gruppe nicht nur im Dialog, sie strukturieren auch, steuern behutsam und geben den Beteiligten Sicherheit durch Verlässlichkeit im Prozess.

In vielen Settings wird Moderation als professionelle Kompetenz geschult. In Teamsitzungen, Workshops, Mediationen oder Supervisionen ist sie ein zentrales Element gelingender Kommunikation. Doch auch in informellen Gruppenprozessen braucht es diese Funktion. Ob ausgesprochen oder nicht: Jedes gute Gespräch enthält moderierende Elemente. Jedes gelingende Miteinander lebt von Menschen, die zuhören, nachfragen, strukturieren, verbinden. Die moderierende Rolle ist damit nicht nur eine Technik, sondern eine Haltung – offen, respektvoll, verbindlich. Sie basiert auf der Bereitschaft, wirklich zuzuhören, Differenz anzuerkennen und unterschiedliche Perspektiven als Bereicherung zu verstehen.

Auch in pädagogischen und sozialen Kontexten ist sie von besonderer Bedeutung. Lehrende, Berater:innen oder Gruppenleitungen, die diese Rolle gut ausfüllen, schaffen Lernräume, in denen Unterschiedlichkeit als Ressource erlebt werden kann. Sie ermöglichen es Menschen, sich mitzuteilen, sich zu zeigen, gehört und verstanden zu werden. Gerade in heterogenen Gruppen, in denen viele Perspektiven aufeinandertreffen, trägt die moderierende Rolle entscheidend zur Kohärenz bei. Diese Rolle ist ein Schlüssel zur Inklusion, zur Partizipation und zum sozialen Lernen. Sie zeigt, dass produktive Zusammenarbeit nicht auf Homogenität angewiesen ist, sondern auf Dialogfähigkeit.

Wer diese Rolle regelmäßig übernimmt, erlebt sich oft als Brückenbauer:in, als Vermittler:in, als Stimme der Verständigung. Die eigene Entwicklung liegt oft in der Frage, wie viel Verantwortung ich für das Miteinander übernehmen will und kann. Wo finde ich die Grenze zwischen Einfühlung und Abgrenzung? Wie kann ich moderieren, ohne mich zu verlieren? Wie kann ich zum Gelingen beitragen, ohne alles im Griff haben zu müssen? Diese Fragen helfen, die Rolle bewusst, kraftvoll und flexibel auszufüllen. Eine gute Moderation lebt von Authentizität, von Präsenz, von innerer Ruhe. Sie verlangt nicht nach Perfektion, sondern nach einem echten Interesse am Verstehen. Sie öffnet Räume für andere und bleibt dabei selbst klar. Genau darin liegt ihre besondere Stärke.

Reflexionsfragen:

- Wann übernehme ich die moderierende oder klärende Rolle, bewusst oder automatisch?
- Wie gelingt es mir, in schwierigen Gesprächen allparteilich zu bleiben?
- Was hilft mir, zwischen unterschiedlichen Perspektiven zu vermitteln?
- Wie reagiere ich, wenn meine Moderation nicht angenommen wird?
- Welche persönlichen Stärken bringe ich in diese Rolle ein, und wo sind meine Grenzen?
- In welchen Situationen erlebe ich die Wirkung meiner klärenden Beiträge besonders deutlich?
- Was kann ich tun, um diese Rolle professionell weiterzuentwickeln?
- Wie gehe ich damit um, wenn ich mich in meiner Moderationsrolle überfordert oder verantwortlich für alles fühle?

Die moderierende oder klärende Rolle ist eine zentrale Funktion für das Gelingen von Kommunikation in Gruppen. Sie vermittelt, strukturiert, macht verständlich und schafft Räume für Dialog. Ihre Kraft liegt in der Verbindung von Zuhören, Struktur und Haltung. Sie trägt dazu bei, Spannungen zu lösen, Unterschiedlichkeit auszuhalten und produktiv miteinander im Gespräch zu bleiben. In einer Gruppe, die wachsen will, ist diese Rolle unverzichtbar.

Die entscheidungsfördernde oder priorisierende Rolle

Neben dem Initiieren, Strukturieren und Moderieren braucht es in Gruppen auch Menschen, die Entscheidungen vorantreiben, Prioritäten setzen und den Fokus immer wieder auf das Wesentliche lenken. Die entscheidungsfördernde oder priorisierende Rolle erfüllt genau diese Funktion. Sie sorgt dafür, dass Gruppen nicht im Unklaren verharren, sondern zu klaren Ergebnissen kommen. Menschen in dieser Rolle helfen der Gruppe dabei, zwischen Optionen zu wählen, Abwägungen zu treffen, mutige Schritte zu setzen und Verantwortung für getroffene Entscheidungen zu übernehmen. Sie bringen Übersicht in die Komplexität, reduzieren Entscheidungsdruck durch Klarheit und fördern das gemeinsame Voranschreiten.

Diese Rolle ist unverzichtbar in Gruppen, die sich in Diskussionen verlieren, sich scheuen, Stellung zu beziehen, oder vermeiden, Verantwortung zu übernehmen. Die entscheidungsfördernde Rolle setzt Impulse in Richtung Verbindlichkeit. Sie fragt nach dem nächsten Schritt, nach dem, was jetzt entschieden werden muss, nach dem, was wirksam werden soll. Sie erkennt Blockaden, benennt Unsicherheiten und lädt ein, trotz Unvollständigkeit eine Richtung einzuschlagen. Menschen, die diese Rolle übernehmen, strahlen oft Ruhe, Überlegenheit und Reflexionsfähigkeit aus. Sie vermitteln: Entscheidungen sind möglich. Entscheidungen sind gestaltbar. Entscheidungen sind Teil des Gruppenprozesses.

Diese Rolle wird häufig missverstanden, weil sie mit Dominanz verwechselt wird. Doch die entscheidungsfördernde Rolle ist keine autoritäre Instanz. Sie ist keine Person, die allein entscheidet, sondern eine Funktion, die Entscheidungen ermöglicht. Sie schafft die Bedingungen, unter denen Entscheidungen tragfähig und nachvollziehbar getroffen werden können. Sie fördert die Bereitschaft zur Übernahme von Verantwortung und unterstützt die Gruppe dabei, Entscheidungskriterien zu entwickeln, Entscheidungsprozesse zu reflektieren und mit Unsicherheiten umzugehen.

In ihrer reifen Form stellt diese Rolle nicht nur die Frage: Was machen wir jetzt?, sondern auch: Warum entscheiden wir uns so? Welche Folgen hat diese Entscheidung? Wer trägt sie mit? Wer könnte durch diese Entscheidung betroffen sein? Sie erweitert also den Blick für die Bedeutung von Entscheidungen und verhilft Gruppen zu einer reflektierten Haltung gegenüber ihrer eigenen Handlungsfähigkeit. Besonders in komplexen Entscheidungsfeldern, bei ethischen Dilemmata oder in Veränderungsprozessen leistet diese Rolle einen wesentlichen Beitrag zur Stabilisierung der Gruppe.

Herausfordernd wird diese Rolle dann, wenn Entscheidungen eingefordert werden, obwohl der Prozess der Entscheidungsfindung noch nicht reif ist. Dann kann Druck entstehen, es können vorschnelle Entscheidungen getroffen werden, die nicht nachhaltig wirken. Umgekehrt kann die Gruppe in einer Art Entscheidungslähmung verharren, wenn diese Rolle fehlt. Dann werden zwar viele Informationen gesammelt, Meinungen ausgetauscht, Perspektiven beleuchtet, doch der Mut zur Klarheit fehlt. In solchen Situationen ist die entscheidungsfördernde Rolle ein Katalysator für Bewegung. Sie hilft, Unentschlossenheit zu überwinden, Ambivalenzen anzuerkennen und dennoch handlungsfähig zu bleiben.

Menschen, die diese Rolle häufig übernehmen, erleben sich oft als klärend, rational und handlungsorientiert. Sie schätzen Struktur, sie mögen es, wenn Dinge abgeschlossen werden, und sie nehmen Verantwortung ernst. Ihre größte Entwicklungsaufgabe liegt in der Balance zwischen Klarheit und Offenheit, zwischen Entschiedenheit und Mitverantwortung, zwischen Richtung und Beteiligung. Sie dürfen lernen, Entscheidungen nicht nur durchzusetzen, sondern gemeinsam zu entwickeln. Sie dürfen erfahren, dass gute Entscheidungen oft das Ergebnis eines längeren Aushandlungsprozesses sind, und nicht immer schnell getroffen werden können.

In Gruppen, in denen diese Rolle bewusst gelebt wird, entsteht Vertrauen in Entscheidungsprozesse. Menschen erleben, dass sie beteiligt werden, dass ihre Perspektiven gehört werden und dass Entscheidungen nachvollziehbar kommuniziert werden. Sie wissen, woran sie sind. Sie erleben Struktur und Klarheit, ohne dass Beteiligung verloren geht. Gerade in professionellen Kontexten, in denen Entscheidungen Auswirkungen auf andere Menschen haben, ist diese Rolle entscheidend für die Qualität der Zusammenarbeit.

Auch Leitungspersonen profitieren von einem bewussten Umgang mit dieser Rolle. Sie können durch ihr Verhalten Entscheidungsprozesse modellieren, Unsicherheiten benennen, Prioritäten setzen und die Gruppe in Richtung Handlungsfähigkeit begleiten. Besonders in Phasen der Veränderung ist diese Rolle bedeutsam, weil sie Orientierung gibt, ohne Bevormundung zu erzeugen. Sie stärkt die Autonomie der Gruppe und fördert das Vertrauen in kollektive Prozesse.

Reflexionsfragen:

- In welchen Situationen übernehme ich in Gruppen eine entscheidungsfördernde oder priorisierende Rolle?
- Wie gehe ich mit Unsicherheiten um, wenn Entscheidungen getroffen werden sollen?
- Welche Haltung bringe ich gegenüber kollektiven Entscheidungsprozessen mit?
- Wie gelingt es mir, Klarheit zu schaffen, ohne andere zu überfahren?
- Was brauche ich, um zwischen Entscheidungsdruck und Entscheidungsreife zu unterscheiden?
- In welchen Gruppen erlebe ich Entscheidungslähmung und wie gehe ich damit um?
- Wie kann ich andere dazu ermutigen, Verantwortung für Entscheidungen zu übernehmen?
- Wo liegt meine persönliche Entwicklungschance im Umgang mit Entscheidungen?

Die entscheidungsfördernde oder priorisierende Rolle bringt Gruppen in Bewegung, wenn sie Gefahr laufen, im Unentschiedenen zu verharren. Sie schafft Orientierung, stärkt Verantwortungsbereitschaft und ermöglicht tragfähige Entscheidungen. Ihre Wirkung zeigt sich dort, wo Mut, Klarheit und Beteiligung gefragt sind. In ihrer ausbalancierten Form verbindet sie Richtung mit Offenheit und trägt so wesentlich zur Handlungsfähigkeit und Reife einer Gruppe bei.

Die unterstützende oder ermutigende Rolle

In Gruppen, die miteinander arbeiten, lernen oder sich entwickeln wollen, braucht es nicht nur Zielorientierung, Struktur und Entscheidungsfähigkeit, sondern auch emotionale Stabilität, Zugehörigkeit und gegenseitige Ermutigung. Die unterstützende oder ermutigende Rolle übernimmt in diesem Zusammenhang eine zentrale Funktion. Sie sorgt dafür, dass die Mitglieder einer Gruppe sich gesehen, gehört und wertgeschätzt fühlen. Menschen in dieser Rolle achten darauf, dass Vertrauen entsteht, dass Unsicherheiten benannt werden dürfen, dass Gefühle Platz haben und dass individuelle Beiträge Anerkennung finden. Sie sind die emotionalen Träger:innen einer Gruppe und leisten damit einen unschätzbaren Beitrag für das soziale Klima und den inneren Zusammenhalt.

Diese Rolle wird nicht immer laut oder spektakulär sichtbar. Oft wirkt sie im Hintergrund, in kleinen Gesten, im aufmerksamen Zuhören, in einer unterstützenden Geste oder einem wertschätzenden Kommentar. Unterstützende Personen merken, wenn jemand sich zurückzieht, sie erkennen, wenn jemand Zuspruch braucht, und sie vermitteln ein Gefühl von Sicherheit und Zugehörigkeit. Sie sind nicht unbedingt die treibende Kraft für Ergebnisse, aber sie halten den Raum, damit Ergebnisse möglich werden. Ihre Qualität liegt im Zwischenmenschlichen, im Beziehungsaufbau, im Dasein.

In Gruppen, in denen diese Rolle fehlt, entsteht häufig ein sachlich-funktionaler Umgang, der zwar effizient wirken kann, aber wenig Resonanz ermöglicht. Menschen fühlen sich dann als Funktions- oder Leistungsträger:innen, nicht als ganze Personen. Es fehlen emotionale Rückmeldungen, soziale Wärme und ein Bewusstsein dafür, dass es auch um das Wie und nicht nur um das Was geht. Besonders in belastenden Phasen, bei Misserfolgen oder Unsicherheiten ist diese Rolle entscheidend, um Gruppen nicht nur leistungsfähig, sondern auch menschlich stabil zu halten.

Die unterstützende Rolle fördert ein Klima der Offenheit, in dem auch schwierige Themen angesprochen werden dürfen. Sie lädt dazu ein, Masken abzulegen, sich verletzlich zu zeigen und einander auf einer menschlichen Ebene zu begegnen. In Gruppen mit hoher Leistungsorientierung kann sie einen Ausgleich schaffen und ein Gegengewicht zu Druck und Konkurrenz bilden. Menschen in dieser Rolle bieten emotionale Orientierung, helfen bei der Regulation von Spannungen und fördern das Gefühl, dazuzugehören. Sie bringen eine Qualität in die Gruppe ein, die nicht messbar ist, aber spürbar. Sie erinnern daran, dass der Mensch mehr ist als seine Leistung, dass emotionale Bindung kein Luxus ist, sondern Grundlage für Zusammenarbeit.

Gleichzeitig wirkt diese Rolle präventiv gegenüber Ausgrenzung, Überforderung oder psychischer Belastung. In einer Gruppe, in der sich niemand für das Wohl der anderen zuständig fühlt, steigt das Risiko von Isolation, Misstrauen oder emotionaler Erschöpfung. Die unterstützende Rolle wirkt dem entgegen, indem sie Verbindungen stiftet und Halt gibt. Besonders in Übergangsphasen, bei Konflikten oder in Phasen hoher Unsicherheit ist diese Qualität entscheidend dafür, ob eine Gruppe zusammenhält oder auseinanderdriftet. Es ist oft diese Rolle, die entscheidet, ob ein Mensch sich öffnet oder verschließt, ob jemand bleibt oder geht, ob ein Impuls weitergetragen oder abgebrochen wird.

Dabei ist die unterstützende Rolle nicht nur auf einzelne Personen beschränkt. Sie kann auch als geteilte Haltung in einer Gruppe etabliert werden. Wenn gegenseitige Unterstützung zum Selbstverständnis wird, entsteht ein Klima kollektiver Fürsorge. Gruppen, die dies kultivieren, zeigen eine höhere Resilienz, eine tiefere Bindung und eine größere Bereitschaft zur Verantwortung. Die unterstützende Rolle wird dann zu einem kollektiven Prinzip, das die gesamte Gruppenatmosphäre prägt.

Diese Rolle hat auch eine systemische Dimension. Sie trägt zur Regulation des gesamten Gruppensystems bei, indem sie Spannungen abbaut, Rückhalt bietet und emotionale Ressourcen mobilisiert. Unterstützende Personen dienen als emotionale Puffer in stressbelasteten Situationen. Sie nehmen Spannungen auf, transformieren sie durch Zuwendung oder Humor und helfen der Gruppe, sich wieder zu zentrieren. In diesem Sinne tragen sie zur Stabilität, zur Flexibilität und zur Reifung des Systems bei.

In der Praxis sind es oft genau diese Personen, die lange unbemerkt wirken und erst dann auffallen, wenn sie fehlen. Ihre Rolle wird häufig erst sichtbar, wenn die Atmosphäre kippt, wenn Gruppenmitglieder sich zurückziehen oder wenn Eskalationen zunehmen. Dann zeigt sich, wie viel von der Stabilität und Verbundenheit einer Gruppe auf der stillen Arbeit unterstützender Menschen beruht. Es lohnt sich deshalb, dieser Rolle aktiv Anerkennung zu geben und ihre Bedeutung sichtbar zu machen.

Reflexionsfragen:

- In welchen Gruppen übernehme ich die unterstützende oder ermutigende Rolle?
- Was hilft mir, andere zu stärken, ohne mich selbst zu verlieren?
- Wie gehe ich damit um, wenn meine Unterstützung nicht wahrgenommen oder erwartet wird?
- Welche Grenzen setze ich, um meine Rolle gesund ausfüllen zu können?
- Wie kann ich auch in schwierigen Gruppenklimata Verbundenheit ermöglichen?
- Was brauche ich, um diese Rolle langfristig kraftvoll leben zu können?
- Wie unterstütze ich, ohne zu schonen – und stärke, ohne zu idealisieren?
- Welche Entwicklungspotenziale erkenne ich für mich in dieser Rolle?
- Wie kann ich dazu beitragen, dass die unterstützende Haltung im Team geteilt wird?

Die unterstützende oder ermutigende Rolle ist eine tragende Säule des Gruppenzusammenhalts. Sie schafft emotionale Sicherheit, fördert Zugehörigkeit und stärkt das Miteinander. Ihre Wirksamkeit entfaltet sich in der leisen, achtsamen Präsenz, die Menschen Raum gibt, sich zu zeigen, zu wachsen und verbunden zu bleiben. In Gruppen, die mehr sein wollen als funktionierende Systeme, ist diese Rolle unverzichtbar. Sie erinnert daran, dass zwischenmenschliche Qualität keine Nebensache ist, sondern Grundlage gelingender Zusammenarbeit.

Die integrierende oder vermittelnde Rolle

In jeder Gruppe entstehen früher oder später Unterschiede. Unterschiedliche Meinungen, Arbeitsstile, Werthaltungen oder Temperamente treffen aufeinander und führen zu Spannungen oder Missverständnissen. Genau hier wird die integrierende oder vermittelnde Rolle bedeutsam. Menschen in dieser Rolle sorgen dafür, dass Unterschiede nicht zur Spaltung führen, sondern produktiv genutzt werden. Sie verbinden statt zu trennen, sie übersetzen zwischen Perspektiven, sie vermitteln, wo Fronten zu entstehen drohen. Diese Rolle zielt nicht auf Harmonie im Sinne von Gleichheit, sondern auf Zusammenhalt im Sinne von tragfähiger Unterschiedlichkeit. Sie erlaubt es, Spannungen auszuhalten, ohne dass sie destruktiv wirken müssen.

Die integrierende Rolle ist mehr als Konfliktmoderation. Sie ist ein tiefes Verständnis dafür, dass Gruppen aus Differenz bestehen und dass Reibung ein natürlicher Bestandteil lebendiger Prozesse ist. Menschen in dieser Rolle erkennen Unterschiede frühzeitig, benennen sie achtsam und eröffnen Gesprächsräume, in denen diese Unterschiede sichtbar, verständlich und bearbeitbar werden. Sie halten Widersprüche aus, ohne Partei zu ergreifen, und fördern eine Atmosphäre, in der Verschiedenheit als Ressource begriffen werden kann. Ihre Stärke liegt im Hinhören, im Spiegeln, im behutsamen Navigieren durch Spannungsfelder.

Besonders in diversen Teams, in interdisziplinären Gruppen oder in Organisationen mit kultureller Vielfalt wird diese Rolle immer wichtiger. Sie ermöglicht es, aus der Pluralität von Perspektiven gemeinsame Lösungen zu entwickeln. Dabei geht es nicht darum, alle Differenzen aufzulösen, sondern tragfähige Formen des Miteinanders zu gestalten. Die integrierende Rolle schafft Verbindungen dort, wo sonst Spaltungen entstehen würden. Sie leistet damit einen wesentlichen Beitrag zum inneren Zusammenhalt einer Gruppe – gerade dann, wenn dieser nicht selbstverständlich ist.

In ihrer reifen Ausprägung zeigt sich diese Rolle durch hohe Toleranz, ein ausgeprägtes Gespür für soziale Dynamiken und ein tiefes Interesse am

Verstehen. Menschen in dieser Rolle stellen häufig Fragen wie: Was verbindet uns trotz unserer Unterschiede? Wie können wir Verschiedenes nebeneinander stehen lassen? Was brauchen wir, damit jede:r sich zeigen kann, ohne sich anpassen zu müssen? Sie achten auf Zwischentöne, auf unausgesprochene Spannungen, auf Rollenverteilungen, die unausgewogen wirken. Oft sind es gerade diese Personen, die implizite Ausschlüsse thematisieren, leise Stimmen hörbar machen und marginalisierte Positionen sichtbar machen.

Diese Rolle ist nicht einfach. Wer vermittelt, wird leicht zur Projektionsfläche. Wer integrieren will, riskiert, zwischen die Stühle zu geraten. Umso wichtiger ist es, dass Menschen in dieser Rolle gut für sich sorgen, sich rückversichern und Unterstützung erfahren. Ihre Haltung basiert auf der Überzeugung, dass Gruppen nicht trotz, sondern wegen ihrer Unterschiede stark sein können. Doch diese Haltung braucht Pflege, Reflexion und eine innere Klarheit darüber, welche Konflikte bearbeitbar sind und wo Grenzen erreicht sind. In der praktischen Gruppenarbeit zeigt sich die Wirkung dieser Rolle oft indirekt. Spannungen eskalieren nicht, weil frühzeitig eingegriffen wurde. Ausschlüsse entstehen nicht, weil sensibel gegengesteuert wurde. Polarisierungen nehmen ab, weil vermittelnde Beiträge das Gemeinsame betonen. Die integrierende Rolle wirkt wie ein emotionales Bindemittel, das Gegensätze nicht auflöst, aber zusammenhält. Gerade in Phasen der Gruppenentwicklung, wenn Rollen sich festfahren oder Positionen verhärten, kann diese Rolle neue Bewegung ermöglichen.

Auch in beratenden und pädagogischen Kontexten ist diese Rolle zentral. Ob in Teamsupervisionen, Klassenräumen oder Führungskreisen – überall dort, wo Vielfalt aufeinandertreffen soll, braucht es Menschen, die diese Vielfalt nicht nur aushalten, sondern gestalten können. Die integrierende Rolle ermöglicht es, aus Verschiedenheit Gemeinschaft zu formen, ohne Vereinheitlichung zu erzwingen. Sie ist eine zutiefst demokratische Funktion, die den Wert jeder Einzelperspektive anerkennt und daraus etwas Gemeinsames entstehen lässt.

Reflexionsfragen:

- In welchen Situationen erlebe ich mich als integrierende oder vermittelnde Person?
- Wie gehe ich mit Spannungen um, die zwischen verschiedenen Gruppenmitgliedern entstehen?
- Was hilft mir, Unterschiede auszuhalten, ohne Partei zu ergreifen?
- Welche Bedeutung hat Diversität für meine Vorstellung von Zusammenarbeit?
- Wie kann ich Menschen in einer Gruppe miteinander ins Gespräch bringen?
- Welche Haltung brauche ich, um zwischen polarisierenden Positionen vermitteln zu können?
- Wo liegen meine Grenzen in dieser Rolle, und wie achte ich auf meine Selbstfürsorge?

Die integrierende oder vermittelnde Rolle ist zentral für Gruppen, die mit Unterschiedlichkeit umgehen wollen. Sie hilft dabei, Differenz zu gestalten, Spannungen zu regulieren und Verbindungen zu schaffen. In ihrer wirksamen Form fördert sie Vielfalt, stärkt das Wir-Gefühl und macht Gruppen krisenfester. Ihre Qualität liegt in der Kunst, Unterschiede nicht zu nivellieren, sondern tragfähig zu integrieren.

Die bestätigende oder wertschätzende Rolle

In Gruppen entfaltet sich Wirksamkeit nicht nur durch funktionale Abläufe, sondern auch durch das Erleben von Anerkennung. Die bestätigende oder wertschätzende Rolle erfüllt in diesem Zusammenhang eine essenzielle Funktion. Menschen in dieser Rolle bringen explizit zum Ausdruck, was gelungen ist, wo Fortschritt spürbar wird, und wie sehr die Beiträge Einzelner das Ganze bereichern. Sie geben Rückmeldung in Form von Lob, Ermutigung oder Dank und schaffen dadurch ein Klima, in dem Engagement nicht nur erwartet, sondern auch gesehen und gewürdigt wird.

Diese Rolle wirkt wie ein sozialer Verstärker: Was benannt wird, bekommt Bedeutung. Was gesehen wird, wächst. Was anerkannt wird, verankert sich im Selbstbild. Menschen, die sich dieser Rolle widmen, helfen einer Gruppe dabei, sich ihrer eigenen Stärken bewusst zu werden. Sie spiegeln nicht nur individuelle Leistungen, sondern auch gemeinsame Entwicklungen. Damit stabilisieren sie das Selbstverständnis der Gruppe und fördern ein positives Miteinander, das auf Wertschätzung und Vertrauen basiert.

Die bestätigende Rolle ist nicht mit oberflächlichem Lob zu verwechseln. Sie basiert auf einer achtsamen Wahrnehmung, einer ehrlichen Resonanz und einem echten Interesse an dem, was in der Gruppe geschieht. Ihre Stärke liegt darin, differenziert Rückmeldung zu geben: nicht alles ist gut, aber vieles ist gelungen, und genau das wird benannt. Diese Haltung stärkt nicht nur das Selbstwertgefühl der Einzelnen, sondern auch den Glauben an die kollektive Wirksamkeit der Gruppe.

Besonders in Phasen von Belastung, Unsicherheit oder nach Konflikten entfaltet diese Rolle ihre Wirkung. Sie hilft dabei, den Blick wieder auf das zu richten, was funktioniert, was verbindet und was weiterträgt. Sie lenkt die Aufmerksamkeit weg von Defiziten hin zu Ressourcen, weg von Schuldfragen hin zu Möglichkeiten. Damit ist sie ein wichtiger Bestandteil gruppendynamischer Resilienz.

Die bestätigende Rolle wirkt auch regulierend. Sie kann emotionale Spannungen abbauen, destruktive Muster unterbrechen und einen neuen Fokus ermöglichen. In Gruppen, in denen Leistung nicht anerkannt, Engagement nicht gesehen und Fortschritte nicht gefeiert werden, entsteht häufig Frustration oder Rückzug. Die bestätigende Rolle wirkt dem entgegen, indem sie Erfolge sichtbar macht und Motivation nährt. Sie schafft eine Kultur der Anerkennung, in der Menschen nicht nur funktionieren, sondern sich als wirksam erleben dürfen.

In pädagogischen und sozialen Kontexten hat diese Rolle eine besondere Bedeutung. Lernprozesse gelingen dort am besten, wo Rückmeldung nicht als Bewertung, sondern als Ermutigung erlebt wird. In Teams fördert sie das Zugehörigkeitsgefühl und senkt die Schwelle für offene Kommunikation. In Führungssituationen kann sie helfen, Mitarbeitende zu binden, Potenziale zu entwickeln und Vertrauen aufzubauen. Herausfordernd wird diese Rolle dann, wenn sie unauthentisch oder instrumentell eingesetzt wird. Wertschätzung, die nicht ehrlich gemeint ist, verliert schnell ihre Wirkung. Auch besteht die Gefahr, dass durch übermäßiges Loben ein kritischer Diskurs vermieden wird. Eine wirksame bestätigende Rolle bleibt deshalb immer nah an der Realität, benennt konkret, was gelungen ist, und lässt auch Raum für Weiterentwicklung.

Wer diese Rolle regelmäßig übernimmt, braucht eine hohe Beobachtungsfähigkeit, eine offene Haltung und ein Gespür für den richtigen Moment. Die eigene Entwicklung liegt darin, zwischen echter Anerkennung und Bedürfnis nach Beliebtheit zu unterscheiden, zwischen empathischer Rückmeldung und Harmoniesucht. Die bestätigende Rolle will nicht gefallen, sondern ermutigen. Ihre Kraft liegt in der Klarheit, ihrer Wirkung in der Tiefe.

Reflexionsfragen:

- In welchen Situationen erlebe ich mich als bestätigende oder wertschätzende Person?
- Was hilft mir, anderen ehrlich und konkret Anerkennung zu zeigen?
- Wie gehe ich mit der Balance zwischen Wertschätzung und Kritik um?
- Wie kann ich Rückmeldung geben, die stärkt, ohne zu beschönigen?
- In welchen Gruppen wird zu wenig wertgeschätzt und wie könnte ich das verändern?
- Was bedeutet echte Anerkennung für mich persönlich? Wie wirkt sie auf mich?
- Welche Rolle spielt Dankbarkeit in meiner eigenen Gruppenpraxis?

Die bestätigende oder wertschätzende Rolle bringt Wärme, Rückhalt und positive Energie in Gruppen. Sie macht Erfolge sichtbar, stärkt die Motivation und fördert das Selbstverständnis der Gruppe als lernfähiges, wirksames System. Ihre Kraft liegt nicht in der Lautstärke, sondern in der Echtheit. In einer Kultur der Anerkennung wird nicht nur gearbeitet, sondern auch gesehen, was gelingt. Und genau das verändert die Dynamik nachhaltig.

Die erhaltende oder stabilisierende Rolle

In jeder Gruppe gibt es Phasen der Bewegung und des Wandels, aber ebenso braucht es Phasen der Konsolidierung, des Innehaltens und der Stabilisierung. Genau hier kommt die erhaltende oder stabilisierende Rolle ins Spiel. Menschen in dieser Rolle sorgen dafür, dass Bewährtes nicht vorschnell über Bord geworfen wird, dass Stabilität nicht verloren geht und dass bestehende Strukturen erhalten bleiben, wenn sie sinnvoll und tragfähig sind. Sie bringen Kontinuität in den Gruppenprozess, schaffen Verlässlichkeit und erinnern daran, was bisher getragen hat. Ihre Beiträge wirken oft wie ein Gegengewicht zu übermäßiger Veränderungslust oder zu hektischer Betriebsamkeit.

Diese Rolle wird oft erst in ihrem Fehlen deutlich. Gruppen, die sich ausschließlich auf Innovation und ständige Erneuerung fokussieren, laufen Gefahr, ihr Fundament zu verlieren. Bestehendes wird dann schnell als veraltet abgetan, bewährte Abläufe als Hindernisse und Traditionen als Ballast. Die erhaltende Rolle dagegen würdigt das Gewachsene, schützt das, was funktioniert, und gibt Orientierung, wenn zu viele Veränderungen Unsicherheit auslösen. Sie steht für das Gedächtnis der Gruppe, für ihre Geschichte und Identität, aber auch für deren Wiedererkennbarkeit im Wandel.

Menschen in dieser Rolle bringen oft eine ruhige, ausgleichende Energie mit. Sie handeln nicht impulsiv, sondern überlegt, wägen ab, erinnern an Vereinbartes und fragen nach dem langfristigen Nutzen einer Veränderung. Sie bewahren die Gruppe vor vorschnellen Entscheidungen, geben Halt in stürmischen Zeiten und stehen für Beständigkeit. Ihr Wirken entfaltet sich in der Wiederholung, im Verlässlichen, im Erinnern an das, was die Gruppe bereits kann und geleistet hat.

In der Dynamik zwischen Veränderung und Bewahrung ist diese Rolle ein unverzichtbarer Faktor. Sie ist nicht gegen Entwicklung gerichtet, sondern will Entwicklung auf einem stabilen Fundament ermöglichen. Dabei schützt sie die Gruppe vor Überforderung, indem sie Übergänge sanft gestaltet, neue Ideen prüft und Veränderungen in vertraute Kontexte einbettet. Sie hilft, den Wandel zu verankern, statt ihn bloß zu initiieren.

Die erhaltende Rolle ist besonders relevant in Gruppen, die mit disruptiven Prozessen konfrontiert sind, etwa durch äußeren Druck, neue Mitglieder, Führungswechsel oder Reorganisation. In solchen Phasen braucht es Kräfte, die für Kontinuität sorgen, die das Verbindende betonen und die Gruppe daran erinnern, worauf sie sich verlassen kann. Die stabilisierende Funktion hilft auch, emotionale Sicherheit zu geben, wenn alte Gewissheiten in Frage gestellt werden. Sie schafft Inseln der Vertrautheit, ohne den Aufbruch zu blockieren.

Diese Rolle kann jedoch auch zur Bremse werden, wenn sie dogmatisch gelebt wird. Wird das Alte um seiner selbst willen verteidigt, verliert die Gruppe ihre Entwicklungsfähigkeit. Stabilisierung darf nicht mit Erstarrung verwechselt werden. Deshalb braucht auch diese Rolle Reflexion, Offenheit und die Fähigkeit, zwischen Erhaltung aus Angst und Erhaltung aus Einsicht zu unterscheiden. Ihre Kraft liegt in der Balance: Sie hält, was trägt, und lässt los, was nicht mehr passt.

In Teams zeigt sich diese Rolle in Menschen, die Prozesse dokumentieren, Rituale pflegen, bewährte Arbeitsweisen schützen oder zwischen alten und neuen Mitgliedern vermitteln. In Organisationen sind es häufig die Personen, die Traditionen weitergeben, die Unternehmensgeschichte erzählen oder die interne Kultur wahren. Sie sind die stillen Hüter:innen der Identität, und oft die ersten, die merken, wenn etwas kippt.

Wer diese Rolle übernimmt, erlebt sich häufig als verbindlich, loyal und verantwortungsbewusst. Die persönliche Entwicklung in dieser Rolle liegt darin, Bewahrung mit Wandlungsfähigkeit zu verbinden, Stabilität nicht gegen Veränderung zu stellen, sondern als deren Voraussetzung zu begreifen. Die Herausforderung besteht darin, sich nicht im Bestehenden zu verlieren, sondern es als Ressource für Zukunftsgestaltung zu nutzen.

Reflexionsfragen:

- Wann nehme ich in Gruppen eine erhaltende oder stabilisierende Rolle ein?
- Was hilft mir, zwischen hilfreicher Bewahrung und blockierender Festhaltung zu unterscheiden?
- Wie kann ich Wandel mit Stabilität verbinden, ohne mich zu widersprechen?
- Welche Rituale oder Strukturen geben mir selbst und der Gruppe Orientierung?
- Was kann ich tun, um bewährte Elemente sichtbar zu machen und zu schützen?
- Wo habe ich in meiner Gruppenarbeit erlebt, dass Stabilität neue Entwicklung ermöglicht hat?
- Wie reagiere ich auf schnellen Wandel – mit Offenheit, Skepsis oder Sorge?
- Welche Impulse brauche ich, um meine stabilisierende Rolle weiterzuentwickeln?

Die erhaltende oder stabilisierende Rolle sorgt für Beständigkeit, Orientierung und Verlässlichkeit in Gruppen. Sie schützt Bewährtes, gibt Halt im Wandel und schafft damit eine Grundlage für nachhaltige Entwicklung. Ihre Stärke liegt in der Balance von Sicherheit und Flexibilität. In einem Gruppensystem, das nicht nur innovativ, sondern auch tragfähig sein will, ist diese Rolle unersetzlich.

Zerstörerische Rollen in Gruppen

Neben funktionalen Rollen, die das Zusammenarbeiten, Lernen und Entwickeln einer Gruppe unterstützen, existieren auch Rollenverhalten, die
sich hemmend, belastend oder sogar zerstörerisch auf Gruppenprozesse
auswirken. Diese destruktiven Rollen sind selten bewusst oder absicht-
lich schädlich, sie entstehen meist aus ungelösten inneren Konflikten, un-
reflektierten Mustern oder dysfunktionalen Kommunikationsstilen. Ihre
Wirkung kann das Vertrauen in der Gruppe untergraben, Zusammenarbeit blockieren oder sogar zu Abbruch, Isolation oder Spaltung führen.
Deshalb ist es wichtig, diese Rollen erkennen, verstehen und bearbeiten
zu können.

Zerstörerische Rollen zeigen sich oft durch wiederkehrende Muster, die
auf der Beziehungsebene Spannungen erzeugen, den inhaltlichen Prozess entgleisen lassen oder die emotionale Sicherheit gefährden. Dabei
geht es nicht um gelegentliches störendes Verhalten, sondern um kontinuierlich auftretende Dynamiken, die sich verfestigen und das Gruppengefüge destabilisieren. Zu den häufigsten destruktiven Rollen zählen zum
Beispiel der Zyniker oder die Zynikerin, der Dominator oder die Domina-
torin, der Rückzieher oder die Rückzieherin, der Querulant oder die Que-
rulantin sowie der Sündenbock oder die Sündenböckin.

Der Zyniker bringt sich meist über ironische, abwertende oder distanzie-
rende Kommentare ein, die Engagement abwerten, Ideen lächerlich machen oder Enthusiasmus ersticken. Diese Rolle kann eine Abwehrhaltung
gegen eigene Verletzbarkeit sein, wirkt jedoch entwertend auf andere
Gruppenmitglieder und untergräbt Vertrauen und Motivation. Der Dominator hingegen strebt nach Kontrolle, unterbricht häufig, beansprucht
Deutungshoheit oder trifft Entscheidungen über die Köpfe der anderen
hinweg. Seine Präsenz erzeugt häufig Einschüchterung oder Resignation
bei weniger durchsetzungsstarken Gruppenmitgliedern.

Der Rückzieher entzieht sich der Gruppe emotional oder inhaltlich. Er
oder sie verweigert Beteiligung, äußert sich kaum oder bringt sich nur
vage ein. Dies kann auf Überforderung oder Frustration hindeuten, wirkt

jedoch auf Dauer belastend für die Gesamtgruppe, die das Fehlen kompensieren muss. Der Querulant hingegen kritisiert häufig, stellt alles infrage, ohne Alternativen zu bieten, und hält die Gruppe damit in einer Dauerschleife des Widerstands. Auch dies kann Ausdruck berechtigter Bedenken sein, wenn es jedoch keine Lösungsorientierung gibt, blockiert die Rolle den Fortschritt.

Der Sündenbock schließlich ist meist nicht selbst die treibende Kraft der Rolle, sondern wird durch die Gruppe unbewusst in diese Position gedrängt. Fehler, Spannungen oder Unzufriedenheit werden auf ihn oder sie projiziert, wodurch eine dysfunktionale Entlastung der übrigen Gruppenmitglieder geschieht. Diese Rolle ist besonders destruktiv, da sie mit Ausgrenzung, Abwertung und systematischer Entlastung der Gruppe auf Kosten eines Einzelnen einhergeht.

Wichtig ist: Niemand ist dauerhaft eine bestimmte Rolle. Rollen entstehen im Zusammenspiel zwischen Person, Gruppe und Kontext. Ein Mensch kann in einer Gruppe als Dominator wahrgenommen werden und in einer anderen als stiller Mitläufer. Destruktive Rollen sind Ausdruck unbewusster Gruppenprozesse, nicht individuelle Charaktereigenschaften. Sie weisen auf ungelöste Konflikte, unausgesprochene Erwartungen oder strukturelle Ungleichgewichte hin. Ihre Bearbeitung verlangt daher nicht die Schuldzuweisung an Einzelne, sondern die gemeinsame Reflexion und Veränderung der zugrunde liegenden Dynamik.

Ein gruppendynamisch geschulter Blick kann helfen, destruktive Rollen nicht nur zu erkennen, sondern auch zu transformieren. Dies geschieht etwa durch Transparenz, durch Rückmeldung auf Verhalten statt auf Person, durch bewusste Einladung zu Perspektivenwechsel und durch die Stärkung von Alternativrollen. Auch strukturelle Maßnahmen, wie die Veränderung der Kommunikationsregeln, die Einführung rotierender Aufgaben oder das gezielte Fördern stiller Mitglieder, können destruktive Rollenmuster aufbrechen.

Besonders hilfreich ist es, destruktive Rollen nicht moralisch zu bewerten, sondern sie als Hinweise auf ungelöste Themen zu verstehen.

Zynismus kann Ausdruck von Enttäuschung sein. Dominanz kann ein Ruf nach Sicherheit sein. Rückzug kann auf eine verletzte Zugehörigkeit hinweisen. Kritik kann Sorge verbergen. Wenn es gelingt, diese tieferen Ebenen anzusprechen, wird aus der destruktiven Rolle ein Entwicklungspotenzial. Gruppen, die das schaffen, wachsen daran.

Reflexionsfragen:

- In welchen Gruppen habe ich destruktive Rollen beobachtet – wie wurden sie wahrgenommen und bearbeitet?
- Welche Rolle nehme ich manchmal unbewusst ein – wann wirkt mein Verhalten eher blockierend als unterstützend?
- Wie kann ich in Gruppen destruktive Dynamiken ansprechen, ohne zu eskalieren?
- Welche strukturellen Rahmenbedingungen fördern destruktive Rollen – wie lassen sie sich verändern?
- Was brauche ich, um destruktives Verhalten als Signal statt als Angriff zu deuten?
- Welche Möglichkeiten kenne ich, destruktive Rollen zu transformieren oder aufzulösen?
- Welche destruktiven Rollen wurden mir bereits zugeschrieben – wie bin ich damit umgegangen?

Zerstörerische Rollen sind Ausdruck unbewusster Gruppendynamiken, die auf ungelöste Konflikte oder strukturelle Spannungen hinweisen. Ihre Wirkung kann stark belasten, doch ihr Ursprung ist meist kein böser Wille, sondern ungelöste Not. Gruppen, die destruktive Rollen erkennen, benennen und gemeinsam transformieren, stärken nicht nur ihr Klima, sondern auch ihre Reife und Widerstandskraft.

Zusammenfassung des Modells

Das funktionale Rollenmodell nach Eunson bietet einen differenzierten Zugang zum Verständnis von Gruppenprozessen. Es zeigt auf, dass effektives Gruppenverhalten nicht nur vom individuellen Wissen oder der Persönlichkeit Einzelner abhängt, sondern vor allem davon, wie Menschen situativ unterschiedliche Rollen einnehmen und gestalten. Rollen sind dabei keine starren Zuschreibungen, sondern dynamische Funktionen, die je nach Gruppenkontext, Aufgabe und Entwicklungsphase aktiviert oder zurückgenommen werden können.

Die aufgabenorientierten Rollen fördern Struktur, Zielklarheit, Umsetzung und Entscheidungsfähigkeit. Sie bringen Bewegung in die Gruppe, lenken Aufmerksamkeit auf das Wesentliche und sichern den Fortschritt im Arbeitsprozess. Die beziehungsorientierten Rollen schaffen emotionale Sicherheit, fördern Verbundenheit, regulieren Spannungen und stärken den sozialen Zusammenhalt. Sie machen die Gruppe nicht nur funktional, sondern menschlich tragfähig. Beide Rollenbereiche ergänzen sich gegenseitig und sind gleichwertig wichtig für ein gelingendes Gruppenerleben.

Zugleich macht das Modell bewusst, dass es neben diesen unterstützenden Rollen auch destruktive Verhaltensmuster gibt, die die Gruppendynamik stören oder blockieren können. Diese sogenannten zerstörerischen Rollen entstehen meist unbewusst, oft als Reaktion auf unerfüllte Bedürfnisse, unausgesprochene Erwartungen oder überfordernde Gruppensituationen. Ihre destruktive Wirkung liegt nicht in der Person begründet, sondern im Zusammenspiel mit dem Gruppensystem. Genau deshalb können sie auch nur im Zusammenspiel transformiert werden.

Eunsons Modell sensibilisiert für die Vielfalt menschlicher Funktionen in Gruppen. Es lädt dazu ein, Rollen nicht als Etiketten zu verwenden, sondern als bewegliche Instrumente bewusster Gestaltung. Eine funktionale Gruppe ist keine Ansammlung homogener Persönlichkeiten, sondern ein lebendiges System aus komplementären Kräften. Entscheidend ist nicht, ob alle Rollen perfekt besetzt sind, sondern ob die Gruppe in der Lage ist, fehlende Rollen zu erkennen, zuzulassen, anzusprechen und gegebenen-falls gezielt zu entwickeln.

Für Leitungspersonen, Berater:innen, Supervisor:innen und alle, die Gruppenprozesse begleiten, bietet Eunsons Modell eine wertvolle Orientierung. Es hilft, gruppendynamische Prozesse präziser zu beobachten, funktionale Stärken sichtbar zu machen und Dysbalancen zu adressieren. Es ermöglicht, auch schwieriges Verhalten nicht vorschnell zu pathologisieren, sondern als Ausdruck eines unbewussten gruppendynamischen Bedarfs zu deuten. So wird aus Irritation ein Lernanlass, aus Konflikt ein Entwicklungsschritt.

Im Idealfall entwickelt eine Gruppe mit der Zeit ein gemeinsames Rollenbewusstsein. Sie erkennt, dass nicht jede:r alles leisten muss, sondern dass es auf die Balance ankommt. Sie lernt, Rollen flexibel zu verteilen, Rückmeldung wertschätzend zu geben und unterschiedliche Beiträge anzuerkennen. Eine solche Gruppe wird nicht nur leistungsfähig, sondern auch resilient, reflektiert und lernfähig.

Das Rollenmodell nach Eunson ist keine statische Typologie, sondern ein dynamisches Instrument zur Reflexion und Gestaltung von Gruppenprozessen. Es lädt dazu ein, immer wieder neu hinzusehen: Welche Rollen sind gerade präsent? Welche fehlen? Wer übernimmt was? Wer braucht Unterstützung? Und: Was dient im Moment dem Gelingen der Gruppe am meisten?

Reflexionsfragen:

- Welche Rollen fallen mir in Gruppen leicht – welche übernehme ich unbewusst immer wieder?
- Welche Rollen fehlen häufig in Gruppen, in denen ich tätig bin? Woran könnte das liegen?
- Wie reagiere ich auf destruktive Rollen, mit Rückzug, Konfrontation oder Klärung?
- Was hilft mir, Rollen als dynamische Funktionen und nicht als Etiketten zu verstehen?

- Wie gelingt es mir, meine eigene Rolle zu reflektieren und gegebenenfalls zu verändern?
- Welche Gruppen habe ich als besonders funktional erlebt? Was war dort in Bezug auf Rollen anders?

Das Rollenmodell nach Eunson bietet einen umfassenden Blick auf funktionale, beziehungsfördernde und destruktive Rollen in Gruppen. Es zeigt, wie zentrale Funktionen in Gruppen wirksam werden können und wie wichtig es ist, diese bewusst zu reflektieren und zu gestalten. Gruppen, die ein gemeinsames Rollenbewusstsein entwickeln, gewinnen an Tiefe, Klarheit und Entwicklungspotenzial. Das Modell ist damit ein wertvolles Werkzeug für alle, die Gruppenprozesse verstehen, begleiten oder verbessern wollen.

Einführung in die Rangdynamik nach Raoul Schindler

In Gruppen existieren nicht nur funktionale Rollen oder Aufgabenverteilungen, sondern auch implizite Hierarchien, unbewusste Machtkonstellationen und Beziehungsmuster, die darüber entscheiden, wer in welchem Maß Einfluss nehmen kann. Einer der einflussreichsten gruppendynamischen Ansätze zur Erklärung solcher Strukturen ist das Modell der Rangdynamik nach Raoul Schindler. Es beschreibt die Entwicklung von Positionen innerhalb einer Gruppe, unabhängig von formellen Hierarchien oder offiziellen Rollen. Damit liefert es einen Schlüssel zum Verständnis der oft schwer fassbaren Kräfte, die Gruppenprozesse prägen und die Zusammenarbeit erleichtern oder erschweren können.

Die grundlegende Annahme der Rangdynamik ist, dass jede Gruppe – unabhängig von ihrer Zielsetzung, Struktur oder ihrem Kontext – ein implizites Gefüge von Macht, Einfluss und Zugehörigkeit entwickelt. Dieses Gefüge basiert nicht auf äußeren Vorgaben, sondern auf dem Verhalten der Mitglieder im Gruppenprozess. Wer ergreift das Wort? Wer wird gehört? Wer setzt Themen? Wer wird verteidigt, wer kritisiert? Aus diesen alltäglichen Interaktionen ergeben sich Positionen, die über den Einfluss innerhalb der Gruppe entscheiden.

Schindler beobachtete, dass sich diese Positionen nicht zufällig bilden, sondern einem typischen Muster folgen. Er beschrieb vier zentrale Grundpositionen: den oder die Ranghöchste (Rangführer:in), den oder die Rangnächste (Rangzweite:r), den sogenannten Mitläufer oder die Mitläuferin und den oder die Außenseiter:in. Diese Positionen sind nicht festgelegt, sondern dynamisch. Menschen können sie im Laufe der Zeit wechseln, je nach Situation, Aufgabe und Zusammensetzung der Gruppe. Entscheidend ist, dass sie eine gewisse Stabilität entwickeln, die den Gruppenprozess prägt.

Die Ranghöchsten übernehmen in der Regel die Führung, geben die Richtung vor, setzen Impulse und repräsentieren nach außen die Gruppe. Sie müssen sich nicht notwendigerweise formell in einer Leitungsposition befinden, sondern zeichnen sich dadurch aus, dass ihnen Einfluss zugeschrieben wird. Die Rangnächsten unterstützen die Führung, sichern deren Position, übernehmen Verantwortung und fungieren oft als Bindeglied zwischen Führung und Gruppe. Die Mitläufer:innen sind die breite Mitte der Gruppe, sie tragen die Entscheidungen mit, leisten Beiträge, zeigen aber in der Regel keine Führungsambitionen. Die Außenseiter:innen nehmen eine Sonderposition ein – sie sind nicht voll integriert, bringen oft irritierende Impulse, werden als fremd erlebt oder selbst als ablehnend wahrgenommen.

Diese Struktur ist nicht als starres System zu verstehen, sondern als fließende Anordnung, die sich permanent verändert. Sie wird durch Kommunikation, Beziehungsgestaltung und Gruppenerleben ständig neu ausgehandelt. Dabei spielen persönliche Merkmale wie Charisma, Fachwissen oder Kommunikationsfähigkeit eine Rolle, aber auch situative Faktoren wie Themenwahl, Gruppenzusammensetzung oder äußere Rahmenbedingungen. Die Rangdynamik hilft dabei, diese Prozesse sichtbar zu machen und zu reflektieren.

Besonders spannend wird das Modell, wenn es um Gruppenprozesse geht, die von Konflikten, Spannungen oder Machtkämpfen geprägt sind. Hier zeigt sich, dass die Position im Ranggefüge maßgeblich beeinflusst, wie Menschen sich verhalten, welche Möglichkeiten sie haben und wie ihre Beiträge aufgenommen werden. Rangniedrigere Mitglieder zögern oft, sich zu äußern, zeigen sich zurückhaltend oder werden überhört. Ranghöhere Personen erleben dagegen mehr Gehör, Einfluss und Möglichkeiten zur Steuerung. Das Modell hilft also auch dabei, Gruppendynamiken zu deuten, die auf der Verhaltensebene schwer zu erklären sind.

Die Rangdynamik ist jedoch nicht nur ein Diagnoseinstrument, sondern auch eine Einladung zur Gestaltung. Wer sich mit der Dynamik von Positionen auseinandersetzt, kann bewusster mit Macht umgehen, Verantwortung teilen, Mitwirkung fördern und Ausgrenzung vermeiden. Gerade in Gruppen, die nach Partizipation, Gleichwertigkeit oder Selbstorganisation streben, ist die Auseinandersetzung mit Rangdynamik essenziell. Denn auch in formal gleichgestellten Gruppen entstehen informelle Hierarchien – und oft sind diese wirkmächtiger als formelle Strukturen.

Die Auseinandersetzung mit Rang erfordert Mut und Ehrlichkeit. Sie konfrontiert mit Fragen wie: Welchen Einfluss habe ich wirklich? Wie wirke ich auf andere? Wo ziehe ich mich zurück, und warum? Wo beanspruche ich Raum, ohne es zu bemerken? Sie fordert dazu auf, Verantwortung nicht nur zu fordern, sondern zu übernehmen. Gleichzeitig zeigt das Modell aber auch Wege auf, wie Gruppen mit diesen Spannungen konstruktiv umgehen können, durch bewusste Kommunikation, transparente Entscheidungswege und gegenseitige Rückmeldungen.

In der pädagogischen, therapeutischen oder beratenden Arbeit kann das Modell ein wertvoller Schlüssel sein, um Gruppendynamiken verstehbar und bearbeitbar zu machen. Es sensibilisiert für unausgesprochene Machtverhältnisse, stärkt die Beobachtungsgabe und lädt dazu ein, Gruppen nicht nur als funktionale Systeme, sondern als soziale Gefüge zu begreifen. Auch für Führungskräfte bietet es die Möglichkeit, ihre Rolle zu reflektieren, blinde Flecken zu erkennen und den eigenen Einfluss verantwortungsvoll zu gestalten.

Die Rangdynamik nach Schindler ist mehr als ein Strukturmodell. Sie ist ein Erfahrungsmodell, das einlädt, die Realität von Gruppen in ihrer Tiefe zu erkunden. Sie macht deutlich, dass Einfluss nicht nur ausgeübt, sondern auch zugeschrieben wird. Dass Zugehörigkeit keine Selbstverständlichkeit ist, sondern Ergebnis von Beziehungsgestaltung. Und dass Gruppenprozesse nicht nur rational, sondern zutiefst emotional und relational verlaufen. Sie öffnet den Blick für das Unsichtbare, das dennoch wirkt und hilft damit, Gruppen tiefer zu verstehen und bewusster zu gestalten.

Die Position der Rangführenden

Die zentrale Figur in der Rangdynamik ist die Person, die innerhalb der Gruppe als führend wahrgenommen wird. Diese Person wird nicht zwangsläufig aufgrund einer formalen Funktion zur Führungskraft, sondern weil sie sich in der Gruppendynamik als einflussreich etabliert hat.

Sie wird von der Gruppe als Orientierungspunkt akzeptiert, sie setzt Impulse, gibt Themen vor und wird in der Regel bei Unsicherheit oder Entscheidungsbedarf konsultiert. Ihre Position basiert auf zugeschriebener Macht, nicht allein auf struktureller Macht. Die Rangführenden zeichnen sich häufig durch hohe Präsenz, ausgeprägte Kommunikationsfähigkeit und eine besondere Resonanz mit der Gruppe aus. Sie agieren nicht allein, sondern im Beziehungsfeld mit den anderen Rollen.

Diese Position ist mit hoher Verantwortung verbunden. Wer an der Spitze der Rangdynamik steht, steht auch im Fokus der Erwartungen, Projektionen und Bewertungen. Führung in diesem Sinne ist weniger eine Aufgabe, sondern eine Positionierung, die sich ständig neu bewähren muss. Die Gruppe beobachtet genau, wie die Rangführenden agieren, wie sie mit Konflikten umgehen, wie sie mit Nähe und Distanz arbeiten und wie sie Macht einsetzen. Ihre Integrität, ihre Konsistenz und ihre Beziehungskompetenz sind entscheidend für die Stabilität der Gruppe.

Die Position der Rangnächsten

Die zweitwichtigste Position im Modell ist die der Rangnächsten. Diese Person steht in enger Verbindung zur Führung, sie unterstützt, ergänzt, vermittelt und sichert deren Position ab. Gleichzeitig ist sie meist näher an der Gruppe dran, nimmt Stimmungen auf, vermittelt bei Spannungen und stabilisiert den Gruppenprozess durch Kommunikation, Verlässlichkeit und Präsenz. In vielen Gruppen sind die Rangnächsten diejenigen, die im Hintergrund die Fäden zusammenhalten. Sie verfügen über informellen Einfluss, sind gut vernetzt und genießen Vertrauen auf mehreren Ebenen.

Diese Rolle ist ambivalent. Einerseits wird sie durch die Nähe zur Führung gestärkt, andererseits ist sie auch potenziell gefährdet, wenn Loyalitätskonflikte auftreten oder der Ranghöchste in Frage gestellt wird. Die Rangnächsten müssen oft zwischen verschiedenen Interessen vermitteln, Komplexität aushalten und sich darin üben, gleichzeitig zu führen und zu folgen. Sie sind oft die Träger:innen impliziter Gruppenkultur, die durch ihre Haltung und Kommunikation das soziale Klima mitprägen.

Die Position der Mitläufer:innen

Den größten Teil jeder Gruppe bilden jene, die in der Mitte des Ranggefüges stehen. Sie übernehmen keine Führungsfunktionen, sichern aber durch ihre Beteiligung, Zustimmung und Mitarbeit den Gruppenprozess. Sie tragen die Entscheidungen mit, beteiligen sich an Diskussionen, leisten Beiträge und halten sich meist an die etablierten Normen. Die Mitläufer:innen sind das Rückgrat der Gruppe – ohne sie kann kein stabiler Gruppenprozess entstehen. Gleichzeitig verfügen sie oft über weniger Einflussmöglichkeiten, ihre Rolle ist stärker passiv geprägt.

In der Praxis zeigt sich diese Position oft durch Anpassung, vorsichtige Meinungsäußerung oder das Abwarten von Impulsen aus dem Zentrum der Rangordnung. Ihre Haltung kann sowohl stabilisierend als auch blockierend wirken – je nachdem, ob sie zur Zusammenarbeit bereit sind oder sich in die Passivität zurückziehen. Auch unter den Mitläufer:innen gibt es informelle Hierarchien, die sich etwa durch Kompetenz, Zugehörigkeit oder soziale Beliebtheit herausbilden. Ihre Position ist weniger sichtbar, aber keineswegs bedeutungslos. In ihrer Summe haben sie ein enormes Steuerungspotenzial.

Die Position der Außenseiter:innen

Die vierte grundlegende Position im Modell ist die der Außenseiter:innen. Diese Personen befinden sich am Rand oder außerhalb des stabilen Rangsystems der Gruppe. Sie werden entweder nicht vollständig integriert oder sie entziehen sich selbst der Zugehörigkeit. Ihre Rolle ist oft ambivalent: Einerseits sind sie Projektionsfläche für das Fremde, das Andere, das Irritierende. Andererseits bringen sie häufig innovative, kritische oder ungewöhnliche Perspektiven ein, die für die Gruppe entwicklungsfördernd sein können. Ihre Position ist jedoch fragil, sie sind häufiger von Ausschluss bedroht oder erleben wenig Resonanz auf ihre Beiträge. Die Außenseiter:innen übernehmen diese Rolle nicht immer freiwillig. Manchmal wird sie ihnen zugewiesen, etwa weil sie neu in der Gruppe sind, eine abweichende Meinung vertreten oder sich sozial anders verhalten. Ihre Bedeutung liegt gerade darin, dass sie den

Gruppenrahmen in Frage stellen. Gruppen, die in der Lage sind, Außen-seiter:inneneinzubeziehen, gewinnen an Flexibilität, Kreativität und Lern-fähigkeit. Gruppen, die diese Position systematisch ausgrenzen, laufen Gefahr, sich gegen Veränderung zu verschließen und sich in einer stati-schen Ordnung zu verfestigen.

Reflexionsfragen:

- Welche Positionen nehme ich in Gruppen häufig ein? Rangführung, Unterstützung, Mitte oder Außenseiterrolle?
- Wie gehe ich mit meiner eigenen Rangposition um? Verteidige ich sie, reflektiere ich sie, teile ich sie?
- Was löst die Außenseiterposition in mir aus, Abwehr, Interesse, Angst oder Mitgefühl?
- Wie offen bin ich dafür, Rangpositionen in der Gruppe anzuspre-chen und transparent zu machen?
- Welche Bedeutung hat der Wechsel von Positionen für meine Gruppenarbeit?
- Was brauche ich, um andere Positionen auszuprobieren oder meine Rolle flexibel zu gestalten?

Die Rangdynamik beschreibt nicht nur Positionen innerhalb einer Gruppe, sondern zeigt auf, wie diese Positionen im Zusammenspiel wir-ken. Jede Rolle erfüllt eine Funktion im System. Wer Gruppenprozesse begleiten will, muss in der Lage sein, diese Rollen wahrzunehmen, zu re-flektieren und im Sinne der Gruppenentwicklung zu gestalten. Dabei geht es nicht um Bewertung, sondern um das Verständnis für ein komplexes Gefüge sozialer Beziehungen, das sich in jeder Gruppe neu formt und ver-ändert.

Die Position der Rangführenden - Alphas

Die Position der Rangführenden ist eine zentrale Größe in der Rangdynamik nach Raoul Schindler. Sie beschreibt diejenige Person, die innerhalb einer Gruppe als Orientierungspunkt fungiert, der Einfluss zugesprochen wird und auf deren Verhalten sich die anderen Mitglieder ausrichten. Diese Führungsposition ist dabei nicht notwendigerweise deckungsgleich mit einer formalen Leitungsfunktion. Vielmehr ergibt sie sich aus einem komplexen Zusammenspiel von gruppendynamischen Prozessen, kommunikativen Mustern, Zuschreibungen und innerpsychischen Projektionen. Wer in einer Gruppe zur Rangführungsposition gelangt, wird von den Mitgliedern als besonders präsent, entscheidungsfähig, wirksam und verantwortungstragend erlebt.

Die Entstehung dieser Position vollzieht sich in aller Regel nicht auf der Ebene bewusster Entscheidungen. Vielmehr beobachtet eine Gruppe – meist unbewusst – das Verhalten ihrer Mitglieder und reagiert auf bestimmte Eigenschaften mit besonderer Aufmerksamkeit. Wer Themen setzt, den Rederaum dominiert, Entscheidungen initiiert oder Verantwortung übernimmt, wird schrittweise in diese Führungsrolle hineinprojiziert. Ebenso wirken nonverbale Faktoren, wie Ausstrahlung, emotionale Stabilität, Charisma, Sicherheit in der Sprache oder soziale Anschlussfähigkeit, auf die Rangzuschreibung ein. Auch Erfahrungen aus früheren Gruppen, die Beziehungsgeschichte der Mitglieder untereinander und die emotionale Bedürftigkeit der Gruppe nach Führung spielen dabei eine wesentliche Rolle.

In der Anfangsphase einer Gruppe ist die Position der Rangführenden oft noch unsicher und in Bewegung. Es kann mehrere Kandidat:innen geben, die um Einfluss konkurrieren oder sich in der Sicht der Gruppe abwechselnd bewähren müssen. Erst mit der Zeit bildet sich eine stabile Zuschreibung heraus, die dann zunehmend weniger hinterfragt wird. Die Führungsposition ist damit Ergebnis eines Gruppenprozesses, sie wird nicht nur ausgefüllt, sondern auch zugewiesen. Das bedeutet auch, dass sie nicht ausschließlich durch persönliche Initiative entsteht, sondern immer eine soziale Konstruktion darstellt.

Diese soziale Konstruktion hat weitreichende Folgen. Die Person in der Führungsposition ist Projektionsfläche für Hoffnungen, Ängste, Erwartungen und Forderungen. Sie wird sowohl idealisiert als auch kritisiert, sowohl gestärkt als auch in Frage gestellt. In ihr verdichtet sich das kollektive Bedürfnis nach Sicherheit, Orientierung und Verantwortung. Je instabiler eine Gruppe sich fühlt, desto stärker wird in der Regel die Rangführungsposition aufgeladen. Sie soll Halt geben, für Klarheit sorgen und Ambivalenz reduzieren. In dieser Funktion übernimmt sie auch eine psychodynamische Entlastung der Gruppe, indem sie Spannungen kanalisiert und Orientierung bietet. Diese hohe Aufladung bringt jedoch auch Herausforderungen mit sich. Menschen in der Position der Rangführenden müssen mit einem hohen Maß an Aufmerksamkeit, Erwartungsdruck und Verantwortung umgehen. Sie werden nicht nur für das eigene Verhalten bewertet, sondern auch für die Gruppendynamik insgesamt verantwortlich gemacht. In der Gruppe entstehen unausgesprochene Loyalitätsforderungen, Forderungen nach Entscheidungskraft, Konfliktfähigkeit, Empathie, Klarheit, Durchsetzungsvermögen und Integrität. Gleichzeitig besteht die Gefahr, dass jede Schwäche, jedes Zögern oder jede Ambivalenz überdeutlich wahrgenommen und mit Unsicherheit oder Vertrauensverlust beantwortet wird.

Die Rolle der Rangführenden verlangt daher eine hohe Fähigkeit zur Selbstreflexion. Es gilt, die eigene Position nicht nur anzunehmen, sondern auch zu verstehen. Wer führt, muss wissen, dass er oder sie beobachtet wird. Jede Geste, jede Entscheidung, jede Kommunikation wird zum Symbol. Führung bedeutet in diesem Zusammenhang nicht, alles zu kontrollieren, sondern die Verantwortung für die eigene Wirkung zu übernehmen. Es geht darum, die eigene Macht zu reflektieren, Rückmeldungen anzunehmen, Verantwortung zu teilen und die eigenen Grenzen wahrzunehmen.

Zugleich bietet die Position der Rangführenden auch große Gestaltungsmöglichkeiten. Wer als Führung akzeptiert ist, kann Themen setzen, Veränderungen initiieren, Kultur beeinflussen und Entscheidungen lenken. Diese Möglichkeiten können konstruktiv genutzt werden, wenn sie in den Dienst der Gruppe gestellt werden. Eine funktionale Rangführung bedeutet, das Wohl der Gruppe im Blick zu behalten, transparent zu kommunizieren, Entscheidungen nachvollziehbar zu machen und andere Positionen einzubeziehen. So entsteht Vertrauen, das wichtigste Kapital einer Rangführungsperson. Vertrauen entsteht nicht durch Kontrolle, sondern durch Authentizität. Menschen folgen nicht jenen, die am lautesten sprechen, sondern denen, deren Haltung stimmig ist. Eine stimmige Führungsperson kennt ihre Werte, kann mit Unsicherheit umgehen, trifft Entscheidungen, ohne zu dominieren, und schafft Räume für Beteiligung. Sie erkennt die Kräfte im Gruppensystem und nutzt sie, ohne sie zu missbrauchen. Sie nimmt Einfluss, aber lässt auch los. Sie trägt Verantwortung, ohne sich unersetzlich zu machen. Das ist anspruchsvoll – und genau deshalb ist die Rolle der Rangführenden eine Schlüsselposition in jeder Gruppe.

Rangführende müssen auch mit Widerstand umgehen können. Ihre Position wird nicht immer reibungslos akzeptiert. Gerade in Gruppen mit autoritätsskeptischer Kultur, mit hohem Maß an Selbststeuerung oder mit negativen Führungserfahrungen kann es zu offener oder verdeckter Ablehnung kommen. In solchen Fällen ist es hilfreich, den Widerstand nicht persönlich zu nehmen, sondern als Ausdruck gruppendynamischer Bewegungen zu verstehen. Oft artikuliert sich darin ein Bedürfnis nach mehr Teilhabe, nach Transparenz oder nach einem anderen Führungsstil. Die Kunst besteht darin, diese Signale nicht zu bekämpfen, sondern sie ernst zu nehmen, ohne die eigene Position aufzugeben.

Auch das Zusammenspiel mit den anderen Rangpositionen ist entscheidend für die Qualität der Führung. Die Rangführenden sind auf die Unterstützung der Rangnächsten angewiesen. Ohne diese Unterstützung wird Führung zur Überforderung. Gleichzeitig braucht es die Akzeptanz durch die Mitläufer:innen und den konstruktiven Dialog mit den Außenseiter:innen. Wer als Führung versucht, sich ausschließlich an der Spitze zu bewegen, verliert den Kontakt zum System. Wer dagegen in Beziehung bleibt, aufmerksam beobachtet und reflektiert agiert, kann die eigene Führungsfunktion nicht nur ausüben, sondern auch weiterentwickeln.

Die Rolle der Rangführenden ist kein Ziel, sondern ein Prozess. Sie verlangt nicht Perfektion, sondern Präsenz. Sie braucht nicht Allwissenheit, sondern Lernbereitschaft. Und sie lebt nicht von Macht, sondern von Beziehung. Wer sie ausfüllt, sollte sich regelmäßig fragen: Diene ich der Gruppe, oder diene ich meinem Bild von Führung? Bin ich im Kontakt, oder in der Rolle gefangen? Wo bin ich mutig, wo vorsichtig? Und: Wer darf ich sein, wenn ich nicht mehr führen muss?

Reflexionsfragen:

- In welchen Gruppen habe ich mich selbst in der Rolle der Rangführenden erlebt – und wie hat sich das angefühlt?
- Welche Erwartungen habe ich an mich selbst, wenn ich Führung übernehme?
- Wie gehe ich mit dem Spannungsfeld zwischen Nähe und Distanz in der Führungsrolle um?
- Was hilft mir, meine Position nicht zu verteidigen, sondern bewusst zu gestalten?
- Wie gehe ich mit Projektionen, Idealisierungen und Widerständen um?
- Welche Art von Führung möchte ich verkörpern, und was bedeutet das konkret im Alltag?
- Wer unterstützt mich in dieser Rolle? Wie kann ich diese Unterstützung sichtbar machen und wertschätzen?
- Was brauche ich, um in der Rolle der Rangführenden kraftvoll, aber nicht überfordernd zu bleiben?

Die Position der Rangführenden ist eine zentrale, aber herausfordernde Rolle in jeder Gruppe. Sie entsteht durch gruppendynamische Zuschreibungen und bietet die Möglichkeit, Einfluss zu nehmen, Orientierung zu geben und Prozesse zu gestalten. Ihre Wirksamkeit hängt weniger von formaler Macht als von Beziehungskompetenz, Reflexionsfähigkeit und Authentizität ab. Wer diese Rolle bewusst ausfüllt, kann Gruppen nicht nur führen, sondern begleiten, und dadurch Entwicklung ermöglichen.

Die Position der Rangnächsten - Betas

Die Position der Rangnächsten ist in der Rangdynamik nach Raoul Schindler von besonderer Bedeutung. Sie befindet sich unmittelbar unterhalb der Führungsposition und wirkt in der Praxis oft wie ein Verbindungsglied zwischen der Führung und dem übrigen Gruppensystem. Die Rangnächsten sind diejenigen Personen, die eng mit der Führung kooperieren, deren Position stärken, Entscheidungen unterstützen, aber auch, im Verborgenen oder offen, Einfluss auf deren Kurs nehmen. In vielen Gruppen sind sie so zentral für das Gleichgewicht wie die Rangführenden selbst, denn sie stabilisieren den Führungsanspruch, vermitteln zwischen Zentrum und Peripherie und nehmen oft informelle Steuerungsfunktionen wahr, die weit über das hinausgehen, was äußerlich sichtbar ist.

Rangnächste sind häufig durch hohe soziale Sensibilität, Kommunikationsstärke und Verlässlichkeit gekennzeichnet. Sie stehen im Kontakt zu den Mitläufer:innen, nehmen Stimmungen auf, geben Rückmeldung an die Führung und helfen, Spannungen abzufedern. Oft übernehmen sie Moderationsaufgaben, klären Missverständnisse, treten als Fürsprecher:innen einzelner Gruppenmitglieder auf oder strukturieren informell Abläufe, die andernfalls ungeordnet bleiben würden. Ihre Autorität ist nicht formell legitimiert, sondern basiert auf Anerkennung, Beziehungskompetenz und Vertrauen.

In der Praxis zeigt sich die Rolle der Rangnächsten oft in kleinen, aber wirksamen Gesten. Sie sind es, die nach dem Meeting noch Rückfragen stellen, zwischen Streitparteien vermitteln, für Ordnung sorgen, wenn die Diskussion zerfasert, oder der Führung Hinweise geben, wenn deren Entscheidungen auf Widerstand stoßen. Ihre Nähe zur Führung verleiht ihnen besonderen Einfluss, ihre gleichzeitige Bodenhaftung in der Gruppe ermöglicht es ihnen, die Perspektive der Mehrheit im Blick zu behalten. Dadurch entsteht ein Spannungsfeld, das nicht immer leicht auszuhalten ist.

Die Rangnächsten stehen in einem Doppellojalitätsverhältnis: Einerseits identifizieren sie sich mit der Führung, teilen deren Anliegen, tragen ihre

Entscheidungen mit und verteidigen sie gegebenenfalls. Andererseits fühlen sie sich auch der Gruppe verpflichtet, vertreten deren Bedürfnisse, machen auf Unstimmigkeiten aufmerksam und versuchen, Brücken zu bauen. Diese Vermittlerrolle ist wertvoll, kann aber auch zermürbend sein. Rangnächste laufen Gefahr, zwischen die Fronten zu geraten, zu viel Verantwortung zu übernehmen oder selbst nicht ausreichend gehört zu werden. Wenn die Führung schwächelt oder die Gruppe sich gegen die Führung stellt, geraten Rangnächste leicht in Loyalitätskonflikte, die sie innerlich und äußerlich unter Druck setzen.

Diese Spannungen machen deutlich, dass die Position der Rangnächsten nicht nur unterstützend, sondern auch gestalterisch ist. Wer sie innehat, beeinflusst maßgeblich das Klima, die Richtung und die Stabilität der Gruppe. Gleichzeitig ist die Rolle verletzlich: Wenn die Gruppe ihre Nähe zur Führung misstrauisch betrachtet oder die Führung ihren Beitrag unterschätzt, geraten Rangnächste in eine prekäre Lage. Umso wichtiger ist es, diese Rolle bewusst auszufüllen, ihre Chancen und Risiken zu reflektieren und für sich selbst zu sorgen.

Rangnächste sind häufig unsichtbare Führungspersonen. Sie treffen keine finalen Entscheidungen, aber sie bereiten sie vor. Sie treten nicht in den Vordergrund, aber sie strukturieren das, was im Hintergrund läuft. Ihre Wirksamkeit liegt in ihrer Beziehungskompetenz, ihrer Wahrnehmungsfähigkeit und ihrer inneren Klarheit. In komplexen Gruppensituationen sind sie oft die Ersten, die bemerken, dass etwas kippt, dass eine Entscheidung nicht getragen wird oder dass ein:e Außenseiter:in droht, verloren zu gehen. Ihre Rolle erfordert ein feines Gespür für Zwischentöne, Ambiguitäten und unterschwellige Konflikte.

Ein wesentliches Merkmal der Rangnächsten ist ihre Fähigkeit zur Übersetzung. Sie vermitteln nicht nur zwischen Führung und Gruppe, sondern auch zwischen Idee und Umsetzung, zwischen Planung und Realität, zwischen Anspruch und Möglichkeit. Sie erkennen, was theoretisch richtig, aber praktisch nicht gangbar ist. Sie geben Rückmeldungen in beide Richtungen, moderieren unausgesprochene Spannungen und helfen dabei,

Kommunikation lebendig zu halten. Damit leisten sie einen wesentlichen Beitrag zur Selbstregulation der Gruppe.

Wie alle Rangpositionen ist auch die der Rangnächsten dynamisch. Sie wird nicht einmal vergeben, sondern muss sich immer wieder bewähren. Das Vertrauen der Gruppe muss gepflegt, der Kontakt zur Führung aufrechterhalten, die eigene Rolle reflektiert werden. Rangnächste, die sich zu sehr mit der Führung identifizieren, verlieren oft den Rückhalt in der Gruppe. Umgekehrt geraten sie in Schwierigkeiten, wenn sie sich von der Führung distanzieren, ohne sich klar neu zu positionieren. Ihre Stärke liegt in der Balance, zwischen Nähe und Distanz, zwischen Loyalität und Kritik, zwischen Stütze und Spiegel.

Die Rolle der Rangnächsten verlangt eine hohe Selbstverantwortung. Wer sie übernimmt, sollte wissen, dass sie mit Verantwortung, aber oft ohne explizite Macht ausgestattet ist. Es gibt keinen Titel, keine klare Legitimation, keine formale Absicherung. Und doch ist die Rolle enorm wirksam. Sie bietet große Chancen für Einflussnahme, Mitsprache und Gestaltung, vorausgesetzt, sie wird bewusst und reflektiert ausgefüllt.

Reflexionsfragen:

- In welchen Gruppen habe ich die Rolle der Rangnächsten eingenommen, bewusst oder unbewusst?
- Was bedeutet für mich Loyalität? Wie gehe ich mit Spannungen zwischen Führung und Gruppe um?
- Welche Strategien helfen mir, in dieser Position handlungsfähig und gesund zu bleiben?
- Wie erlebe ich meinen Einfluss? Wird er anerkannt, ausgenutzt, übersehen oder gefürchtet?
- Was stärkt mich in der Rolle? Was bringt mich ins Wanken?
- Welche Spielräume nutze ich? Welche übersehe ich?
- Wie kann ich mich selbst in dieser Position weiterentwickeln?

Die Position der Rangnächsten ist ein zentraler Stabilitätsanker in jeder Gruppe. Sie verbindet Nähe zur Führung mit Kontakt zur Gruppe, vermittelt zwischen Perspektiven und hält Spannungen aus. Ihre Wirksamkeit liegt im Zwischenraum, dort, wo nicht entschieden, aber gestaltet wird. Wer diese Rolle bewusst ausfüllt, trägt maßgeblich dazu bei, dass Gruppen nicht nur funktionieren, sondern lebendig bleiben.

Die Position der Mitläufer:innen - Gammas

Die Position der Mitläufer:innen stellt innerhalb der Rangdynamik nach Raoul Schindler eine fundamentale Kraft dar, auch wenn sie auf den ersten Blick unscheinbar wirken mag. Sie umfasst jene Mitglieder einer Gruppe, die sich weder im Zentrum der Einflussnahme befinden noch am Rand stehen. Sie übernehmen keine explizite Führungsaufgabe, übernehmen aber Verantwortung durch ihre Beteiligung, ihre Zustimmung oder Ablehnung, ihre Präsenz und ihr Verhalten im Gruppenprozess. Die Mitläufer:innen bilden das soziale Rückgrat einer Gruppe. Sie sind häufig in der Mehrheit und spiegeln die normative Mitte einer Gruppe – sowohl im Verhalten als auch in der Werteorientierung. Sie orientieren sich am Verhalten der Führungs- und Unterstützungsfiguren, aber sie wirken auch auf diese zurück, indem sie Akzeptanz, Unterstützung oder Widerstand zeigen.

Die Bedeutung dieser Rolle erschließt sich nicht allein durch aktive Steuerung, sondern durch deren regulierende Funktion. Sie sind die sozialen Sensoren der Gruppe: Ihre Stimmung, ihre Resonanz, ihr Rückzug oder ihre Zustimmung zeigen, ob Entscheidungen und Dynamiken mitgetragen werden. Die Mitläufer:innen sind nicht gleichgültig oder passiv – auch wenn dies manchmal oberflächlich so erscheint. Vielmehr befinden sie sich in einer beobachtenden, abwägenden und oft abwartenden Haltung. Sie reagieren auf Atmosphären, auf Führungsverhalten, auf gruppeninterne Konflikte und auf Kommunikationsstile. Diese Reaktionen sind entscheidend dafür, ob Prozesse in Fluss kommen oder stagnieren, ob Konflikte eskalieren oder bearbeitbar bleiben, ob Führung gestützt oder hinterfragt wird.

Die Rolle der Mitläufer:innen ist deshalb auch ambivalent. Sie kann stabilisieren oder blockieren, konstruktiv beitragen oder sich in Passivität verlieren. Ihre Stärke liegt darin, dass sie das Kollektiv bündeln, unterschiedliche Positionen überbrücken und den Alltag der Gruppe tragen. Ihre Schwäche liegt darin, dass sie sich der Verantwortung entziehen können, indem sie sich in scheinbarer Neutralität einrichten. Diese Haltung ist nicht selten eine Schutzstrategie: Sich nicht zu positionieren schützt vor Konflikt, Kritik oder Verantwortung. Doch sie birgt auch die Gefahr, destruktive Entwicklungen stillschweigend mitzutragen, Innovation zu bremsen oder problematische Machtverhältnisse zu stabilisieren.

Mitläufer:innen verfügen häufig über hohes implizites Wissen. Sie kennen das informelle Regelwerk der Gruppe, wissen, wer welche Themen meiden sollte, wann man widersprechen darf und wann nicht. Sie orientieren sich an den unausgesprochenen Normen und bestätigen diese durch ihr Verhalten. Wer als Führungsperson oder Supervisor:in Gruppen entwickeln will, sollte die Mitläufer:innen nicht übersehen, sondern gezielt einbinden. Ihre Beobachtungen, ihr Erfahrungswissen und ihre Stimmungen sind entscheidend für die Einschätzung des gruppendynamischen Klimas.

Ein weiterer Aspekt dieser Rolle liegt in ihrer Funktion als Bindeglied. Mitläufer:innen vermitteln zwischen Führung und Außenseiterpositionen. Sie sind offen für neue Impulse, solange diese nicht zu stark von der Norm abweichen. Sie übernehmen häufig indirekt die Rolle der „Alltagsgestalter:innen": Sie organisieren, erinnern, halten Abläufe am Laufen, ohne sich ins Zentrum zu stellen. Diese informelle Alltagsmacht ist nicht zu unterschätzen. Wer Gruppenprozesse begleiten will, sollte erkennen, wann sich unter der Oberfläche dieser Rolle Enttäuschung, Widerstand oder Frustration aufbaut. Denn auch die Mitläufer:innen haben Erwartungen, Wünsche und Bedürfnisse – und wenn diese nicht gehört werden, ziehen sie sich zurück oder reagieren mit stiller Opposition.

Mitläufer:innen tragen damit auch eine Verantwortung. Sie entscheiden mit, ohne offiziell zu entscheiden. Sie formen Normen, ohne sie zu benennen. Sie bestimmen das Maß an Engagement, das Maß an Konflikttoleranz, das Maß an Veränderungsbereitschaft. Ihr Schweigen kann Zustimmung oder Ablehnung bedeuten. Ihre Teilnahme oder Abwesenheit verändert die Atmosphäre. Ihr Verhalten wirkt auf alle anderen Rollen zurück – und sollte deshalb nicht unterschätzt werden.

Für Einzelne kann die Rolle der Mitläufer:in ein sicherer Ort sein. Sie ermöglicht es, Teil der Gruppe zu sein, ohne exponiert zu sein. Sie verlangt keine exponierte Meinung, keine Führungsverantwortung, keine besonderen Fähigkeiten, und genau das macht sie für viele attraktiv. Doch in längeren Gruppenprozessen zeigt sich oft, dass Menschen aus dieser Position heraus den Wunsch entwickeln, sich stärker einzubringen, mehr Verantwortung zu übernehmen oder gehört zu werden. Dann braucht es Mut und ein Gruppensetting, das diesen Schritt zulässt.

Reflexionsfragen:

- Wann habe ich mich in der Rolle der Mitläufer:in wohlgefühlt – und wann nicht?
- Was hindert mich daran, in manchen Gruppen aktiver zu werden?
- Wie kann ich Einfluss nehmen, ohne mich exponiert zu fühlen?
- Welche Verantwortung übernehme ich in Gruppen – auch ohne Führungsrolle?
- Wo wünsche ich mir mehr Beteiligung – und was bräuchte ich dafür?
- Welche Beiträge leiste ich, die vielleicht übersehen werden?
- Wie kann ich mich als Mitläufer:in in meiner Wirksamkeit erleben?

Die Mitläufer:innen sind das soziale Zentrum jeder Gruppe. Sie geben Rückhalt, signalisieren Resonanz, tragen Prozesse mit und gestalten Normen. Ihre Rolle wirkt stabilisierend, aber auch regulierend. Ihre Verantwortung liegt nicht im Führen, sondern im Mittragen, und genau das ist entscheidend für die Lebendigkeit, den Zusammenhalt und die Entwicklungsfähigkeit einer Gruppe.

Die Position der Außenseiter:innen - Omegas

Die Position der Außenseiter:innen innerhalb der Rangdynamik ist eine der vielschichtigsten und zugleich sensibelsten Rollen in Gruppenprozessen. Sie ist geprägt von Distanz, Irritation, Ambivalenz und nicht selten von Projektion. Außenseiter:innen befinden sich am Rand des gruppendynamischen Systems – sie gehören formal zur Gruppe, sind aber emotional, kommunikativ oder funktional nicht vollständig eingebunden. Diese Position kann gewählt, zugeschrieben oder durch bestimmte Umstände bedingt sein. Ihre Funktion im Gruppengefüge ist oft paradox: Einerseits steht sie für das Andere, das Fremde, das Nicht-angepasste. Andererseits birgt sie enormes Potenzial für Veränderung, Entwicklung und Reflexion.

Außenseiter:innen sind häufig die Ersten, die Missstände benennen, Spannungen spürbar machen oder unbequeme Fragen stellen. Sie verhalten sich anders als die Mehrheit, kommunizieren abweichend, bringen ungewöhnliche Perspektiven ein oder widersetzen sich impliziten Gruppennormen. Dieses Verhalten kann als Bedrohung erlebt werden – insbesondere in Gruppen, die stark auf Homogenität, Harmonie oder Kontrolle setzen. In solchen Kontexten wird der Außenseiter oder die Außenseiterin schnell zum Störfaktor stilisiert, auch wenn sie oder er auf etwas Wichtiges aufmerksam macht. Diese Zuschreibung ist nicht nur individuell belastend, sondern auch ein gruppendynamisches Signal: Die Gruppe schützt sich vor Veränderung, indem sie das Irritierende nach außen drängt.

Zugleich übernehmen Außenseiter:innen eine wichtige systemische Funktion. Sie konfrontieren die Gruppe mit ihrem blinden Fleck. Sie halten der Norm den Spiegel vor. Sie verweisen auf Ausschlüsse, Spannungen oder unausgesprochene Regeln. In dieser Rolle ähneln sie dem „Fremden", das – wie in vielen mythologischen Erzählungen – das Gewohnte herausfordert und zur Erneuerung zwingt. Ihre Botschaft lautet nicht: Ich will nicht dazugehören, sondern: Ich will anders dazugehören. Genau darin liegt ihr transformatorisches Potenzial.

Die Gründe, warum Menschen in diese Position geraten, sind vielfältig. Manche wählen sie bewusst, aus Überzeugung, aus Protest, aus einem starken Bedürfnis nach Autonomie. Andere rutschen ungewollt hinein, weil sie sich nicht einfügen können, weil sie neu sind, weil sie diskriminiert werden oder weil ihre Werte und Ausdrucksformen nicht ins Gruppenschema passen. In beiden Fällen sind sie Träger:innen von Spannung. Und Spannung ist der Motor von Veränderung – wenn sie ausgehalten und bearbeitet wird.

Das Risiko in dieser Rolle ist hoch. Außenseiter:innen erleben oft Ablehnung, Isolation, Unsicherheit oder Überforderung. Sie spüren, dass sie „nicht dazugehören", auch wenn dies nie explizit gesagt wird. Sie erhalten wenig Rückmeldung, erleben ihre Beiträge als wirkungslos oder verzerrt aufgenommen. Häufig werden ihre Motive missverstanden, ihre Botschaften entwertet oder sie selbst auf eine einseitige Funktion reduziert. Das Gefühl, nicht gesehen oder falsch gesehen zu werden, kann tiefgreifende Auswirkungen auf Selbstwert, Motivation und Zugehörigkeitsgefühl haben.

Für die Gruppe selbst ist der Umgang mit Außenseiter:innen ein Spiegel ihrer Reife. Gruppen, die mit Differenz umgehen können, die Irritation nicht als Gefahr, sondern als Ressource begreifen, entwickeln sich weiter. Gruppen, die sich abschotten, die alles Andersartige abwehren oder ausschließen, verengen ihr Wahrnehmungsfeld, erstarren in Normierung und verlieren langfristig ihre Lernfähigkeit. Der Umgang mit Außenseiter:innen ist daher ein Gradmesser für Offenheit, Reflexionsfähigkeit und psychologische Sicherheit innerhalb einer Gruppe. Für Menschen, die diese Rolle einnehmen oder darin geraten, braucht es besondere Ressourcen. Sie benötigen innere Stabilität, ein starkes Selbstbild, Kommunikationsstrategien, um mit Ablehnung umzugehen, sowie externe Unterstützung oder Rückzugsräume. Auch ein Verständnis für gruppendynamische Mechanismen hilft dabei, die Zuschreibungen zu deuten, ohne sie zu internalisieren. Eine zentrale Aufgabe für Gruppenleitungen, Beratende oder Supervisor:innen ist es daher, Außenseiterpositionen sichtbar zu machen, zu entdramatisieren und konstruktiv zu integrieren.

Dies bedeutet nicht, jeden Widerspruch sofort einzubinden oder jede Abweichung unkritisch zu feiern. Es geht vielmehr darum, Differenz auszuhalten, zu würdigen und gegebenenfalls in einen produktiven Dialog zu überführen. Manchmal kann es hilfreich sein, Außenseiter:innen temporäre Sonderrollen zuzugestehen, etwa als kritische Begleiter:innen, als Impulsgeber:innen oder als bewusste Gegenspieler:innen. Entscheidend ist, dass diese Rollen nicht mit Ausgrenzung, sondern mit Wertschätzung verbunden sind.

Die Außenseiterrolle zeigt eindrücklich, dass Zugehörigkeit keine binäre Kategorie ist. Man ist nicht einfach „drin" oder „draußen". Vielmehr bewegen sich Gruppenmitglieder auf einem Kontinuum von Nähe und Distanz, Einfluss und Marginalisierung, Anpassung und Differenz. Die Position der Außenseiter:innen macht dieses Kontinuum sichtbar. Sie erinnert daran, dass Gruppen keine geschlossenen Systeme sein dürfen, wenn sie lebendig bleiben wollen.

Reflexionsfragen:

- Wann habe ich mich selbst als Außenseiter:in erlebt? In welcher Gruppe, in welchem Zusammenhang?
- Wie bin ich mit dieser Position umgegangen? was hat mir geholfen, was hat mich geschwächt?
- Wie reagiere ich auf Menschen, die sich in Gruppen anders verhalten als erwartet?
- Welche Haltung habe ich zu Differenz – und wie zeigt sie sich in meinem Verhalten?
- Was kann ich tun, um Menschen am Rand der Gruppe einzubeziehen, ohne sie zu vereinnahmen?
- In welchen Gruppen habe ich erlebt, dass Außenseiter:innen konstruktiv integriert wurden?
- Welche Potenziale liegen in der Irritation; für mich, für die Gruppe, für den Prozess?

Die Außenseiter:innen verkörpern das Andere im System. Sie irritieren, fordern heraus, bringen Neues ein. Ihr Beitrag ist unbequem und genau deshalb wichtig. Gruppen, die es schaffen, Außenseiter:innen nicht auszugrenzen, sondern deren Perspektive ernst zu nehmen, erweitern ihr Denken, vertiefen ihre Reflexionsfähigkeit und öffnen sich für Veränderung. Ihre Integration ist kein Akt der Toleranz, sondern eine Investition in Lebendigkeit und Zukunftsfähigkeit.

Typische Dynamiken und Wechselwirkungen in der Rangdynamik

Die vier beschriebenen Positionen entwickeln ihre volle Wirkung nicht isoliert, sondern im Zusammenspiel. Die Rangdynamik ist ein Beziehungsgeflecht, in dem jede Bewegung Auswirkungen auf die anderen Positionen hat. Wird die Führung infrage gestellt, reagieren Rangnächste mit Loyalität oder Abgrenzung. Ziehen sich Mitläufer:innen zurück, entstehen Vakuumzonen, die Machtkämpfe begünstigen. Werden Außenseiter:innen systematisch ausgeschlossen, verschärft sich die Spannung zwischen Zentrum und Peripherie. Diese Wechselwirkungen machen deutlich, dass Rangdynamik ein lebendiges, oft spannungsreiches System ist, das laufend Aufmerksamkeit und Pflege benötigt.

Besonders sensibel ist die Beziehung zwischen den ersten beiden Rängen. Konflikte auf dieser Ebene können zu offenen Machtkämpfen, Abspaltungen oder zur Bildung informeller Allianzen führen. Wenn die Führung ihre Position durch Dominanz sichert, statt durch Beziehung, droht die Destabilisierung des gesamten Systems. Umgekehrt können Rangnächste versuchen, die Führung zu untergraben oder sich selbst ins Zentrum zu rücken. Diese Dynamik zeigt sich häufig in Veränderungsprozessen oder bei Führungswechseln, wenn Rangpositionen neu ausgehandelt werden müssen.

Auch die Position der Mitläufer:innen ist nicht frei von Dynamik. Wird sie zu passiv gelebt, entsteht ein Machtvakuum, das andere Positionen stärker unter Druck setzt. Gleichzeitig kann sie durch innere Solidarisierung oder kollektiven Rückzug zur impliziten Opposition werden. Gruppen mit aktiven, reflektierten Mitläufer:innen sind häufig stabiler, da sie weniger auf Polarisierung angewiesen sind.

Die Außenseiter:innen wiederum sind oft die Träger:innen von Irritation, Innovation und Perspektivwechsel. Ihre Beiträge können wichtige Impulse setzen – vorausgesetzt, sie werden gehört. Wenn ihre Kritik ignoriert oder abgewertet wird, verschärft sich die Spaltung, und es entsteht ein emotionales Außen, das schwer zu integrieren ist. Umgekehrt kann die Integration von Außenseiter:innen zu einem Kraftquell für die Gruppe werden. Sie symbolisiert: Wir sind lernfähig, offen und bereit, unser Selbstbild zu erweitern.

Diese Dynamiken lassen sich weder vollständig vermeiden noch endgültig klären. Sie gehören zur Natur sozialer Systeme. Doch sie lassen sich beobachten, benennen und gestalten. Gruppen, die lernen, auf ihre Rangdynamik zu achten, entwickeln ein höheres Maß an Reflexionsfähigkeit, Flexibilität und Resilienz. Sie erkennen, dass Macht kein Problem, sondern ein Beziehungsthema ist. Und dass Zugehörigkeit nicht durch Gleichmacherei entsteht, sondern durch achtsame Beziehungsgestaltung im Unterschied.

Reflexionsfragen:

- Welche typischen Rangdynamiken erlebe ich in meiner Arbeit mit Gruppen?
- Wie gehe ich mit Machtkonflikten zwischen Führung und Rangnächsten um?
- Was signalisiert mir, dass ein Machtvakuum entsteht oder Rollen nicht klar sind?
- Wie kann ich Spannungen zwischen Zentrum und Peripherie produktiv machen?
- Welche Impulse von Außenseiter:innen nehme ich ernst? Welche übersehe ich?
- Was kann ich tun, um Rangdynamik in Gruppen sichtbar und besprechbar zu machen?

Rangdynamik ist ein Beziehungsprozess. Ihre Kraft liegt nicht in der fixen Ordnung, sondern im bewussten Umgang mit Bewegung, Einfluss und Zugehörigkeit. Wer diese Dynamiken versteht, kann Gruppen nicht kontrollieren, aber begleiten und so Räume schaffen, in denen Entwicklung möglich wird.

Graves Levels und Spiral Dynamics

Das Modell der Graves Levels, auch bekannt als Spiral Dynamics, bietet einen faszinierenden Zugang zum Verständnis menschlicher Entwicklung – sowohl auf individueller als auch auf kollektiver Ebene. Entwickelt vom US-amerikanischen Psychologen Clare W. Graves und später von Don Beck und Christopher Cowan weitergeführt, beschreibt dieses Modell verschiedene Werteebenen oder Bewusstseinsstufen, die Menschen, Gruppen und ganze Gesellschaften im Laufe ihrer Entwicklung durchlaufen. Es handelt sich dabei nicht um eine lineare Fortschrittslinie im klassischen Sinne, sondern um ein dynamisches, spiralförmiges Modell, das evolutionäre Entwicklung und kulturelle Komplexität auf einzigartige Weise miteinander verknüpft. Im Zentrum des Modells steht die Annahme, dass sich Menschen in ihrem Denken, Fühlen und Handeln an bestimmten Wertesystemen orientieren, die jeweils eine bestimmte Sicht auf die Welt, das Leben, den Sinn, das Zusammenleben und die Problemlösung mit sich bringen. Diese Wertesysteme entstehen nicht willkürlich, sondern als Reaktion auf konkrete Herausforderungen der jeweiligen Umwelt. Jedes Level ist dabei eine Antwort auf ein bestimmtes Spannungsfeld – zwischen dem Bedürfnis nach Stabilität und dem Druck zur Veränderung, zwischen individueller Autonomie und kollektiver Einbettung, zwischen Überleben und Sinn.

Die Levels bauen nicht mechanisch aufeinander auf, sondern entfalten sich abhängig vom individuellen oder kollektiven Kontext. Eine Person oder Gruppe kann Anteile mehrerer Levels gleichzeitig leben oder in bestimmten Lebensbereichen auf unterschiedlichen Ebenen agieren. Spiral Dynamics spricht daher bewusst von „Memen" – kulturellen und psychologischen Codeebenen –, die sich im Denken, in Institutionen, in Sprache, Ritualen, Organisationen und in gesellschaftlichen Strukturen ausdrücken. Das Modell ist damit nicht nur psychologisch, sondern auch soziologisch und kulturell anschlussfähig. Was Spiral Dynamics besonders macht, ist die Verbindung von Entwicklungstiefe mit Wertfreiheit. Kein Level wird als besser oder schlechter bewertet. Jedes ist eine angemessene Antwort auf eine bestimmte Lebensrealität. Probleme entstehen nicht durch das Vorhandensein eines bestimmten Levels, sondern durch die Unfähigkeit, unterschiedliche Levels zu erkennen, wertzuschätzen und miteinander in Verbindung zu bringen. Konflikte innerhalb von Gruppen, Organisationen oder Gesellschaften lassen sich oft als Zusammenprall unterschiedlicher Werteebenen verstehen – etwa zwischen traditionellen und postmodernen Weltbildern, zwischen hierarchischem Denken und agiler Selbststeuerung, zwischen autoritärer Kontrolle und individueller Freiheit.

Das Modell unterscheidet grob zwischen zwei Bewusstseinsschleifen – einer ersten Ordnung (Levels 1 bis 6), die eher auf Überleben, Macht, Zugehörigkeit, Ordnung, Leistung und Individualismus fokussiert ist, und einer zweiten Ordnung (ab Level 7), die integrativ, systemisch und bewusst plural denkt. In der ersten Ordnung dominieren lineares Denken, Konkurrenz und Identifikation mit einzelnen Perspektiven. In der zweiten Ordnung entstehen Meta-Perspektiven, Multiperspektivität und eine zunehmende Fähigkeit zur Integration von Komplexität.

Für Gruppenprozesse ist dieses Modell besonders spannend, weil es nicht nur individuelles Verhalten erklärt, sondern kollektive Dynamiken, Organisationskulturen und Führungsstile verstehbar macht. Eine Gruppe, die sich im „blauen" Wertefeld bewegt, wird stark auf Ordnung, Struktur, Regeln und Loyalität setzen. Eine Gruppe im „orangenen" Feld wird Leistung, Wettbewerb und Zielorientierung fokussieren. Eine „grüne" Gruppe hingegen wird Beziehung, Gleichheit, Empathie und Konsens in den Vordergrund stellen. Diese Werte beeinflussen die Art der Kommunikation, die Toleranz gegenüber Abweichung, das Konfliktverhalten und die Fähigkeit zur Entwicklung. Führung in diesem Kontext bedeutet nicht, ein bestimmtes Level zu bevorzugen, sondern die Fähigkeit zu entwickeln, die unterschiedlichen Werteebenen zu erkennen, sie miteinander zu verbinden und Entwicklung zu ermöglichen. Spiral Dynamics liefert damit auch eine wertvolle Orientierung für Coaches, Berater:innen, Supervisor:innen und Organisationsentwickler:innen, die mit kultureller Diversität, Generationenkonflikten oder transformativen Prozessen arbeiten. Es hilft dabei, Reibung nicht als Störung zu betrachten, sondern als Ausdruck unvereinbarer Werteebenen – und lädt ein, Brücken zu bauen, statt Standpunkte zu zementieren.

Die Levels selbst tragen Farbcodes, die symbolisch für die jeweiligen Bewusstseinsstrukturen stehen. Sie reichen von Beige (reines Überleben) über Purpur (Stammesbewusstsein), Rot (Macht und Ego), Blau (Ordnung und Gesetz), Orange (Leistung und Erfolg), Grün (Gemeinschaft und Gleichheit) bis hin zu Gelb (Systemisches Denken) und Türkis (globales Bewusstsein). Jede Ebene ist ein Schritt in der kulturellen und psychologischen Entwicklung des Menschen – individuell, organisatorisch, gesellschaftlich.

Im nächsten Schritt werden wir diese Levels einzeln betrachten, mit Blick auf ihre psychologische Logik, ihr Werte- und Weltbild, ihre gruppendynamische Ausprägung und ihre Bedeutung für die Gestaltung von Entwicklungsprozessen.

Reflexionsfragen:

- Welche Werte prägen mein Denken und Handeln – und wie bewusst bin ich mir ihrer Herkunft?
- In welchen Gruppenkontexten habe ich erlebt, dass unterschiedliche Werteebenen aufeinanderprallen?
- Welche Herausforderungen entstehen, wenn ich mit Menschen arbeite, die auf einer anderen Ebene denken?
- Wie gehe ich selbst mit Komplexität und Widersprüchlichkeit in Gruppen um?
- Welche Stile von Führung und Zusammenarbeit erlebe ich als förderlich – und wie lassen sie sich einordnen?
- Was braucht es aus meiner Sicht, damit Gruppen sich in ihrer Werteentwicklung weiterbewegen können?

Spiral Dynamics bietet einen differenzierten Blick auf menschliche Entwicklungsprozesse, der individuelles Verhalten, Gruppendynamik und gesellschaftliche Transformation miteinander verbindet. Es eröffnet die Möglichkeit, Unterschiede nicht als Defizit, sondern als Ausdruck unterschiedlicher Bewusstseinsebenen zu verstehen – und damit neue Wege der Verständigung, Führung und Zusammenarbeit zu gestalten.

Level 1: Beige – Überleben im Hier und Jetzt

Das erste Level in der Spiral Dynamics Theorie, bekannt als „Beige", repräsentiert die früheste, elementarste Form menschlichen Bewusstseins. Es ist das Überlebenssystem, das sich auf biologische Existenz, unmittelbare Bedürfnisbefriedigung und instinkthaftes Verhalten konzentriert. Menschen auf diesem Level leben im Hier und Jetzt, nicht weil sie Achtsamkeit kultivieren, sondern weil sie es müssen. Die Vergangenheit spielt keine Rolle, die Zukunft ist irrelevant, alles dreht sich um das Jetzt, um die unmittelbare Notwendigkeit zu essen, zu schlafen, sich zu schützen und zu reagieren. Es gibt keine Planung, keine Zukunftsvision, keine kollektive Ordnung. Alles Denken und Handeln kreist um den Erhalt des eigenen Lebens, wobei oft nicht einmal eine bewusste Ich-Identität existiert. Es handelt sich um einen Zustand des Seins, in dem es keine Abstraktion, kein Ziel und kein „Warum" gibt – nur das „Jetzt".

Beige ist kein reflektiertes Wertesystem, sondern ein archaisches Funktionsmuster. Es existiert vor Sprache, vor Kultur, vor Beziehung. Es ist das Überlebensmuster des Neugeborenen, des verletzten, traumatisierten oder dementen Menschen, des Obdachlosen ohne Halt und Struktur, und war in der Frühgeschichte der Menschheit das primäre Organisationsprinzip. In dieser Phase ist der Mensch ein Teil der Natur, eingebettet in einen biologischen Überlebensmodus, in dem Instinkte und reflexhafte Reaktionen dominieren. Es ist ein Zustand der Verschmelzung mit der Umwelt, in dem es keine klare Grenze zwischen Selbst und Welt gibt. Das Selbstbewusstsein ist noch nicht entwickelt oder wurde durch Schock und Trauma wieder aufgelöst.

In Gruppen zeigt sich Level 1 in extremen Ausnahmesituationen. Etwa in der unmittelbaren Phase nach einer Naturkatastrophe, in Kriegsgebieten, in Hungerkrisen oder in Situationen absoluter Entwurzelung. Dort rücken alle kulturellen Codes, sozialen Regeln oder spirituellen Überzeugungen in den Hintergrund. Was zählt, ist das Überleben, körperlich, existenziell, oft auf Kosten komplexerer sozialer oder moralischer Erwägungen. Menschliche Begegnung reduziert sich auf Bedürfnisbefriedigung: Wer hat Wasser? Wer hat Nahrung? Wer schützt mich? Wer bedroht mich? Jedes Verhalten dient der Aufrechterhaltung der physischen Existenz. Es entstehen informelle Allianzen, die allein auf Nutzen basieren, oft nur kurzfristig und kaum stabil. Solidarität kann in solchen Momenten entstehen, bleibt aber brüchig, solange keine übergeordneten Strukturen greifen.

Beige kann auch in modernen Gesellschaften auftauchen, nicht als kollektives Phänomen, sondern als regressives Muster in Individuen oder Gruppen, die unter extremem Stress stehen. Menschen, die durch traumatische Erfahrungen oder chronische Überforderung aus komplexeren Wertesystemen herausfallen, können in diesen archaischen Modus zurückfallen. Dies zeigt sich etwa in dissoziativem Verhalten, in existenzieller Verzweiflung, in totaler Apathie oder in roher, instinktiver Aggression. Auch im psychischen Ausnahmezustand, etwa bei bestimmten Formen von Schock, Wahnerleben oder Verelendung, wird dieses Level sichtbar. Der Mensch verliert die Verbindung zu Sprache, zu Beziehung, zu Reflexion – übrig bleibt das nackte Dasein. Es handelt sich nicht um einen bewusst gewählten Zustand, sondern um eine Rückkehr zum Ursprünglichsten, oft ausgelöst durch Überwältigung oder Kontrollverlust.

Dieses Level ist in Beratungs- oder Gruppensettings selten unmittelbar sichtbar, kann aber als Hintergrundmodus wirksam sein. Menschen, die in prekären Lebenslagen leben, die in ihrer Kindheit massive Vernachlässigung erfahren haben oder aktuell in Zuständen absoluter Orientierungslosigkeit verharren, tragen dieses Muster oft unbewusst mit sich. Es äußert sich nicht in Worten, sondern in Körpersprache, im Blick, in der Haltung. Es begegnet Berater:innen und Gruppenleiter:innen als Nichtkontakt, als Rückzug, als scheinbare Unfähigkeit zur Kooperation oder als völliger Fokus auf Grundbedürfnisse. In Gruppen führt dies mitunter zu Irritation, weil „normale" Kommunikation nicht greift. Empathie und körperliche Präsenz sind oft hilfreicher als jede sprachliche Intervention.

Für Gruppenprozesse bedeutet das Vorhandensein von Level 1-Anteilen eine besondere Herausforderung. Gruppen, die Mitglieder mit starken beige-Anteilen integrieren wollen, brauchen zunächst Sicherheit, Struktur und körperlich erfahrbare Stabilität. Psychologische Interventionen, abstrakte Diskussionen oder soziale Appelle greifen in diesem Zustand nicht. Was hilft, ist Versorgung, Schutz, Nahrung, Wärme, Wiederholung, Einfachheit. Erst wenn der Mensch sich sicher genug fühlt, kann er sich auf komplexere Beziehungsangebote einlassen. Das Ignorieren dieser Grundbedürfnisse führt zu Rückzug, Eskalation oder Zusammenbruch. Die Herausforderung liegt darin, den Impuls zur Aktivierung, zur Lösung oder zum „Helfenwollen" zu kontrollieren und stattdessen eine absichtslose, akzeptierende Präsenz zu kultivieren.

Auch in Teams oder Organisationen, die unter massivem Druck stehen, können beige-Muster aufflammen. Wenn Mitarbeitende sich ständig bedroht fühlen, sei es durch Arbeitsverdichtung, toxische Führung oder Angstkultur, reduziert sich ihr Verhalten auf Überlebensstrategien. Man denkt nicht mehr strategisch, sondern reagiert. Es geht nicht mehr um Ziele, Visionen oder Innovation, sondern nur noch darum, den nächsten Tag zu überstehen. Das soziale Feld verengt sich, die emotionale Toleranz sinkt, und komplexe Kooperationsfähigkeit geht verloren. Kommunikation wird minimalistisch oder feindselig, Motivation ersetzt durch Erschöpfung, Beziehungen durch Zweckgemeinschaft. Die Organisation beginnt, sich zu verschließen, Innovationen werden blockiert, und Veränderungsfähigkeit geht verloren.

Beige ist kein Zustand, den man verurteilen sollte. Er ist, wie jedes Level, eine funktionale Reaktion auf bestimmte Rahmenbedingungen. Er zeigt, dass ein System – ob Mensch oder Organisation – in eine Zone existenzieller Bedrohung geraten ist. Die Aufgabe von Führung, Beratung oder Supervision besteht in solchen Fällen nicht darin, höhere Werte zu vermitteln, sondern in der Wiederherstellung von Basisstabilität. Sicherheit geht vor Sinn. Nahrung vor Narrativ. Körperlichkeit vor Kognition. In einer Kultur, die oft das Mentale über das Körperliche stellt, ist diese Erkenntnis revolutionär. Sie fordert dazu auf, das Fundament menschlicher Existenz ernst zu nehmen und nicht zu überspringen.

Das Verständnis für Level 1 kann helfen, nicht vorschnell auf Veränderung, Einsicht oder Entwicklung zu drängen. Es erinnert daran, dass Entwicklung immer von unten nach oben verläuft, von Stabilität zu

Beziehung, von Beziehung zu Autonomie, von Autonomie zu Reflexion. Wer auf Beige trifft, muss die Grundbedürfnisse adressieren – nicht als Strategie, sondern als Haltung. Es braucht Geduld, Präsenz und die Bereitschaft, einfache Dinge zu tun: einen Raum warm halten, einen Blick halten, einen Rhythmus etablieren. Erst aus dieser Basis heraus kann sich Entwicklung entfalten. Wer Menschen aus diesem Zustand herausholen will, muss zuerst bereit sein, eine Zeit lang mit ihnen dort zu bleiben.

Reflexionsfragen:

- Wo erlebe ich Menschen, die sich im Überlebensmodus befinden, und wie reagiere ich darauf?
- Wann bin ich selbst in eine beigeartige Haltung gefallen, was war der Auslöser, was hat mir geholfen?
- Welche Zeichen deuten in Gruppen oder Teams darauf hin, dass Menschen sich existenziell bedroht fühlen?
- Wie kann ich in meiner Rolle Sicherheit schaffen, auf körperlicher, emotionaler und struktureller Ebene?
- Was bedeutet es für meine Haltung, wenn ich mit Menschen arbeite, die nicht sprechen oder reflektieren können?
- Wie kann ich achtsam und respektvoll mit Menschen umgehen, die auf dieses archaische Niveau zurückgefallen sind?
- Welche eigenen Automatismen zeigen sich bei mir, wenn ich mit extremer Bedürftigkeit konfrontiert werde?
- Wie kann ich in Gruppensettings helfen, ohne in Aktionismus zu verfallen?

Level 1, Beige, steht für das Überlebensbewusstsein des Menschen. Es zeigt sich in Momenten existenzieller Bedrohung, in archaischen Reaktionsmustern und im Verlust von Beziehung, Sprache und Reflexion. Dieses Level ist keine Störung, sondern eine funktionale Anpassung an extreme Bedingungen. Wer damit arbeitet, braucht Geduld, Präsenz und die Bereitschaft, elementare Bedürfnisse zu adressieren. Erst aus Stabilität entsteht Entwicklung. Beige ist der Anfang jeder Bewusstseinsreise – und seine Würdigung ist die Basis aller weiteren Schritte.

Level 2: Purpur – Stammesbewusstsein und Zugehörigkeit

Das zweite Level in der Spiral Dynamics Theorie, Purpur, steht für das stammesorientierte Bewusstsein. Es ist geprägt vom Bedürfnis nach Zugehörigkeit, Schutz und magischer Welterklärung. Im Gegensatz zu Beige, wo das bloße Überleben im Zentrum steht, entsteht mit Purpur erstmals ein kollektives Empfinden. Menschen verbinden sich in Gruppen, Clans, Familienverbänden oder Stammesstrukturen, um gemeinsam für Sicherheit zu sorgen und sich in einer unbegreiflichen, bedrohlichen Welt zu orientieren. Die Welt wird nicht mehr ausschließlich durch Instinkte erlebt, sondern durch überlieferte Geschichten, Mythen und symbolische Rituale gedeutet.

In Purpur beginnt die Entwicklung von Identität durch Zugehörigkeit. Das „Ich" wird erlebbar als Teil eines „Wir". Dieses Wir ist nicht abstrakt, sondern konkret und existiert im Rahmen enger familiärer, blutsverwandter oder symbolischer Bindungen. Vertrauen basiert auf Nähe, Tradition und Wiederholung. Was nicht zum Clan gehört, wird als fremd erlebt, oft auch als bedrohlich. Gruppenidentität entsteht durch Abgrenzung. Wer dazugehört, teilt Werte, Rituale und Geschichten. Wer abweicht, gefährdet das Gleichgewicht. Diese kollektive Bindung wirkt wie ein schützender Rahmen, der Sicherheit und Orientierung vermittelt, aber auch enge Grenzen setzen kann.

Dieses Bewusstsein entwickelt sich historisch mit den ersten Stammeskulturen. Magisches Denken ist zentral. Naturphänomene, Krankheit, Tod oder Fruchtbarkeit werden nicht rational erklärt, sondern als Ausdruck von Geistern, Ahnen oder göttlichen Mächten interpretiert. Rituale dienen der Besänftigung dieser Kräfte. Alles hat seinen Platz im großen Ganzen. Es gibt keinen Individualismus im modernen Sinn. Der Mensch lebt eingebettet in ein Beziehungsnetz, das Geborgenheit gibt, aber auch starke soziale Kontrolle ausübt. Abweichung wird nicht als Entwicklung, sondern als Gefahr für die kollektive Ordnung verstanden. Dadurch entsteht ein tiefes Bedürfnis nach Konformität, das Kreativität und Abweichung nur schwer zulässt.

Purpur lebt in der Gegenwart vieler Menschen weiter, nicht nur in indigenen Kulturen, sondern auch in modernen Familienstrukturen, in religiösen Gemeinschaften oder subkulturellen Gruppen. Immer dort, wo emotionale Nähe, Identifikation, Loyalität und Tradition das Denken bestimmen, zeigen sich purpurne Muster. Auch in Unternehmen sind sie zu finden, etwa in Organisationen, in denen „Familiengefühl" herrscht, in denen Zugehörigkeit wichtiger ist als Kompetenz oder Innovation, in denen Macht auf informelle Weise über Loyalität vererbt wird. Diese Strukturen wirken oft stabilisierend und vertrauensfördernd, können jedoch auch Abgrenzung gegenüber dem Neuen erzeugen.

In Gruppensettings zeigt sich Purpur durch die starke Orientierung an Gruppenkohäsion, an Ritualen, Symbolen und gemeinsamen Geschichten. Konflikte werden nicht offen angesprochen, sondern über Beziehungsebene geregelt. Kommunikation ist indirekt, nonverbal stark aufgeladen, oft ritualisiert. Wer dazugehört, wird geschützt. Wer ausgeschlossen wird, erlebt Isolation. In solchen Gruppen sind Zugehörigkeit und Ausgrenzung zentrale Dynamiken. Gruppenregeln sind meist implizit. Sie werden nicht diskutiert, sondern tradiert. Veränderung gilt als Tabubruch. In der Praxis zeigt sich das in der Überbewertung von Loyalität, im Misstrauen gegenüber Außenstehenden oder in der Angst, durch neue Ideen den Gruppenzusammenhalt zu gefährden.

Für die psychosoziale Arbeit bedeutet das: Gruppen mit stark purpurnen Anteilen reagieren empfindlich auf Rationalisierung, Individualisierung oder offene Konfrontation. Beratung und Intervention müssen Beziehung aufbauen, Rituale achten, Respekt zeigen und Zugehörigkeit ermöglichen. Der Aufbau von Vertrauen steht an erster Stelle. Erst wenn dieses Fundament stabil ist, kann Entwicklung stattfinden. Die Herausforderung für Fachkräfte besteht darin, zwischen stabilisierender Tradition und blockierender Stagnation zu unterscheiden, und Entwicklung in der Beziehung zu ermöglichen, nicht durch Konfrontation. Methoden, die an Identität, Ritualen oder Symbolik anknüpfen, können hier hilfreich sein.

Purpur bringt viele Ressourcen mit: emotionale Wärme, Verbundenheit, gemeinschaftliches Handeln, Fürsorge, soziale Absicherung. Gleichzeitig kann es zu Enge, Abhängigkeit und Intransparenz führen. Innovationen werden gebremst, wenn sie als Bedrohung der Ordnung erlebt werden. Entwicklung wird blockiert, wenn sie Loyalität infrage stellt. Gruppen, die sich auf Purpur stützen, brauchen daher sichere Wege der Transformation: neue Rituale, behutsame Einbindung, das Erzählen neuer Geschichten, die Veränderung nicht als Bruch, sondern als Weiterentwicklung der Tradition begreifen. Besonders hilfreich ist es, wenn Veränderungen als Rückgriff auf eine tiefere Wahrheit oder ein ursprüngliches Ideal inszeniert werden können, um Anschlussfähigkeit zu wahren.

Eine besondere Herausforderung besteht darin, dass Gruppenmitglieder mit höher entwickelten Werteebenen die purpurne Haltung oft als rückständig oder irrational abwerten. Diese Haltung erschwert den Zugang. Wer mit purpurnen Gruppen arbeitet, muss sich auf ein anderes Weltbild einlassen, eines, in dem Zusammenhalt über Argumenten steht, in dem Beziehung vor Analyse kommt, und in dem Autorität durch Zugehörigkeit legitimiert ist. Wer diesen kulturellen Kontext anerkennt, kann Verbindungen schaffen. Wer ihn ignoriert, erzeugt Ablehnung. Die Kunst besteht darin, Anschlussstellen für Entwicklung zu finden, ohne das Bestehende zu zerstören.

Auch in der Begleitung von Einzelpersonen mit starker purpurner Prägung ist dieses Verständnis zentral. Menschen, die aus stark gemeinschaftsorientierten Kontexten kommen, empfinden Individualisierung oder Rationalisierung oft als kalt, entfremdend oder bedrohlich. Für sie bedeutet Entwicklung nicht Befreiung, sondern Verlust. Sie brauchen Beziehungsangebote, Sicherheit, Stabilität und Geschichten, die ihnen erlauben, sich in der neuen Situation wiederzuentdecken, ohne ihre Wurzeln zu verlieren.

Reflexionsfragen:

- Wo erlebe ich in meinem Alltag purpurne Strukturen, in Familie, Arbeit oder Gemeinschaften?
- Welche Rituale geben mir Sicherheit? Welche engen mich ein?

- Wie gestalte ich Zugehörigkeit in Gruppen, und wie reagiere ich auf Abweichung?
- Was bedeutet Loyalität für mich, und wo beginnt für mich soziale Kontrolle?
- In welchen Situationen wünsche ich mir mehr Struktur und Geborgenheit? Wo suche ich Veränderung?
- Wie reagiere ich auf Gruppen, die stark auf Nähe, Tradition und Zusammenhalt setzen?
- Welche Bedeutung haben Geschichten und Symbole in meiner Arbeit mit Gruppen?
- Wie kann ich Entwicklung anstoßen, ohne Bindung zu gefährden?

Level 2, Purpur, steht für stammesbezogenes Denken und das Bedürfnis nach Zugehörigkeit, Sicherheit und Ordnung durch Rituale und gemeinsame Geschichten. Es betont Nähe, Loyalität und emotionale Geborgenheit, birgt aber auch die Gefahr von sozialer Kontrolle, Konformität und Innovationshemmung. Wer mit purpurnen Gruppen arbeitet, braucht Beziehungskompetenz, kulturelle Sensibilität und die Fähigkeit, Wandel in die Sprache der Tradition zu übersetzen.

Level 3: Rot – Macht, Impuls und Durchsetzung

Level 3 in der Spiral Dynamics Theorie, das sogenannte rote Meme, beschreibt eine Phase des Bewusstseins, in der das Individuum aus der Geborgenheit und der Ordnung der Stammeswelt des purpurnen Levels heraustritt und beginnt, sich selbst als eigenständiges, kraftvolles Wesen zu erleben. Diese Entwicklung ist dramatisch, konfliktgeladen und von tiefgreifender Bedeutung. Das Individuum entdeckt sich selbst – nicht mehr als Teil des Ganzen, sondern als Machtzentrum. Das Selbst tritt hervor, beansprucht Raum, Einfluss, Autonomie. Rot steht für Energie, Willenskraft, Impulsivität und Dominanz. Es ist das Bewusstsein der Entfesselung. In dieser Phase geht es nicht mehr um Sicherheit durch Zugehörigkeit, sondern um das Durchsetzen eigener Bedürfnisse. Wer stark ist, überlebt. Wer sich durchsetzt, wird respektiert. Es entstehen klare Machtstrukturen, oft geprägt von Hierarchie, Kontrolle und Unterwerfung. Gewalt ist nicht zwangsläufig destruktiv, sondern ein legitimes Mittel zur Zielerreichung. Recht entsteht aus Stärke. Loyalität wird durch Angst gesichert. Respekt ist kein Geschenk, sondern eine Folge von Dominanz. Dieses Weltbild ist polar, auf Eroberung und Verteidigung ausgerichtet. Die Umwelt ist entweder zu bezwingen oder zu beherrschen.

Historisch lässt sich Rot in den frühen Königreichen, in feudalen Herrschaftsstrukturen oder in kriegerischen Stammesgesellschaften finden. Mythische Helden, machtvolle Herrscherfiguren und Kriegsgötter symbolisieren dieses Bewusstsein. In modernen Gesellschaften zeigt sich Rot in autoritären Regimen, in gewaltorientierten Subkulturen, aber auch in jugendlichen Entwicklungsphasen, in denen Macht und Identität noch ungeklärt sind. In Organisationen tritt Rot häufig in der Gestalt autoritärer Führung, territorialer Verhaltensweisen und konkurrierender Machtspiele auf.

In Gruppenprozessen ist Rot eine ambivalente Kraft. Einerseits bringt es Energie, Entschlossenheit, Initiative und Konfliktfähigkeit. Andererseits droht es, Kooperation zu zerstören, Vertrauen zu untergraben und schwächere Mitglieder zu marginalisieren. Gruppen, in denen sich rote Dynamiken ungebremst ausbreiten, zeigen oft hohe Spannung,

Hierarchisierung und Gewaltbereitschaft. Die Angst, als schwach zu gelten, dominiert. Schutzstrategien wie Anpassung, Rückzug oder Gegenangriff sind weit verbreitet. Es entstehen Alpha-Strukturen mit klaren dominanten und submissiven Rollen.

Rot muss nicht destruktiv sein. Es ist ein notwendiger Entwicklungsschritt. Menschen müssen sich erleben dürfen als kraftvoll, als wirksam, als unabhängig. Ohne diesen Schritt kann kein gesundes Selbstwertgefühl entstehen. In der psychosozialen Arbeit bedeutet das: Menschen mit starker roter Ausprägung brauchen Resonanz, Grenzen und Respekt. Wer ihnen mit Kontrolle oder Bevormundung begegnet, verstärkt ihren Widerstand. Wer sie ernst nimmt, ihnen Handlungsspielräume gibt und klare Regeln setzt, kann Bindung herstellen. Es geht darum, Stärke zu würdigen, ohne Machtmissbrauch zu dulden.

Rot will Einfluss, aber auch Anerkennung. Es testet Grenzen – und braucht Grenzen. In Gruppen kann das heißen: Regeln müssen klar sein, Verstöße müssen benannt werden, Autorität muss präsent, aber nicht willkürlich sein. Wer führt, muss sich Respekt erarbeiten. Authentizität ist hier der Schlüssel. Menschen auf rotem Level reagieren sensibel auf Inkonsequenz, Schwäche oder Unechtheit. Sie folgen nur, wenn sie das Gegenüber als stark, echt und durchsetzungsfähig erleben. Wer zögert oder laviert, verliert an Glaubwürdigkeit.

In Teams kann sich Rot auch als Pioniergeist äußern: neue Märkte erobern, Risiken eingehen, Konkurrenz bezwingen. Diese Kraft ist wertvoll – solange sie nicht die Gruppe spaltet. Führung in roten Kontexten braucht eine Balance zwischen Autorität und Kontakt, zwischen Klarheit und Empathie. Die Herausforderung liegt darin, Struktur zu geben, ohne zu unterdrücken. Entwicklung heißt hier: Von impulsiver Dominanz zu reflektierter Wirksamkeit.

Auch bei Jugendlichen zeigt sich Rot besonders deutlich: Das Bedürfnis, sich abzugrenzen, stark zu erscheinen, die Regeln zu brechen, Autoritäten infrage zu stellen. Diese Phase ist oft notwendig, um das eigene Selbstbild zu entwickeln. Sie braucht Raum, Spiegelung und Grenzen. In der Begleitung solcher Prozesse ist es hilfreich, nicht moralisch zu urteilen, sondern den Kern zu erkennen: den Wunsch nach Selbstbehauptung. Wenn dieser Wunsch gesehen wird, können neue Formen des Einflusses erarbeitet werden.

Rot ist impulsiv, spontan, lustbetont. Es lebt im Moment, ohne langfristige Konsequenzen zu reflektieren. Diese Qualität kann in Gruppen für kreative Energie sorgen – wenn sie kanalisiert wird. In Settings, in denen Spontaneität gewünscht ist, kann Rot inspirieren. Doch wo Reflexion, Konsens oder Planung nötig sind, wird Rot zur Herausforderung. Hier braucht es Übersetzung: Wie kann die Energie genutzt werden, ohne dass sie destruktiv wird? Wie können Menschen auf rotem Level beteiligt werden, ohne andere zu verletzen?

Reflexionsfragen:

- In welchen Kontexten erlebe ich starke rote Dynamiken – bei mir selbst oder in Gruppen?
- Wie gehe ich mit Dominanz, Impulsivität oder Aggression um?
- Wo erkenne ich in meinem Handeln das Bedürfnis, stark und unangreifbar zu wirken?
- Wie reagiere ich, wenn meine Grenzen getestet werden?
- Was hilft mir, mit Menschen auf rotem Level in Kontakt zu kommen, ohne mich zu verlieren?
- Welche Formen von Stärke akzeptiere ich – welche lehne ich ab?
- Wie gestalte ich Führung, wenn Macht im Raum spürbar wird?
- Wie kann ich die positive Kraft von Rot nutzen, ohne in destruktive Muster zu verfallen?

Level 3, Rot, steht für Macht, Impulsivität und die Entdeckung des individuellen Willens. Es bringt Energie, Durchsetzungskraft und Selbstbehauptung, birgt aber auch die Gefahr von Machtmissbrauch, Isolation und Gewalt. Wer mit roten Dynamiken arbeitet, braucht Klarheit, Authentizität und die Fähigkeit, Stärke zu würdigen, ohne Unterwerfung zu fördern. Rot ist kein Feind – sondern ein notwendiger Entwicklungsschritt auf dem Weg zu reifer Selbstverantwortung.

Level 4: Blau, Ordnung, Struktur und Moral

Level 4 in der Spiral Dynamics Theorie, das blaue Bewusstsein, entsteht als Reaktion auf die impulsive, chaotische und oft zerstörerische Energie des roten Levels. Wo Rot durchsetzen und dominieren will, sucht Blau nach Ordnung, Stabilität und Vorhersehbarkeit. Das Selbst erkennt, dass unkontrollierte Macht langfristig zu Isolation, Zerstörung oder Unsicherheit führt. Deshalb beginnt es, sich in ein größeres Ganzes einzufügen, das Regeln, Werte und Autoritäten etabliert. Diese Ordnung ist nicht mehr willkürlich, sondern moralisch begründet. Es entsteht ein Sinn für Gerechtigkeit, Pflicht, Verantwortung und Disziplin. Die Welt erhält eine göttliche oder institutionelle Ordnung, in die sich das Individuum unterordnet, um Teil eines größeren Ganzen zu sein.

Blau betont Regeln, Gesetzmäßigkeit und Verlässlichkeit. Es ist das Denken von „richtig" und „falsch", von klaren Hierarchien und festen Rollen. Die Werte sind stabil, überzeitlich und nicht verhandelbar. Wahrheit wird durch Autorität vermittelt, sei es durch Religion, Gesetz oder Tradition. Menschen auf diesem Level sind pflichtbewusst, loyal, strebsam und bereit, sich für ein höheres Ideal einzusetzen. Der Sinn des Lebens wird nicht in individueller Entfaltung, sondern in der Erfüllung einer übergeordneten Ordnung gefunden.

Historisch finden wir das blaue Weltbild in den großen Religionen, in der mittelalterlichen Ständegesellschaft, im bürokratischen Staatswesen, aber auch in ideologischen Systemen mit klarer Weltanschauung. Blau strukturierte die Gesellschaft, ordnete das Chaos und schuf Institutionen wie Schulen, Gerichte, Polizei, Armeen oder Kirchen. Disziplin wurde zur Tugend, Gehorsam zur Pflicht, Moral zum Maßstab für den Wert des Menschen. Diese Orientierung auf das Kollektiv, auf Normen und das Überpersönliche ermöglichte große zivilisatorische Fortschritte, aber auch starre Dogmen und rigide Systeme.

In Gruppen zeigt sich Blau in der Orientierung an Regeln, Aufgaben, Strukturen und Zuständigkeiten. Jeder hat seinen Platz, seine Rolle, seine Verantwortung. Klarheit ist wichtiger als Kreativität. Abweichung wird als

Störung empfunden. Entscheidungen werden „von oben" getroffen oder auf Grundlage bestehender Protokolle gefällt. Ordnung ist das oberste Gebot. Sicherheit entsteht durch Struktur. Wer sich einfügt, wird respektiert. Wer ausschert, muss mit Sanktionen rechnen. Gruppen in dieser Phase können große Stabilität entfalten, aber auch zu Unbeweglichkeit, Normendruck oder Konformismus neigen.

Für die psychosoziale Arbeit bedeutet das: Menschen auf blauem Level brauchen Klarheit, Struktur und Verlässlichkeit. Sie suchen nach Orientierung, nach Sinn durch Regeln, nach Sicherheit durch Zugehörigkeit. Veränderung wird nur akzeptiert, wenn sie im Rahmen des bestehenden Systems erklärt und legitimiert wird. Autoritäten sind bedeutsam, müssen aber glaubwürdig sein. Uneindeutigkeit, Ambivalenz oder subjektive Deutung werden als irritierend erlebt. Kommunikation muss klar, strukturiert und respektvoll sein. Führung bedeutet hier, Verantwortung zu übernehmen, Vorbild zu sein und das System zu vertreten.

Blau bringt wichtige Ressourcen mit sich: Integrität, Gewissen, Verlässlichkeit, Gemeinsinn. Es schafft Rahmenbedingungen für geregelte Zusammenarbeit, es schützt vor Willkür, es würdigt Prinzipien und Ideale. Es fördert Fleiß, Pflichtbewusstsein und Verlässlichkeit. Gleichzeitig kann Blau zu Erstarrung führen. Es tendiert zur Moralisierung, zur Abwertung von Abweichung und zur Überhöhung des eigenen Weltbildes. In extremen Ausprägungen wird Blau dogmatisch, repressiv und ideologisch. Kritik wird als Ungehorsam, Zweifel als Schwäche interpretiert.

Gruppen, die stark auf Blau basieren, funktionieren gut in stabilen Umfeldern mit klaren Anforderungen. Sie sind effizient, regelkonform und gut organisierbar. In Krisen oder bei schnellen Veränderungen geraten sie jedoch oft an ihre Grenzen. Die Orientierung auf das Bekannte, das Bewährte, das Festgelegte erschwert Innovation. Menschen auf blauem Level tun sich schwer mit offenen Prozessen, mit kreativen Methoden oder mit individueller Selbstverantwortung. Entwicklung bedeutet für sie nicht Emanzipation, sondern Reife durch Pflichterfüllung.

Um Menschen auf blauem Level in Veränderung zu begleiten, braucht es Vertrauen in Autoritäten, klare Übergänge und die Einbettung in bestehende Werte. Veränderung darf nicht als Regelbruch, sondern muss als moralischer Fortschritt vermittelt werden. In der Gruppenarbeit hilft es, klare Strukturen zu schaffen, Rollen zu definieren und Entwicklung als Aufgabe innerhalb des Systems zu beschreiben. Gleichzeitig ist es wichtig, Räume für Reflexion zu eröffnen, ohne das System infrage zu stellen. Erst wenn Menschen auf Blau sich sicher fühlen, können sie sich auf neue Perspektiven einlassen.

Reflexionsfragen:

- In welchen Bereichen meines Lebens spielt Ordnung und Struktur eine zentrale Rolle?
- Wo erlebe ich die Stärke blauer Systeme und wo ihre Grenzen?
- Wie gehe ich mit Menschen um, die stark an Regeln und Pflichten orientiert sind?
- Welche Werte sind für mich „nicht verhandelbar" und woher stammen sie?
- Wo spüre ich in mir selbst Tendenzen zur Moralisierung oder zur Überbewertung von Konformität?
- Wie kann ich Veränderung gestalten, ohne Sicherheit zu gefährden?
- Welche Rolle spielt Autorität in meinem Denken und Handeln?
- Was gibt mir Orientierung, wenn äußere Strukturen wegbrechen?

Level 4, Blau, steht für Ordnung, Moral und strukturiertes Denken. Es bringt Stabilität, Verlässlichkeit und klare Werte, kann jedoch auch zu Starrheit, Dogmatismus und Anpassungsdruck führen. Wer mit blauen Dynamiken arbeitet, braucht Klarheit, Struktur und die Fähigkeit, Entwicklung innerhalb eines stabilen Rahmens zu gestalten. Blau ist die Welt der Systeme, und deren Verwandlung beginnt mit dem respektvollen Verstehen ihrer inneren Logik.

Level 5: Orange, Erfolg, Selbstverwirklichung und Leistung

Level 5 in der Spiral Dynamics Theorie, das orange Bewusstsein, markiert einen entscheidenden Wendepunkt in der individuellen und kollektiven Entwicklung. Während Blau Sicherheit durch Ordnung, moralische Gewissheit und traditionelle Autoritäten sucht, beginnt mit Orange der Aufbruch in die Welt der Individualität, der Rationalität und des Erfolgs. Der Mensch erkennt sich selbst nicht mehr nur als Teil eines Systems, das ihm sagt, was richtig ist, sondern als aktives, autonomes Wesen, das seine Welt gestalten, Ziele setzen und diese durch eigene Kraft und Strategie erreichen kann. Es ist der Beginn der Moderne im Bewusstsein.

Orange ist das Denken der Aufklärung, der Wissenschaft, des Kapitalismus, der Demokratie und der Selbstverwirklichung. Es ist geprägt von Fortschrittsglauben, von einem starken Vertrauen in Technologie, Bildung, Analyse und Machbarkeit. Menschen auf diesem Level glauben daran, dass Probleme lösbar sind, dass Leistung sich lohnt und dass Erfolg eine Frage der Strategie und des Einsatzes ist. Der Sinn des Lebens liegt nicht mehr in der Erfüllung einer göttlichen Ordnung, sondern in der Gestaltung eines erfüllten, erfolgreichen und sinnstiftenden Lebens auf Basis individueller Ziele.

Dieses Weltbild hat enorme gesellschaftliche Entwicklungen ermöglicht. Innovation, Forschung, wirtschaftliches Wachstum, politische Partizipation, Bildungsexpansion und kulturelle Differenzierung sind Ausdruck dieses Bewusstseins. Gleichzeitig birgt Orange auch Herausforderungen. Konkurrenzdruck, Vereinzelung, übermäßige Rationalisierung und die Gefahr, Werte dem Nutzen zu unterwerfen, sind Schattenseiten dieses Levels. Der Mensch wird zum Homo oeconomicus, zur Projektionsfläche für Effizienz und Optimierung, manchmal auch zum getriebenen Wesen, das Erfolg als Selbstzweck verfolgt.

In Gruppen zeigt sich Orange durch Leistungsorientierung, Zielklarheit, Selbstverantwortung und Erfolgsmotivation. Hierarchien existieren, werden aber durch Kompetenz legitimiert, nicht durch Tradition.

Entscheidungen werden datenbasiert getroffen, Verantwortung wird delegiert, Erfolg wird gemessen. Innovation und Fortschritt sind zentrale Leitbilder. Wer performt, wird anerkannt. Wer ausbrennt, scheidet aus. Gruppen auf diesem Level sind dynamisch, lernbereit und auf Wachstum ausgerichtet. Gleichzeitig sind sie auch anfällig für Entsolidarisierung, Ellbogenmentalität und Überforderung.

Für die psychosoziale Arbeit stellt Orange eine komplexe Herausforderung dar. Menschen in diesem Wertesystem sind oft reflektiert, eigenständig und anspruchsvoll. Sie suchen keine Führung, sondern Sparringpartnerinnen und Sparringpartner. Sie wollen verstanden werden, nicht belehrt. Interventionen müssen evidenzbasiert, lösungsorientiert und effizient sein. Beziehung ist wichtig, aber nicht als Selbstzweck, sondern als Ressource. Zeit ist knapp, Wirkung ist messbar. Die Sprache der Beratung muss sich anpassen. Es braucht weniger Prozess und mehr Ergebnis, weniger Gefühl und mehr Struktur.

Orange bringt große Ressourcen mit: Autonomie, Verantwortungsbewusstsein, Kreativität, Innovationsfähigkeit. Es ist die Welt der Start-ups, der Universitäten, der Beratungsfirmen und der Zukunftsvisionen. Es ist geprägt von Leistungswillen und der Fähigkeit, sich selbst zu führen. Doch genau darin liegt auch das Risiko: Selbstüberforderung, Narzissmus, Burnout und die Tendenz, Menschlichkeit der Effizienz zu opfern. Menschen auf diesem Level brauchen Räume, in denen sie nicht nur leisten, sondern auch sein dürfen. Sie brauchen Spiegelung, nicht Bewertung. Sie brauchen Tiefe hinter der Oberfläche des Erfolgs.

Auch Organisationen, die stark orange geprägt sind, profitieren von strukturierten Veränderungsprozessen, Innovationskultur und flachen Hierarchien. Doch in Krisen zeigt sich oft, wie dünn die emotionale Basis ist. Wenn Leistung nicht mehr reicht, wenn Ergebnisse ausbleiben, wenn Identifikation fehlt, dann beginnt das orange System zu wanken. Entwicklung bedeutet hier, die Balance zwischen Zielorientierung und Sinnorientierung zu finden. Es braucht ein Gleichgewicht zwischen Machbarkeit und Menschlichkeit, zwischen Kontrolle und Vertrauen.

In Bildungs- und Berufsbiografien dominiert Orange oft in der Phase des Übergangs ins Erwachsenenleben. Menschen lernen, dass sie für ihr Leben selbst verantwortlich sind. Erfolg wird zur Währung der Anerkennung. Doch viele erleben dabei auch Zweifel. Was, wenn ich trotz Anstrengung nicht erreiche, was ich mir vorgenommen habe? Was, wenn ich Ziele erreiche, die mich nicht erfüllen? In diesen Fragen liegt der Beginn der nächsten Entwicklungsebene, denn Orange stößt an seine Grenzen, wenn Erfolg alleine keinen Sinn mehr stiftet.

Auch im gesellschaftlichen Diskurs zeigt sich Orange in der Ausrichtung an Effizienz, Wachstum und Wettbewerb. Politik, Wirtschaft, Bildung und sogar soziale Systeme sind durchdrungen von der Idee der Messbarkeit, der Optimierung, der Skalierbarkeit. Gleichzeitig wächst der Widerstand gegen diese Reduktion des Menschlichen. Es entstehen Gegenbewegungen, die mehr Beziehung, mehr Sinn, mehr Nachhaltigkeit fordern. Der Ruf nach einer neuen Qualität von Miteinander wird lauter. Orange hat viel geleistet, aber es kann das Menschsein nicht vollständig fassen.

Reflexionsfragen:

- Wo in meinem Leben strebe ich nach Erfolg, und wie messe ich ihn?
- Welche Bedeutung haben Leistung, Autonomie und Selbstverwirklichung für mich?
- Wie gehe ich mit Druck, Wettbewerb und Selbstoptimierung um?
- Was treibt mich an, und was erschöpft mich?
- In welchen Gruppen erlebe ich orangene Dynamiken, und wie wirken sie auf mich?
- Wie verbinde ich Rationalität mit Menschlichkeit, Strategie mit Beziehung?
- Wo entdecke ich Grenzen in der Idee, alles sei machbar?
- Was braucht mein Leben jenseits von Zielerreichung?

Level 5, Orange, steht für Selbstverwirklichung, Leistung und individuelle Freiheit. Es bringt Fortschritt, Innovation und Eigenverantwortung. Gleichzeitig birgt es die Gefahr von Entfremdung, Überforderung und Sinnverlust. Wer mit orangenen Dynamiken arbeitet, braucht Klarheit, Struktur und Raum für Reflexion. Orange will gestalten, verändern und erreichen. Doch wenn der Erfolg alleine nicht mehr trägt, wächst der Wunsch nach Tiefe, Verbindung und Bedeutung.

Level 6: Grün, Gleichwertigkeit, Gemeinschaft und Verbundenheit

Level 6 in der Spiral Dynamics Theorie, bekannt als grüne Bewusstseinsebene, entsteht als Antwort auf die Schattenseiten der orangen Welt. Während Orange auf Individualität, Leistung, Rationalität und Erfolg fokussiert ist, stellt Grün diese Prioritäten infrage. Menschen auf grünem Level beginnen zu erkennen, dass materielle Errungenschaften, Wettbewerb und messbare Ergebnisse zwar wichtig, aber nicht ausreichend für ein erfülltes Leben sind. Beziehungen, Gemeinschaft, emotionale Tiefe und soziale Gerechtigkeit gewinnen an Bedeutung. Der Mensch entdeckt seine Sehnsucht nach Verbundenheit, nach einem Miteinander, das nicht von Nutzen, sondern von Menschlichkeit getragen ist. Grün strebt nach Gleichwertigkeit und Authentizität. Es lehnt Hierarchien ab, sofern sie nicht auf gegenseitigem Respekt und Kooperation beruhen. Es sucht Konsens statt Konfrontation, Integration statt Ausschluss, Partizipation statt Top-down-Strukturen. Dieses Level ist gekennzeichnet durch eine hohe Sensibilität für soziale Ungerechtigkeit, für emotionale Verletzbarkeit und für systemische Zusammenhänge. Es ist das Bewusstsein des Dialogs, der Empathie, der Vielfalt und der Nachhaltigkeit. Grün erkennt, dass es nicht „die Wahrheit" gibt, sondern viele Perspektiven, und dass Entwicklung nicht linear, sondern plural ist.

In der historischen Entwicklung zeigt sich Grün ab den 1960er-Jahren in sozialen Bewegungen, in alternativen Lebensformen, in partizipativen Pädagogiken und in der ökologischen Bewegung. Auch viele non-profit-Organisationen, Bildungseinrichtungen oder moderne NGOs tragen eine grüne Prägung. In Unternehmen spiegelt sich Grün in flachen Hierarchien, in der Förderung von Diversität, in integrativer Führung und in der Suche nach einem höheren Sinn. Das Konzept von Corporate Social Responsibility, ebenso wie New Work oder die Bewegung hin zu mehr Achtsamkeit und Selbstführung, sind Ausdruck eines grünen Wertebewusstseins.

In Gruppenprozessen bringt Grün eine hohe Beziehungsqualität mit sich. Der Umgang ist achtsam, wertschätzend, dialogorientiert.

Entscheidungen werden gemeinsam getroffen, Rollen werden flexibel verstanden, Kritik wird behutsam formuliert. Konflikte werden nicht verdrängt, sondern als Chance zur Entwicklung gesehen – vorausgesetzt, es besteht ein sicherer Raum dafür. Gruppen auf grünem Level können tiefe Bindung, Kreativität und Identifikation ermöglichen. Gleichzeitig sind sie anfällig für endlose Diskussionsschleifen, für Harmoniesucht und für Unentschlossenheit, wenn klare Entscheidungen gefragt sind.

Für die psychosoziale Arbeit eröffnet Grün ein großes Potenzial. Menschen auf diesem Level sind introspektiv, beziehungsfähig und lernbereit. Sie suchen nicht nach schnellen Lösungen, sondern nach stimmigen Prozessen. Sie reflektieren ihre Biografie, ihre Beziehungen und ihre gesellschaftliche Rolle. Therapeutische Settings, in denen Resonanz, Augenhöhe und Wertschätzung dominieren, passen gut zu dieser Bewusstseinsebene. Gleichzeitig braucht es klare Strukturen und eine gute Balance zwischen emotionalem Raum und methodischer Führung, damit Entwicklung nicht im Kreis dreht. Grün bringt wertvolle Ressourcen mit: emotionale Intelligenz, Integrationsfähigkeit, Kooperationsbereitschaft, systemisches Denken. Es fördert Inklusion, kollektives Lernen und nachhaltige Veränderung. Doch auch dieses Level hat seine Grenzen. Wenn die Angst vor Ausgrenzung größer ist als der Mut zur Klarheit, kann sich Grün selbst blockieren. Wenn der Wunsch nach Konsens jede Entscheidung lähmt, verlieren Gruppen an Kraft. Wenn emotionale Prozesse nicht gehalten werden können, entstehen Spannungen. Die Herausforderung besteht darin, auch innerhalb von Gleichwertigkeit Führung zu leben, ohne Dominanz auszuüben.

In Organisationen ist Grün oft der Beginn einer Kulturveränderung. Mitarbeitende wollen gehört werden, Führung soll dienend sein, Prozesse sollen transparent gestaltet werden. Die Werte des Unternehmens rücken in den Vordergrund. Arbeit wird nicht nur als Erwerbsquelle, sondern als Teil der persönlichen Entwicklung gesehen. Das stellt klassische Führung ebenso wie gewohnte Prozesse auf den Prüfstand. Erfolgreiche Transformation gelingt dann, wenn grüne Werte nicht nur auf der Werteebene formuliert, sondern strukturell verankert werden – etwa durch

Beteiligung, Feedbacksysteme, Lernräume und gemeinsame Zielentwicklung.

Gesellschaftlich steht Grün für Inklusion, Diversität, Nachhaltigkeit und soziale Gerechtigkeit. Politisch zeigt sich dieses Denken in Bewegungen, die Partizipation, Umweltschutz und Menschenrechte in den Mittelpunkt stellen. In Bildungsprozessen fördert es kooperatives Lernen, emotionale Bildung und Perspektivenvielfalt. Grün hat das Potenzial, Gräben zu überbrücken, wenn es gelingt, Unterschiede auszuhalten, statt sie auszugrenzen. Es lädt ein, zuzuhören, zu integrieren, und gemeinsam Neues zu gestalten.

Reflexionsfragen:

- Wo in meinem Leben strebe ich nach Zugehörigkeit und echter Verbindung?
- Welche Werte verbinde ich mit Gleichwertigkeit, Empathie und Kooperation?
- Wo fällt es mir schwer, klare Entscheidungen zu treffen – aus Rücksicht oder Unsicherheit?
- Wie gehe ich mit Meinungsverschiedenheiten um – suche ich Konsens oder Konfrontation?
- In welchen Gruppen erlebe ich grüne Dynamiken – und was empfinde ich dabei als bereichernd oder hinderlich?
- Wie verbinde ich emotionale Tiefe mit struktureller Klarheit?
- Wo wünsche ich mir mehr Augenhöhe – wo mehr Führung?
- Was bedeutet es für mich, Teil eines größeren Ganzen zu sein?

Level 6, Grün, steht für Gleichwertigkeit, Verbindung, Vielfalt und Nachhaltigkeit. Es bringt emotionale Tiefe, soziale Gerechtigkeit und systemisches Denken hervor. Gleichzeitig kann es zu Harmoniesucht, Entscheidungshemmung und Überforderung durch Vielfalt führen. Wer mit grünen Dynamiken arbeitet, braucht eine Haltung der Integration, verbunden mit der Fähigkeit, auch im Konsens Klarheit zu schaffen. Grün erweitert den Horizont – und öffnet die Tür zu neuen Formen von Miteinander.

Level 7: Gelb, Systemisches Denken, Flexibilität und Eigenverantwortung

Level 7 in der Spiral Dynamics Theorie markiert den Übergang in eine neue Ordnung des Bewusstseins. Mit dem gelben Level beginnt die sogenannte zweite Ordnung der Entwicklung. Während die ersten sechs Ebenen jeweils mit grundlegenden Lebensfragen und Anpassungsstrategien auf konkrete äußere und innere Herausforderungen reagieren, stellt Gelb eine tiefgreifende integrative Qualität dar. Es geht nicht mehr primär darum, ein bestimmtes Wertesystem zu leben oder zu verteidigen, sondern darum, alle bisherigen Systeme in ihrer jeweiligen Bedeutung zu erkennen, zu verstehen und situativ anwenden zu können. Gelb ist das erste Level, das multiperspektivisch, dynamisch und bewusst integrativ denkt.

Im gelben Bewusstsein erkennen Menschen, dass Komplexität kein Problem, sondern eine Realität ist. Sie begreifen, dass es keine einfachen Antworten auf vielschichtige Fragen gibt und sie entwickeln eine hohe Toleranz für Ambivalenz, Wandel und Unsicherheit. Gelb denkt in Systemen, erkennt Zusammenhänge, sieht Muster und Dynamiken. Es geht nicht um Wahrheit im absoluten Sinne, sondern um Nützlichkeit, Kontextsensibilität und Wirksamkeit. Menschen auf diesem Level leben nicht aus Pflicht, nicht aus Angst, nicht aus Wunsch nach Zugehörigkeit oder Anerkennung, sondern aus innerer Kohärenz und Verantwortungsgefühl. Sie handeln, weil es stimmig ist, nicht weil sie müssen oder sollen.

In der Praxis bedeutet das: Menschen auf gelbem Level suchen nicht nach der einen richtigen Lösung, sondern nach passenden Lösungen. Sie analysieren Situationen, reflektieren Zusammenhänge, beziehen unterschiedliche Perspektiven ein und wägen sorgfältig ab. Ihre Entscheidungen sind flexibel, aber nicht beliebig. Sie handeln schnell, wenn es nötig ist, und geduldig, wenn es angemessen erscheint. Gelb vereint Effizienz mit Achtsamkeit, Struktur mit Freiheit, Individualität mit Verbundenheit. Es ist das Denken in Lebenszyklen, in Entwicklungsprozessen, in evolutionären Strukturen.

Gelb erkennt auch, dass Veränderung nicht linear verläuft, sondern in Wellen, mit Brüchen, Rückschritten und plötzlichen Transformationen. Dieses Bewusstsein ermöglicht es, Entwicklungsprozesse in ihrer Tiefe zu verstehen und nicht vorschnell zu bewerten. Gelb meidet dogmatische Bewertungen und schaut hinter die Oberfläche von Phänomenen. Es stellt Fragen, die andere nicht stellen. Es denkt über Kontexte hinaus und versucht, größere Systeme zu begreifen. Gelb ist nicht besser als andere Levels, aber es ist fähig, diese wertzuschätzen, sie zu integrieren und ihre jeweilige Rolle im Entwicklungsverlauf zu erkennen.

Historisch lässt sich Gelb noch schwer verorten, da es sich meist als individuelle Entwicklungsebene zeigt. Manche sehen in innovativen Denkerinnen und Denkern, in ganzheitlich agierenden Unternehmerinnen und Unternehmern oder in systemischen Forscherpersönlichkeiten Ausdruck dieses Levels. Es geht weniger um bestimmte Inhalte als um Denk- und Handlungsmuster. Gelb zeigt sich dort, wo Menschen Verantwortung übernehmen, ohne Kontrolle auszuüben, wo sie führen, ohne zu dominieren, und wo sie dienen, ohne sich zu unterwerfen. Es ist das Bewusstsein der Selbstverantwortung, der inneren Freiheit und der evolutionären Intelligenz.

In Gruppenprozessen bringt Gelb eine neue Qualität. Entscheidungen werden nicht primär durch Konsens, Hierarchie oder Machtverhältnisse getroffen, sondern durch die Frage, was funktional und dienlich ist. Rollen sind flexibel, Kommunikation ist offen und ressourcenorientiert. Konflikte werden nicht personalisiert, sondern systemisch betrachtet. Emotionen haben ihren Platz, ohne das Ganze zu dominieren. Gruppen auf diesem Level sind lernende Systeme. Sie reflektieren sich selbst, passen sich an, nutzen Feedback und entwickeln ihre Kultur weiter. Dabei verzichten sie bewusst auf absolute Wahrheiten oder starre Normen. Es entsteht ein Klima von Offenheit, Transparenz und konstruktiver Neugier.

Für die psychosoziale Arbeit bedeutet Gelb eine neue Haltung: Klientinnen und Klienten werden nicht bewertet, sondern in ihrer Dynamik verstanden. Beratung ist kein Mittel zur Anpassung, sondern ein Raum zur Entwicklung. Interventionen sind nicht standardisiert, sondern maßgeschneidert. Fachpersonen handeln nicht aus Rolle, sondern aus innerer Klarheit. Sie halten Komplexität aus, begleiten Prozesse, ohne sie zu steuern, und vertrauen darauf, dass Entwicklung aus dem System selbst heraus entstehen kann. Diese Haltung ist nicht einfach. Sie erfordert hohe Selbstreflexion, emotionale Stabilität und kontinuierliche Weiterbildung. Gelb bedeutet auch, den eigenen Einfluss zu relativieren, ohne ihn zu verleugnen. Es heißt, auf tiefer Ebene präsent zu sein, ohne sich aufzudrängen.

Gelb bringt enorme Ressourcen mit: Weitblick, Vernetzungsfähigkeit, kreative Lösungsorientierung, geistige Beweglichkeit. Es ermöglicht neue Formen der Zusammenarbeit, in denen Unterschiedlichkeit nicht nivelliert, sondern als Ressource genutzt wird. Gleichzeitig besteht die Gefahr, dass Gelb sich isoliert, weil es sich nicht verstanden fühlt, weil es keine Anschlussfähigkeit findet oder weil es in seiner Flexibilität als unverbindlich erlebt wird. Die Herausforderung liegt darin, in der Komplexität einfach zu bleiben, ohne zu vereinfachen, und in der Vielfalt klar zu bleiben, ohne zu verengen. Gelb lebt von einer bewussten Ambiguitätstoleranz, die nicht für alle Menschen selbstverständlich ist. Es kann einsam sein, wenn die Umgebung andere Erwartungen hat.

In einer zunehmend komplexen Welt gewinnt das gelbe Denken an Bedeutung. Organisationen, die sich in Veränderungsprozessen befinden, profitieren von Mitarbeitenden mit gelbem Bewusstsein, weil diese fähig sind, Brücken zu bauen, Spannungen auszuhalten und Entwicklung zu ermöglichen. Gelb stellt nicht das Ego in den Mittelpunkt, sondern den Prozess. Es denkt nicht in Schwarz-Weiß, sondern in Möglichkeitsräumen. Es will nicht überzeugen, sondern verbinden. Diese Haltung ist selten laut, aber wirksam. Sie verändert nicht durch Macht, sondern durch Resonanz.

Reflexionsfragen:

- Wo in meinem Leben erlebe ich Komplexität und wie gehe ich damit um?
- In welchen Situationen erkenne ich die Muster hinter dem Offensichtlichen?

- Wie gelingt es mir, verschiedene Perspektiven gleichzeitig zu halten?
- Was motiviert mein Handeln, Pflicht, Anerkennung oder innere Kohärenz?
- Wie gestalte ich Gruppenprozesse, funktional, empathisch oder intuitiv?
- Wo nutze ich meine Freiheit verantwortungsvoll und wo scheue ich mich vor ihr?
- Welche Rolle spielt Systemdenken in meiner beruflichen Praxis?
- Wie gelingt mir Verbindung ohne Anpassung?

Level 7, Gelb, steht für systemisches Denken, Eigenverantwortung und integrative Handlungskompetenz. Es verbindet Klarheit mit Komplexität, Individualität mit Gemeinwohl, Freiheit mit Verantwortung. Gelb ermöglicht neue Formen des Miteinanders, der Führung und der Entwicklung. Es erhebt keinen Anspruch auf absolute Wahrheit, sondern sucht nach stimmigen, kontextbezogenen Antworten. Dieses Denken eröffnet neue Horizonte – leise, kraftvoll und zutiefst menschlich.

Level 8: Türkis, Ganzheit, kollektive Intelligenz

Level 8 in der Spiral Dynamics Theorie steht für ein integrales, transpersonales und holistisches Bewusstsein, das über das individuelle Selbst hinausreicht und sich auf kollektive Verbundenheit, globale Verantwortung und spirituelle Kohärenz bezieht. Türkis ist das erste Level, das nicht nur die Systeme erkennt und integriert, sondern sich selbst als Teil eines lebendigen, sich entwickelnden Gesamtorganismus versteht. Menschen auf diesem Level denken nicht nur systemisch, sondern fühlen, handeln und leben aus einer tiefen Verbindung mit dem Ganzen. Es geht um die Integration von Wissenschaft und Spiritualität, von innerer Weisheit und äußerem Handeln, von globalem Denken und lokalem Wirken.

Türkis erkennt die Begrenztheit des linearen Fortschrittsdenkens. Es stellt nicht die Frage nach dem „Was bringt es mir?", sondern „Was dient dem Leben insgesamt?". Menschen auf diesem Level handeln nicht mehr aus individuellen Zielen heraus, sondern aus einem Bewusstsein für kollektive Evolution. Sie verstehen sich als Knotenpunkte in einem Netz, das alles Leben verbindet. Dabei geht es nicht um Selbstaufgabe, sondern um ein Selbst, das sich in einem größeren Kontext erfährt. Türkis verbindet die Tiefe von Spiritualität mit der Präzision von Systemlogik. Es ist leise, klar, verbindend und schöpferisch.

In der Praxis äußert sich Türkis oft in Formen kollektiver Führung, emergenter Entscheidungsprozesse und tief reflektierter Handlungsweisen. Organisationen, die von türkisem Bewusstsein geprägt sind, setzen auf Sinnorientierung, auf Synergien zwischen Individuum und Kollektiv, auf natürliche Hierarchien, die sich aus Kompetenz und Integrität ergeben. Macht ist kein Ziel mehr, sondern ein Dienst. Kommunikation ist achtsam, multidimensional, oft intuitiv. Entscheidungen entstehen aus Resonanz, nicht aus Abstimmung. Gruppen auf diesem Level funktionieren wie lebendige Organismen, mit dezentraler Intelligenz, hoher Selbstregulation und der Fähigkeit, sich schnell an Veränderungen anzupassen.

Türkis bringt eine Qualität in die Welt, die nicht kontrolliert, sondern inspiriert. Menschen auf diesem Level vertrauen dem Fluss des Lebens, ohne passiv zu sein. Sie gestalten aus der Tiefe, nicht aus dem Drang zur Kontrolle. In der psychosozialen Arbeit wird dies spürbar in einer Haltung der radikalen Präsenz, in der Fähigkeit, mit dem Nichtwissen zu sein, und in der Bereitschaft, sich in den Dienst eines größeren Prozesses zu stellen. Methoden treten in den Hintergrund, das Beziehungsgeschehen rückt in den Mittelpunkt. Es geht weniger um Intervention als um Mitschwingen, weniger um Struktur als um Haltung.

Türkis lässt sich schwer fassen, weil es sich jeder Fixierung entzieht. Es lebt in Momenten der Stimmigkeit, in tiefen Erfahrungen von Verbindung, in Augenblicken, in denen Menschen über sich selbst hinauswachsen und Teil eines größeren Feldes werden. Es zeigt sich in spiritueller Praxis, in regenerativen Projekten, in Visionen für eine lebensdienliche Zukunft. Türkis denkt nicht in Konkurrenz, sondern in Resonanz, nicht in Erfolg, sondern in Kohärenz, nicht in Rechten, sondern in Verantwortung.

Auch in Bildung, Politik und Wirtschaft gibt es erste Ansätze von türkisem Bewusstsein. In ganzheitlichen Lernkonzepten, in Bewegungen wie dem Global Ecovillage Network, in integralen Ansätzen der Unternehmensführung oder in visionären politischen Modellen, die nicht nur Macht verteilen, sondern Weisheit aktivieren. Türkis fragt nicht nach Position, sondern nach Beitrag. Es ehrt das Alte, integriert das Neue und dient dem Leben.

Reflexionsfragen:

- Wo in meinem Leben spüre ich Verbindung mit etwas Größerem?
- In welchen Momenten empfinde ich tiefes Vertrauen in das Leben?
- Wie gestalte ich meinen Alltag im Einklang mit globaler Verantwortung?
- Welche Rolle spielt Spiritualität in meinem Denken, Fühlen und Handeln?
- Wie erlebe ich Führung, wenn sie aus dem Inneren heraus entsteht?
- Was bedeutet es für mich, Teil eines lebendigen Systems zu sein?
- Wie kann ich in meinem Wirkungsfeld Räume für Ganzheit öffnen?

- Wo bin ich bereit, mein Handeln dem Leben insgesamt zur Verfügung zu stellen?

Level 8, Türkis, steht für ganzheitliches Bewusstsein, kollektive Intelligenz und planetarische Verantwortung. Es integriert alle bisherigen Ebenen, denkt systemisch, fühlt verbunden, handelt im Dienst des Ganzen. Türkis ist nicht laut, sondern tief. Es strebt nicht nach Kontrolle, sondern nach Kohärenz. In einer Welt im Wandel braucht es diese neue Qualität, eine, die nicht trennt, sondern verbindet, nicht urteilt, sondern integriert, nicht erobert, sondern nährt.

Zusammenfassung des Modells

Die acht bisher beschriebenen Bewusstseinsstufen der Spiral Dynamics bilden kein starres System, keine lineare Abfolge und kein Bewertungsschema im klassischen Sinn. Vielmehr zeigen sie eine dynamische Landkarte menschlicher Entwicklung, die sowohl individuell als auch kollektiv durchschritten wird, nicht in festen Stufen, sondern in zyklischen, oft überlappenden, kontextabhängigen Bewegungen. Jede Ebene trägt wertvolle Antworten auf die Herausforderungen ihrer Zeit in sich, und keine ist besser oder schlechter als die andere. Sie alle sind notwendig, sie alle haben ihre Daseinsberechtigung, sie alle ergänzen einander.

Die Spiral Dynamics Theorie lädt dazu ein, nicht nur die Vielfalt menschlicher Weltbilder zu erkennen, sondern auch einen neuen Umgang damit zu entwickeln. Wer diese Ebenen kennt, kann sich selbst und andere differenzierter wahrnehmen. Wer ihre Dynamik versteht, kann Gruppenprozesse gestalten, Organisationen transformieren, Gesellschaften mitgestalten. Es geht darum, die Fähigkeit zu entwickeln, nicht nur aus einer Ebene heraus zu agieren, sondern zwischen ihnen zu wechseln, sie in Beziehung zueinander zu setzen und dabei eine Haltung der Offenheit und Lernbereitschaft zu kultivieren. In der Praxis bedeutet das: Menschen auf beige sind nicht „zurückgeblieben", sie leben schlicht unter existenziellen Bedingungen. Menschen auf purpur brauchen Zugehörigkeit, Menschen auf rot suchen Wirksamkeit, Menschen auf blau wollen Ordnung, Menschen auf orange streben nach Erfolg, Menschen auf grün nach Verbindung, Menschen auf gelb nach Integration und Menschen auf türkis nach Ganzheit. Jede dieser Perspektiven ist stimmig in ihrem jeweiligen Kontext. Die Kunst besteht darin, sie nicht gegeneinander auszuspielen, sondern ihr Zusammenspiel zu verstehen und zu nutzen. Gerade in der Begleitung von Gruppen und Organisationen ist dieses Wissen ein machtvolles Werkzeug. Es hilft, Widerstände nicht zu pathologisieren, sondern zu kontextualisieren. Es ermöglicht, Prozesse realistisch zu planen, Kommunikation zielgerichtet zu gestalten und Entwicklung in einem größeren Rahmen zu denken. Nicht jede Organisation ist bereit für gelb oder türkis, aber sie kann sich dorthin entwickeln, wenn der nächste Schritt respektvoll und stimmig gestaltet wird. Spiral Dynamics zeigt:

Entwicklung ist möglich, aber nicht erzwingbar. Sie geschieht, wenn Systeme bereit dafür sind.

Diese abschließende Integration soll nicht als Abschluss verstanden werden, sondern als Einladung zum Weiterdenken. Die spiralförmige Entwicklung des Bewusstseins ist offen, lebendig und unvollendet. Neue Ebenen können entstehen, alte können sich weiterentwickeln. Die zentrale Haltung bleibt dabei: Respekt für die Vielfalt, Vertrauen in den Prozess, Verantwortung im Handeln. Spiral Dynamics ist kein Dogma, sondern eine Orientierung – für Menschen, die tiefer verstehen, klarer kommunizieren und bewusster gestalten wollen.

Reflexionsfragen:

- Welche Bewusstseinsebenen erkenne ich in mir selbst – in verschiedenen Lebensbereichen?
- Wo gelingt es mir, andere Ebenen zu würdigen – wo spüre ich Abwertung?
- Wie gestalte ich Übergänge zwischen unterschiedlichen Ebenen – in Gruppen, Teams oder Organisationen?
- Welche Ebene dominiert meine berufliche Praxis – und welche fehlt vielleicht?
- Wie kann ich spiralisches Denken in meinen Alltag integrieren?
- Was hilft mir, die Spannungen zwischen unterschiedlichen Perspektiven konstruktiv zu halten?
- Welche Entwicklungen sehe ich in meinem Umfeld – auf kollektiver Ebene?
- Wo möchte ich selbst wachsen – und was braucht es dafür?

Die Spiral Dynamics Theorie bietet ein tiefes Verständnis für menschliche Entwicklung, für individuelle Unterschiede und kollektive Herausforderungen. Sie hilft, Vielfalt zu würdigen, Komplexität zu navigieren und Wandel bewusster zu gestalten. Die Reise durch die Ebenen ist kein Wettlauf nach oben, sondern ein Weg zu mehr Bewusstheit, Integrationsfähigkeit und innerer Reife – für eine Welt, die alle Perspektiven braucht.

Unterschiedliche kulturelle Prägungen und Diversity

Um Diversity nicht nur theoretisch zu erfassen, sondern praktisch wirksam werden zu lassen, bedarf es einer kontinuierlichen Reflexion auf struktureller wie individueller Ebene. Gruppen, die Vielfalt wertschätzen, zeichnen sich nicht dadurch aus, dass sie konfliktfrei funktionieren, sondern dadurch, dass sie Konflikte als Ausdruck von Unterschiedlichkeit erkennen und in einen produktiven Lernprozess übersetzen. Dazu gehören Mechanismen zur Selbstregulation, eine offene Fehlerkultur, ein sensibler Umgang mit Sprache und die Bereitschaft, Machtverhältnisse transparent zu machen. Auch psychologische Sicherheit spielt eine zentrale Rolle: Nur wer sich sicher fühlt, traut sich, authentisch zu sein und eigene Perspektiven einzubringen.

Kulturelle Vielfalt wirkt sich auf viele Dimensionen des Gruppenerlebens aus. Sie beeinflusst implizit, wie Nähe gestaltet wird, wie Kritik geäußert wird, was als höflich oder unangemessen gilt und welche nonverbalen Signale Bedeutung haben. In manchen Kulturen wird beispielsweise direkter Blickkontakt als Zeichen von Interesse und Ehrlichkeit gewertet, in anderen als Respektlosigkeit oder Konfrontation. Solche Unterschiede führen in interkulturellen Begegnungen oft zu Irritationen, die ohne Reflexion als persönliches Missverständnis gedeutet werden. Wer Diversität gestalten will, muss sich also nicht nur mit äußeren Merkmalen auseinandersetzen, sondern vor allem mit der inneren Logik kultureller Codes.

Auch die Frage von Zugehörigkeit ist tief kulturell geprägt. In kollektivistisch geprägten Gesellschaften entsteht Zugehörigkeit über gemeinsame Rituale, geteilte Werte und familiäre Bindungen. In individualistisch geprägten Gesellschaften hingegen definiert sich Zugehörigkeit stärker über Wahl, Leistung und Identifikation. Diese Unterschiede wirken sich direkt auf Gruppenprozesse aus, etwa in der Art, wie Entscheidungen getroffen werden, wie Rollenwechsel möglich sind oder wie Verantwortung verteilt wird. Interkulturelle Sensibilität bedeutet hier nicht, alle gleich zu behandeln, sondern die Unterschiedlichkeit der Zugehörigkeitskonzepte anzuerkennen und zu integrieren.

In Bildungskontexten zeigt sich der Einfluss kultureller Prägung besonders deutlich. Lehr- und Lernkulturen sind nicht neutral, sondern Ausdruck gesellschaftlicher Wertorientierungen. Während in einigen Systemen Frontalunterricht, Disziplin und Leistungsbewertung im Vordergrund stehen, setzen andere auf partizipatives Lernen, Fehlerfreundlichkeit und Selbstorganisation. In Gruppen, die sich aus unterschiedlichen Bildungshintergründen zusammensetzen, entstehen daraus Spannungsfelder. Es braucht hier Vermittlung, Übersetzung und Aushandlung, nicht im Sinne eines Minimalkonsenses, sondern als Prozess des gegenseitigen Verstehens.

Ein weiterer wichtiger Aspekt im Umgang mit Diversity ist der bewusste Umgang mit Sprache. Sprache ist nicht nur ein Transportmittel für Inhalte, sondern ein Träger von Macht, Identität und Zugehörigkeit. Wer in einer Gruppe sprachlich nicht anschlussfähig ist, kann sich schnell ausgeschlossen fühlen, selbst wenn die inhaltliche Kompetenz vorhanden wäre. Das betrifft nicht nur Menschen mit anderen Muttersprachen, sondern auch solche, die aus unterschiedlichen sozialen Milieus kommen oder andere Formen der Artikulation bevorzugen. Diversität in der Kommunikation bedeutet, Verständlichkeit, Zugänglichkeit und Ausdrucksvielfalt bewusst zu gestalten.

Auch digitale Räume bringen neue Dimensionen von Diversity mit sich. In Online-Gruppen verschwimmen viele äußere Merkmale, während andere umso stärker hervortreten, etwa die sprachliche Ausdrucksfähigkeit, die technologische Ausstattung oder der Umgang mit Zeit und Struktur. Virtuelle Gruppenprozesse benötigen daher besondere Sensibilität für Ausschlussmechanismen, für subtile Hierarchien und für neue Formen von Nähe und Distanz. Technische Barrieren werden schnell zu sozialen Barrieren. Eine diversitätsbewusste Moderation achtet daher nicht nur auf Inhalte, sondern auf Zugang, Beteiligung und digitale Kultur.

Diversity bedeutet auch, die eigene Perspektive relativieren zu können. Das ist oft unangenehm, weil es die eigene Selbstverständlichkeit infrage stellt. Doch genau darin liegt das Potenzial: Wer bereit ist, sich irritieren zu lassen, öffnet sich für Entwicklung. Vielfalt zwingt uns, neu zu denken, neue Fragen zu stellen und alte Gewissheiten zu überprüfen. Sie fordert heraus und sie erweitert. Gruppen, die das verinnerlicht haben, werden nicht nur klüger, sondern auch menschlicher. Denn Vielfalt ist nicht nur eine organisatorische Herausforderung, sondern eine Haltung, die mit Wertschätzung, Respekt und einem tiefen Vertrauen in die Lernfähigkeit von Menschen verbunden ist.

Reflexionsfragen:

- In welchen Situationen fühle ich mich durch Vielfalt herausgefordert und warum?
- Wo habe ich in meinem beruflichen oder privaten Umfeld gelungene Diversity-Erfahrungen gemacht?
- Wie gehe ich mit sprachlicher oder kommunikativer Differenz in Gruppen um?
- Welche Rolle spielen meine eigenen Privilegien in interkulturellen Begegnungen?
- Wie kann ich Räume gestalten, in denen unterschiedliche Zugehörigkeitskonzepte nebeneinander existieren können?
- Welche kulturellen Codes beeinflussen mein Führungs- oder Beratungsverhalten?
- Wo wünsche ich mir selbst mehr Zugehörigkeit und was hindert mich daran?
- Wie kann ich bewusst eine Sprache entwickeln, die verbindet statt zu trennen?

Kulturelle Prägungen und Diversity sind keine Randthemen, sondern zentrale Dimensionen jeder Gruppenarbeit. Wer mit Menschen arbeitet, arbeitet immer auch mit Unterschiedlichkeit. Die bewusste Auseinandersetzung mit Vielfalt bedeutet, Macht zu reflektieren, Sprache zu öffnen, Zugehörigkeit neu zu denken und Strukturen inklusiv zu gestalten. Diversity beginnt nicht bei der anderen Person, sondern bei der Bereitschaft, sich selbst zu verändern. Wer diese Haltung lebt, trägt dazu bei, dass Gruppen nicht nur funktionieren, sondern wachsen – in Menschlichkeit, Klarheit und Verbindung.

Umgang mit schwierigen Gruppenprozessen

Es gibt kaum eine Gruppe, die dauerhaft ohne Spannungen, Irritationen oder Blockaden funktioniert. Gruppenprozesse verlaufen nicht linear, sie sind geprägt von Dynamik, Unvorhersehbarkeit und vielfältigen Einflussfaktoren. Gerade in herausfordernden Phasen zeigt sich, wie belastbar eine Gruppe wirklich ist und welche Ressourcen ihr zur Verfügung stehen. Der Umgang mit schwierigen Gruppenprozessen erfordert nicht nur methodisches Wissen und strukturelle Klarheit, sondern vor allem eine differenzierte Wahrnehmung, eine professionelle Haltung und die Fähigkeit zur Selbstregulation bei den begleitenden Personen.

Schwierige Gruppenprozesse entstehen aus vielfältigen Gründen. Sie können sich aus unklaren Zielen, verdeckten Erwartungen, Rollenkonflikten oder ungelösten Machtfragen ergeben. Auch äußere Rahmenbedingungen wie Zeitdruck, räumliche Enge, institutionelle Vorgaben oder hierarchische Strukturen wirken auf Gruppenprozesse ein. Hinzu kommen individuelle Themen der Gruppenmitglieder: persönliche Belastungen, biografische Trigger, unterschiedliche Kommunikationsstile oder divergierende Wertehaltungen. All diese Faktoren beeinflussen das Gruppengeschehen, bewusst oder unbewusst, sichtbar oder verdeckt.

Ein zentrales Merkmal schwieriger Gruppenprozesse ist die emotionale Aufladung. Konflikte, Widerstände, Rückzüge oder Überengagements sind oft Ausdruck tieferliegender Bedürfnisse, Ängste oder ungelöster Dynamiken. Diese emotionalen Bewegungen ernst zu nehmen, ohne sie vorschnell zu bewerten, ist eine wesentliche Voraussetzung für eine produktive Bearbeitung. Gruppenprozesse, die oberflächlich harmonisch erscheinen, aber unterdrückte Spannungen mit sich tragen, können langfristig dysfunktionaler sein als solche, in denen Konflikte offen sichtbar werden. Wer eine Gruppe begleitet, sollte sich bewusst machen, dass schwierige Phasen keine Störungen im eigentlichen Sinn sind, sondern integraler Bestandteil gruppendynamischer Entwicklung. Sie bieten die Chance zur Klärung, zur Reifung und zur Weiterentwicklung der Gruppe. Der erste Schritt im Umgang mit schwierigen Prozessen besteht daher in der Anerkennung der Situation. Verdrängung, Bagatellisierung oder vorschnelle Lösungsversuche führen häufig zu einer Verschärfung der Dynamik. Stattdessen braucht es eine bewusste Hinwendung zum Geschehen, eine präzise Beobachtung und eine Haltung der Offenheit gegenüber dem, was sich zeigt.

Dabei ist es hilfreich, die verschiedenen Ebenen des Gruppengeschehens differenziert zu betrachten: die inhaltliche Ebene (Worüber sprechen wir?), die Beziehungsebene (Wie sprechen wir miteinander?), die emotionale Ebene (Was fühlen die Beteiligten?) und die strukturelle Ebene (Wer übernimmt welche Rolle?). Schwierige Gruppenprozesse zeigen sich oft nicht direkt in der inhaltlichen Auseinandersetzung, sondern in der Beziehungsgestaltung, in der Körpersprache, im Ausweichen, im Schweigen oder im Wiederholen bestimmter Muster. Hier lohnt sich ein achtsamer, systemischer Blick.

Ein häufiger Fehler im Umgang mit schwierigen Gruppenprozessen ist der Versuch, durch Appelle an Vernunft oder durch rationale Steuerung wieder Kontrolle zu gewinnen. Gruppenprozesse lassen sich jedoch nicht vollständig kontrollieren. Sie verlangen nach Begleitung, nicht nach Kontrolle. Leitungspersonen sind gut beraten, sich als Teil des Systems zu verstehen, das sie begleiten. Das bedeutet auch, die eigene Wirkung zu reflektieren, sich mit eigenen Mustern auseinanderzusetzen und die eigene Haltung immer wieder zu überprüfen. Die Frage lautet nicht nur: Was machen die anderen falsch?, sondern auch: Was löst das in mir aus und wie bin ich beteiligt?

Hilfreich ist es, schwierige Prozesse nicht nur als Problem, sondern als Ausdruck eines Entwicklungsbedarfs zu verstehen. Gruppen geraten häufig dann in eine Krise, wenn ein nächster Entwicklungsschritt ansteht, aber noch nicht integriert wurde. In solchen Momenten braucht es Räume für Reflexion, sichere Strukturen für Austausch und eine Leitung, die Unsicherheit aushalten kann. Denn Unsicherheit ist ein natürlicher Bestandteil jeder Veränderung. Wer sie vorschnell übergeht oder durch übermäßige Strukturierung kompensiert, verhindert oft genau jene Lernprozesse, die notwendig wären.

In der Begleitung schwieriger Gruppenphasen hat sich ein mehrschrittiges Vorgehen bewährt. Zunächst braucht es eine genaue Beobachtung: Was geschieht in der Gruppe, wie ist die Stimmung, welche Dynamiken sind sichtbar, was wird nicht gesagt? Danach folgt eine Phase der Hypothesenbildung: Was könnte hinter dem Verhalten stehen, welche unbewussten Muster könnten wirksam sein, welche kollektiven Bedürfnisse zeigen sich? In einem nächsten Schritt kann die Hypothese in die Gruppe eingebracht werden, vorsichtig, als Angebot zur Reflexion, nicht als Wahrheit. Wichtig ist, den Gruppenmitgliedern das Angebot zu machen, sich selbst und die gemeinsame Situation besser zu verstehen, ohne sie zu pathologisieren. Ein zentraler Aspekt ist dabei die Sprache. Wie über Schwierigkeiten gesprochen wird, prägt maßgeblich den Umgang damit. Eine Sprache, die beschreibend, ressourcenorientiert und nicht wertend ist, schafft Sicherheit und ermöglicht neue Sichtweisen. Eine Sprache hingegen, die Schuld zuweist, polarisiert oder etikettiert, verstärkt die Problematik. Gruppen profitieren von einer Haltung, die das Geschehen als gemeinsamen Prozess betrachtet, in dem jede Perspektive eine Bedeutung hat.

Auch strukturelle Interventionen können hilfreich sein. Dazu zählen die Klärung von Rollen, die Festlegung gemeinsamer Regeln, das Einführen von Feedbackrunden oder das Etablieren von Ritualen zur Reflexion. Diese Strukturen schaffen Orientierung und Halt, ohne die Gruppe einzuengen. Besonders wichtig ist, dass solche Maßnahmen nicht als Kontrolle, sondern als Unterstützung kommuniziert werden. Gruppen brauchen in schwierigen Phasen einen klaren Rahmen, nicht um diszipliniert zu werden, sondern um sich innerhalb dieses Rahmens sicher bewegen zu können.

Neben diesen Maßnahmen ist auch die emotionale Präsenz der begleitenden Person von zentraler Bedeutung. Menschen in Gruppen spüren sehr genau, ob jemand authentisch, zugewandt und verlässlich ist. Gerade in schwierigen Phasen benötigen Gruppen nicht nur Struktur, sondern auch menschliche Resonanz. Eine Leitung, die emotional ansprechbar ist, die Gefühle zulassen kann, ohne sich von ihnen überwältigen zu lassen, die Klarheit ausstrahlt, ohne zu dominieren, bietet Orientierung inmitten der Unsicherheit. Diese Form der Präsenz lässt sich nicht durch Techniken erlernen, sondern entwickelt sich durch Erfahrung, Selbstreflexion und die Bereitschaft, sich selbst in den Gruppenprozess einzubringen.

Manchmal kommt es vor, dass Gruppenprozesse festgefahren sind und herkömmliche Methoden keine Wirkung mehr zeigen. In solchen Fällen kann es sinnvoll sein, externe Impulse zu nutzen. Dies kann ein Perspektivwechsel sein, etwa durch die Einladung einer außenstehenden Person, die temporäre Auflösung bestehender Strukturen oder das bewusste Innehalten, um sich der Metaebene des Gruppengeschehens zuzuwenden. Gruppen, die sich ernst genommen fühlen, sind oft bereit, neue Wege auszuprobieren. Voraussetzung dafür ist jedoch, dass die Leitung diesen Weg selbst mitgeht, ohne fertige Lösungen, aber mit einem offenen und klaren Blick.

Es gibt Situationen, in denen Gruppenprozesse destruktive Züge annehmen. Dazu gehören Ausschlussmechanismen, Mobbing, permanente Schuldzuweisungen oder Spaltungen. Hier ist es essenziell, nicht nur zu moderieren, sondern klare Grenzen zu setzen. Gruppen dürfen nicht zum Ort struktureller Gewalt werden. In solchen Fällen ist die Verantwortung der Leitung nicht verhandelbar. Sie muss eingreifen, Haltung zeigen und für ein Klima sorgen, in dem alle Beteiligten sich sicher fühlen können. Dies bedeutet nicht, Konflikte zu vermeiden, sondern sie so zu rahmen, dass sie bearbeitet werden können, ohne Schaden zu verursachen.

Ein bewährtes Mittel zur Unterstützung schwieriger Gruppen ist die Etablierung einer Fehler- und Feedbackkultur. Wenn Gruppen lernen, über Fehlentwicklungen zu sprechen, sich gegenseitig Rückmeldungen zu geben und Missverständnisse anzusprechen, entsteht ein Raum für Entwicklung. Feedbackrunden, strukturierte Reflexionsphasen und gemeinsame Auswertungen stärken das Vertrauen und fördern die Verantwortungsübernahme. Die Kunst besteht darin, diese Instrumente nicht mechanisch einzusetzen, sondern sie in den Gruppenprozess einzubetten und partizipativ zu gestalten.

Insgesamt zeigt sich, dass der Umgang mit schwierigen Gruppenprozessen keine Frage von Rezeptwissen ist, sondern eine Frage von Haltung, Wahrnehmung und Beziehungskompetenz. Leitungspersonen, die bereit sind, sich mit dem Prozess zu verbinden, die Spannungen als Entwicklungspotenzial begreifen und den Mut haben, auch Unangenehmes anzusprechen, leisten einen wichtigen Beitrag zur Reifung der Gruppe. Dabei geht es nicht um Perfektion, sondern um Präsenz. Wer sich in Gruppen als mitfühlender, klarer und lernender Mensch zeigt, ermöglicht auch anderen, diese Haltung einzunehmen.

Reflexionsfragen:

- Wie reagiere ich persönlich auf Spannung, Unsicherheit oder Konflikt in Gruppen?
- Welche schwierigen Gruppensituationen habe ich bereits erlebt und was habe ich daraus gelernt?
- Wie gelingt es mir, zwischen Steuerung und Loslassen eine gute Balance zu finden?
- In welchen Situationen bin ich versucht, Kontrolle auszuüben, anstatt zu begleiten?
- Wie spreche ich über Schwierigkeiten? Unterstützend oder problemorientiert?
- Welche strukturellen Maßnahmen haben mir in der Vergangenheit geholfen, Gruppen zu stabilisieren?
- Wie offen bin ich für Feedback, auch in heiklen Situationen?
- Was brauche ich selbst, um in schwierigen Prozessen präsent und klar zu bleiben?

Schwierige Gruppenprozesse gehören zur Realität jeder Gruppenarbeit. Sie sind nicht Zeichen des Scheiterns, sondern Ausdruck von Entwicklung und Differenzierung. Der konstruktive Umgang mit ihnen erfordert eine differenzierte Wahrnehmung, emotionale Präsenz, strukturelle Klarheit und eine dialogische Haltung. Wer bereit ist, sich auch auf herausfordernde Phasen einzulassen, ermöglicht Lernen auf tiefer Ebene, für die Gruppe ebenso wie für sich selbst.

Zum Abschluss

Dieses Buch hat sich auf vielfältige Weise mit Gruppenprozessen beschäftigt. Es hat gezeigt, wie differenziert, herausfordernd und zugleich bereichernd die Arbeit mit Gruppen sein kann. Gruppen sind mehr als die Summe ihrer Mitglieder. Sie sind lebendige, sich wandelnde soziale Systeme, in denen Unterschiedlichkeit, Zugehörigkeit, Macht, Dynamik und Veränderung aufeinandertreffen. Wer Gruppen begleitet, ist stets mit Prozessen konfrontiert, die auf mehreren Ebenen gleichzeitig ablaufen, auf der Ebene von Aufgaben, Beziehungen, Emotionen und Strukturen.

Gruppendynamik ist keine bloße Methode, sondern ein Denk- und Wahrnehmungsstil. Es geht darum, zu lernen, was zwischen den Menschen geschieht. Es geht um ein tiefes Verstehen sozialer Prozesse, um das Lesen zwischen den Zeilen, das Erkennen verdeckter Muster, das Aushalten von Ambivalenz und das Eröffnen von Entwicklungsräumen. Gruppenprozesse lassen sich nicht vollständig kontrollieren, aber sie lassen sich gestalten – durch Präsenz, durch Klarheit, durch Mut zur Offenheit und durch eine Haltung, die Vielfalt nicht nur toleriert, sondern als Ressource anerkennt.

Die Beschäftigung mit Gruppen erfordert nicht nur fachliches Wissen, sondern auch Selbstreflexion, innere Beweglichkeit und eine kontinuierliche Auseinandersetzung mit der eigenen Rolle. Gruppen spiegeln uns. Sie zeigen unsere Stärken, unsere Unsicherheiten und unsere Prägungen. Wer mit Gruppen arbeitet, lernt immer auch über sich selbst. Gruppen laden ein zur Beziehungsgestaltung, zur Konfliktfähigkeit, zur Grenzsetzung, zur Kooperation und zur Gestaltung von Veränderung. Sie bieten einen sozialen Erfahrungsraum, der Potenziale sichtbar macht und Entwicklung ermöglicht.

Besonders in einer Zeit, in der Polarisierung, Fragmentierung und Konkurrenzdenken viele gesellschaftliche Bereiche prägen, brauchen wir Orte, an denen Menschen sich als Teil eines sozialen Miteinanders erleben. Gruppenarbeit kann solche Orte schaffen, wenn sie bewusst gestaltet wird und wenn sie von einer Haltung der Achtsamkeit, Offenheit und

Verantwortung getragen ist. Die Reflexion gruppendynamischer Prozesse hilft dabei, Unsichtbares sichtbar zu machen, Implizites zu klären, Konflikte zu nutzen und Unterschiedlichkeit zu integrieren.

Dieses Buch soll Mut machen, sich auf die Komplexität von Gruppenprozessen einzulassen. Es soll Werkzeuge anbieten, um differenzierter wahrzunehmen, wirksamer zu handeln und tiefer zu verstehen. Es soll aber auch eine Einladung sein, Gruppen nicht nur als Herausforderungen, sondern als Chancen zu begreifen. Gruppen sind Räume, in denen Menschen sich begegnen, lernen, wachsen und gemeinsam etwas gestalten können, das größer ist als sie selbst.

Wer Gruppen professionell begleitet, trägt Verantwortung. Diese Verantwortung bedeutet nicht, alles zu wissen oder zu beherrschen. Sie bedeutet vielmehr, sich in den Dienst eines Prozesses zu stellen, der nicht planbar ist, aber formbar. Sie bedeutet, Bedingungen zu schaffen, unter denen Entwicklung möglich wird, für die Gruppe als Ganzes ebenso wie für jedes einzelne Mitglied.

Möge dieses Buch viele Leserinnen und Leser begleiten, inspirieren und ermutigen, Gruppen mit offenen Augen, klarem Verstand und einem weiten Herzen zu begegnen.

Reflexionsfragen:

- Was habe ich durch die Beschäftigung mit Gruppendynamik über mich selbst gelernt?
- Welche neuen Perspektiven auf Gruppenprozesse habe ich gewonnen?
- In welchen Bereichen meines beruflichen oder persönlichen Lebens kann ich das Gelernte anwenden?
- Welche Haltungen möchte ich in meiner Arbeit mit Gruppen künftig noch bewusster einnehmen?
- Wo wünsche ich mir selbst mehr Präsenz, Klarheit oder Handlungssicherheit im Gruppenkontext?

- Wie kann ich andere dabei unterstützen, Gruppenprozesse als Chance zur Entwicklung zu nutzen?
- Welche Aspekte der Gruppendynamik fordern mich besonders heraus und warum?

Gruppenarbeit ist eine Einladung zur Gestaltung von sozialen Räumen. Wer sich auf die Prozesse in Gruppen einlässt, wird mit Komplexität konfrontiert, aber auch mit großer Lebendigkeit. Dieses Buch lädt ein, Gruppenprozesse tiefer zu verstehen, professioneller zu begleiten und mit wachem Blick, klarem Handeln und achtsamer Haltung Entwicklung zu ermöglichen. Gruppendynamik beginnt mit dem Blick nach innen und öffnet Räume nach außen.